新媒体·新传播·新运营 系列丛书

U0733731

全媒体运营
AIGC版
微课版

刘宁 郑瑞芝 曹凯峰◎主编

高霞 谢昀桐 杜旭◎副主编

人民邮电出版社

北 京

图书在版编目（CIP）数据

全媒体运营 : AIGC 版 : 微课版 / 刘宁，郑瑞芝，曹凯峰主编. -- 北京 : 人民邮电出版社，2025.（新媒体·新传播·新运营系列丛书）. -- ISBN 978-7-115-66475-4

Ⅰ . G206.2

中国国家版本馆 CIP 数据核字第 2025CJ8868 号

内 容 提 要

在数字时代背景下，全媒体运营通过整合多种媒体平台和渠道，能够实现品牌或产品的全方位推广与精准营销。本书系统地介绍了全媒体运营的策略、方法与技巧，具体内容分为 8 个项目，分别是全媒体运营概述、全媒体运营必备技能、全媒体运营策划与传播、全媒体内容运营、全媒体用户运营、短视频运营、直播运营和全媒体运营管理。

本书内容新颖、案例丰富，既可作为高等院校新媒体、电子商务、新闻传播等相关专业的教材，也可供对全媒体运营感兴趣的读者阅读参考。

◆ 主　　编　刘　宁　郑瑞芝　曹凯峰
　　副主编　高　霞　谢昀桐　杜　旭
　　责任编辑　连震月
　　责任印制　王　郁　彭志环
◆ 人民邮电出版社出版发行　　北京市丰台区成寿寺路 11 号
　　邮编　100164　　电子邮件　315@ptpress.com.cn
　　网址　https://www.ptpress.com.cn
　　天津画中画印刷有限公司印刷
◆ 开本：787×1092　1/16
　　印张：13.5　　　　　　　　　2025 年 5 月第 1 版
　　字数：336 千字　　　　　　　2025 年 7 月天津第 2 次印刷

定价：54.00 元

读者服务热线：(010)81055256　印装质量热线：(010)81055316
反盗版热线：(010)81055315

前言

在数字化浪潮的推动下，信息的传播不再局限于单一渠道或形式，而是跨越了文字、图片、音频、视频等多个维度，形成了全方位、立体化的格局。信息传播格局的变化重塑了媒体生态，加速了不同媒体之间的融合，营销进入全媒体时代，全媒体运营已经成为推动品牌增长、深化品牌市场渗透力的关键力量。

党的二十大报告指出："创新是第一动力""创新才能把握时代、引领时代"。实施全媒体运营需要运营者综合利用各种媒体平台和渠道，通过创意策划，对营销信息进行加工、匹配、分发、传播和反馈。做好全媒体运营的关键是让不同媒体之间实现完美融合，互相引流、互相影响。运营者要能建立全媒体传播矩阵，构建多维度、立体化的信息出入口，对各端口进行协同运营，以实现信息的精准触达。

全媒体运营是一种综合性的营销和传播策略，旨在通过多种媒体平台和渠道，实现品牌或产品的广泛传播和有效推广。为了帮助读者深入理解全媒体运营的逻辑，准确把握做好全媒体运营的关键点，并解决全媒体运营中遇到的各种问题，我们精心策划并编写了本书。

本书主要具有以下特色。

- **体系完善，知识新颖**。本书紧跟时代的发展潮流，对全媒体运营的策略进行了深度诠释，内容新颖，注重实践，并充分考虑课程要求与教学特点，以必需和实用为准则，在适度介绍理论知识的基础上，重点传授行之有效的营销策略和方法，并在书中融入AIGC相关内容，着重培养读者的全媒体运营能力，解决全媒体运营中的痛点和难点。

- **案例丰富，融会贯通**。本书通过"引导案例"模块引入课程内容，并在理论和技能讲解的过程中穿插大量精彩案例，通过案例深入解析全媒体运营策略和方法。读者可以从案例中汲取成功经验，掌握全媒体运营的技术精髓，真正做到融会贯通。

- **开拓思维，注重实训**。本书没有长篇累牍的理论讲解，而是将重点放在思维开拓和实操技能的培养上。无论是刚接触全媒体运营的新手，还是营销行业中的熟手，都能从本书中学到有价值的实战经验和技巧，并能将其应用到工作实践中。同时，本书非常注重实操训练，每个项目最后均设有"项目实训"模块，能让读者在实训中提升综合素养。

- **资源丰富，拿来即用**。本书提供了丰富的立体化教学资源，其中包括微课视频、PPT课件、教学大纲、教案、课程标准等，用书教师可以登录人邮教育社区（www.ryjiaoyu.com）下载。

本书由黑龙江职业学院的刘宁、河北工业职业技术大学的郑瑞芝和北京北测数字技术有限公司的曹凯峰担任主编，由黑龙江职业学院的高霞、谢昀桐和杜旭担任副主编。尽管编者在编写过程中力求准确、完善，但书中难免有疏漏与不足之处，恳请广大读者批评指正。

编　者

2025 年 2 月

目录
CONTENTS

全媒体运营概述

➢ 了解全媒体的特点与发展历程。
➢ 了解全媒体平台的类别及作用。
➢ 了解全媒体的发展现状与发展趋势。

● 能力目标

➢ 能够识别各种全媒体平台。

● 素养目标

➢ 响应"加快实施创新驱动发展战略"号召，不断研究并利用全媒体。
➢ 强化转型意识，在时代发展的潮流中勇于转变旧观念。

● 知识导图

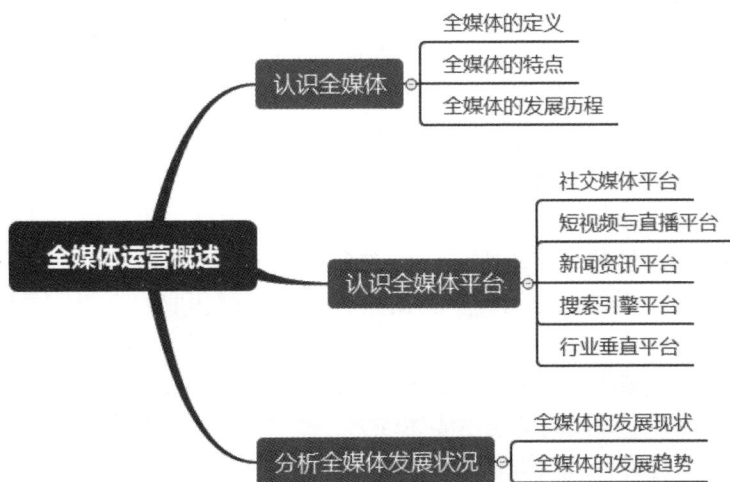

引导案例

珀莱雅 2025 年开年大戏，北高峰"好运"营销的流量密码

2025 年 1 月，珀莱雅携手北高峰，以新年登高为场景，将品牌活动与消费者的新春行为轨迹融合。在北高峰山脚到山顶的登山路途中，设置缆车装饰、祈福牌等寓意"好运"装置，吸引消费者前往打卡。同时，珀莱雅用 800 架无人机在杭州城市阳台开展了一场关于"好运"的表演。此外，珀莱雅还推出"蛇转红运"新年联名礼盒，并通过"登山打卡积分兑换""线下装置线上传播"等玩法，实现流量的线上线下双向导流。

在社交媒体上，珀莱雅以小红书、抖音、微博为主阵地，构建"话题+内容+互动"的传播矩阵，如"#爬北高峰接好运#""#无人机送好运#"等话题通过百位达人的花式演绎，形成多圈层渗透；小红书 H5 抽奖活动以"10g 足金"为奖励，精准满足年轻人的"买金热"，将流量转化为销售线索；朋友圈广告则以高密度触达强化品牌存在感。

活动期间，珀莱雅线下营销事件火爆"出圈"，微博和抖音双平台热搜话题扩散，百余位达人齐发声，花式演绎"给好运上高度"，以多样化内容提升品牌话题的热度，引发用户自发参与互动，塑造品牌"好运"内容场域。通过这一系列营销活动，珀莱雅不仅提升了品牌在消费者心中的好感度和认同感，还进一步巩固了其在美妆市场的领先地位。

任务一　认识全媒体

全媒体是一种综合性的媒介概念，指的是利用各种媒体形式和渠道，包括但不限于文字、声音、影像、动画、网页等，进行信息的全方位传播和覆盖。

一、全媒体的定义

全媒体涵盖了传统媒体（报纸、杂志、电视、广播）及新媒体（社交媒体等），融合了多媒体、自媒体等多元化的媒体形式。全媒体的实现依赖于广电网络、电信网络和互联网的融合，使用户可以通过电视、计算机、手机等多种终端，随时随地获取信息。

此外，全媒体的概念强调了媒介信息传播的互动性和参与性，全媒体不仅仅单向传递信息，还促进了信息生产者、传播者和接收者之间的相互交流。

对信息发布者和媒体从业者来说，全媒体既带来了挑战，也提供了机遇。他们需要拥有多元化的能力和前瞻性的战略思维，以应对全媒体带来的挑战，并把握其中的机遇。全媒体的发展无疑推动了媒体行业的进步和创新，也为人们获取和交流信息提供了更广阔的平台。

通过与新媒体、自媒体进行区分，全媒体的定义可以得到更清晰的界定。

从概念角度来讲，全媒体的特点主要体现为一个"全"字，它建立在传统媒体、新媒体的基础之上，包含目前所有的媒体形式。而新媒体是相对于传统媒体而言的概念，强调在新的营销平台传播内容。

从运营角度来讲，全媒体涉及从内容创作、平台分发到粉丝增长，再到最后的商业变现等所有方面。新媒体用于打造企业品牌形象，靠企业官网、微信公众号（以下简称公众号）、

抖音、小红书等进行延伸拓展，一般对应的是订阅者和用户。自媒体则用于打造个人品牌形象，通过各种账号进行内容传播，对应的是粉丝。

从盈利模式角度来讲，全媒体包含目前商业变现的所有形式。新媒体打造的是可以供人们进行信息交流和互动的平台，通过会员、广告位、信息费等方式获取利润。自媒体打造的则是有黏性和个人魅力的形象，通过广告推送、知识付费、带货抽佣等方式变现。

二、全媒体的特点

当前，全媒体主要具有以下特点。

1. 综合各种传播载体

全媒体融合了报纸、杂志、广播、电视、互联网等多种传播载体，涵盖了视觉、听觉、触觉等人们接收信息的全部形式，依靠 4G 或 5G 等多种技术支持。

2. 全方位融合

全媒体体现的不是跨媒体时代媒体间的简单连接，而是全方位融合——新媒体与传统媒体的全面互动、新媒体之间的全面互补、新媒体自身的全面互容。而且，全媒体具有覆盖面最广、技术手段最全、媒介载体最全、受众传播面最广的特点。

3. 超细分服务

全媒体在传媒领域中整体表现为大而全，而针对个体则表现为超细分服务。举例来说，对同一条信息，全媒体平台可以采用多种表现形式，但同时也可以根据不同个体的个性化需求及信息表现的侧重点来对采用的表现形式进行取舍和调整。

如在介绍某一楼盘时，开发商可以用图文来展示户型图和描述楼盘的客观信息，用音频和视频来展示更为直观的动态信息；同时，用户可以在线观看样板间的三维展示效果及参与具有互动性的在线虚拟装修小游戏等。

全媒体不应一味追求大而全，而应根据用户需求及经济性原则来综合运用各种表现形式和传播渠道。

4. 用户参与度高

在全媒体时代，用户不再被动地接收信息，而可以通过多种渠道参与到信息的生产和传播过程中。这种互动性既提升了用户的参与度，也使信息的传播更加及时、准确和有效。

三、全媒体的发展历程

在我国，"全媒体"一词首先出现在家电行业。随着时代的发展，"全媒体"一词相继出现在其他各个行业，这个词也从小众词逐渐发展成为新闻与传播学界的热门关键词，其内涵和外延发生了巨大的变化。

全媒体的发展历程主要包括以下几个阶段。

1. 雏形阶段

家电行业是国内最早涉及全媒体应用的行业之一，"全媒体"一词最初特指家电行业的彩色电视机接收终端媒体形式的多样化。之后，房地产行业和广告行业打造了全媒体应用的雏形。在这一阶段，媒体整合的程度相对比较低，其只表现为相同内容的宣传稿在不同媒体渠道的投放，全媒体的内涵更多指向这个词的表面意义——全部媒体或所有媒体形式。

2. 数字化转型阶段

2005 年到 2013 年是全媒体的数字化转型阶段，侧重数字化技术给媒体传播方式带来的变革，以及传统媒体经营模式和组织架构的革新。如报纸杂志行业开始利用数字化技术实现信息数字化和传播网络化，在信息的传播上实现了内容呈现的多屏化和终端的多元化；广电媒体开启"台网融合"之路。

3. "互联网+"阶段

2014 年，中央全面深化改革领导小组第四次会议审议通过了《关于推动传统媒体和新兴媒体融合发展的指导意见》（以下简称《意见》）。《意见》指出，推动传统媒体和新兴媒体融合发展，要强化互联网思维，同时推动传统媒体和新兴媒体在内容、渠道、平台、经营、管理等方面的深度整合。这标志着媒体融合被提升至国家战略层面，传媒业进入"互联网+"时代。在这一阶段，传统媒体大力开展机制创新，实现从渠道、终端到平台的多领域变革和产品形态、内容生产、产业结构的多层次发展。

4. 智能媒体阶段

媒体平台技术、数字化传输技术、高新视频技术等传播科技的井喷式发展驱动了媒体的结构性变革，我国全媒体转型从数字化走向智能化，从技术融合走向产业融合。

2015 年，有媒体把全媒体平台冠以"中央厨房"的称谓，意指全媒体平台实施"一次采集、多种生成、多元传播"。这一媒体融合发展概念与实践引发了关注，其他媒体纷纷开始仿效，打造"中央厨房"。

在新闻策划上，"中央厨房"统筹产生集约效率，通过新闻线索、选题共享和统一策划，避免对同一新闻多头无序报道，从而降低成本，提升整体效率。在内容生产上，"中央厨房"聚合产生规模效益，通过新闻素材打通使用，根据不同媒体渠道的要求深入挖掘、二次加工，满足移动端求快、PC 端求全、传统媒体求深等不同需求。在产品传播上，"中央厨房"协同产生放大效应，通过分波次、多渠道发布，各种传播手段的融合使用不仅能够有效扩大传播覆盖面，还能更好地提升受众体验，提高传播效果。

2019 年，我国正式步入 5G 时代。这一通信技术的普及给新闻信息产业的传收主体都带来了便利、流畅的传播体验。5G 的出现支撑了虚拟现实技术在新闻报道中的落地，让沉浸式新闻成为现实。

"中央厨房"、沉浸式新闻的出现打破了传统媒体的壁垒，商业互联网、新兴技术与媒体紧密交织，平台功能迅速进行生活化拓展，媒体定义完成颠覆性的变化。

> **素养课堂**
>
> 党的二十大报告提出，要加快实施创新驱动发展战略。我们要深入理解创新驱动发展战略的内涵，即认识到创新是引领发展的第一动力。在这一认识的指引下，我们要树立强烈的创新意识和创新精神，在日常学习和生活中勇于探索未知领域，敢于挑战传统观念，不断寻求新的思路和方法，锻炼自己的创新思维和实践能力，培养解决问题的能力和团队合作精神。

任务二　认识全媒体平台

在当今信息爆炸的时代，全媒体平台成为信息传播的重要渠道。这些平台能够覆盖各种媒体形式，包括文字、图片、视频、音频等，使信息传播更加快速、广泛和深入。目前，全媒体平台主要包括社交媒体平台、短视频与直播平台、新闻资讯平台、搜索引擎平台、行业垂直平台等。

一、社交媒体平台

社交媒体平台是互联网上基于用户关系的内容生产与交换平台，它们允许用户分享意见、见解、经验和观点。

社交媒体平台的特点包括通信即时性、方式互动性、内容新颖性、媒体个性化和展示场景化。这些特点使社交媒体平台成为人们生活中重要的交流工具，它不仅缩短了用户之间的空间距离，还增强了用户之间的互动性，让用户可以分享生活动态，同时也可以购物和娱乐。

此外，社交媒体平台还提供了接单服务，为个人和企业提供了广阔的营销和广告渠道。社交媒体平台不仅用于个人之间的交流，还广泛用于品牌推广和产品营销。

目前，常见的社交媒体平台有微信、微博、小红书等。

1. 微信

微信是腾讯于 2011 年 1 月 21 日推出的一个为智能终端提供即时通信服务的免费应用程序。微信支持跨通信运营商、跨操作系统平台，通过网络免费（需要消耗少量网络流量）发送语音、视频、图片和文字。

腾讯 2024 年第一季度的财报数据显示，微信及 WeChat 的合并月活跃用户量已达 13.59 亿，同比增长 3%，微信是目前国内用户量最多的社交媒体平台。

微信用户可以通过访问手机通讯录或 QQ 列表来选择性地添加好友，建立熟人网络，信息传播的可信度和到达率较高。微信支持用户使用语音、文字、图片、视频等多种形式进行即时通信，还支持用户利用朋友圈进行原创或转载分享，同时提供了多种生活服务功能，如在线购物、支付等，让生活变得更加便捷和高效。

2. 微博

微博是指一种基于用户关系、通过关注机制分享、传播及获取简短实时信息的广播式的社交媒体平台。微博允许用户通过 PC 端、移动端等多种终端接入，以文字、图片、视频等多媒体形式实现信息的即时分享、传播互动。

2009 年 8 月，新浪推出"新浪微博"内测版，成为门户网站中第一家提供微博服务的网站，此外微博还包括腾讯微博、网易微博等。2014 年 3 月，在国内微博领域一枝独秀的新浪微博宣布改名为"微博"，并推出了新的 Logo，新浪色彩逐步淡化。若没有特别说明，微博一般是指新浪微博。

微博的出现具有划时代的意义，真正标志着个人互联网时代的到来。"沉默的大多数"在微博上找到了展示自己的舞台。

微博最大的特点就是发布信息快速，信息传播的速度快。用户在微博上获取信息具有很强的自主性、选择性，用户可以根据自己的兴趣偏好，依据对方所发布内容的类别与质量来选择是否关注该用户，并可以对所有关注的用户进行分类。

微博宣传的影响力具有很大的弹性，与内容质量高度相关，也与用户现有的粉丝数量相关。用户所发布的信息的吸引力、新闻性越强，对该用户感兴趣、关注该用户的人数越多，用户所发布的信息的影响力就越大。

知识链接

微博不仅是一个社交平台，还具有媒体功能，是很多人获取新闻信息的重要渠道。热搜是微博的重要功能，往往对舆论走向和用户情绪起着关键的引导作用。因此，从媒体责任和道德角度来说，微博热搜应展示有价值的新闻，反映真实的舆论生态，包含真正有价值、有舆论基础、与公共利益相关的话题。

3. 小红书

小红书是一个生活方式分享平台和消费决策入口，于2013年在上海创立。小红书通过机器学习对海量信息和用户进行精准、高效匹配。用户在小红书上可以通过短视频、图文等形式记录生活点滴，分享生活方式。

小红书从社区起家，其用户一开始注重分享海外购物经验，到后来，小红书的信息除了美妆、个人护理外，还出现了关于运动、旅游、家居、酒店、餐馆等方面的信息，触及生活的方方面面。

2016年初，小红书将人工运营内容改成机器分发内容，通过大数据和人工智能，将社区中的内容精准匹配给对其感兴趣的用户，从而提升了用户体验。

小红书作为一个生活方式分享社区，其独特性在于用户发布的内容一般来自真实生活，一个用户必须具备丰富的生活和消费经验，才有内容在小红书上进行分享，继而吸引其他用户关注。

小红书具有很强的"种草"属性，主要表现在以下几个方面。

（1）用户口碑分享

用户可以在小红书上分享自己的使用心得和感受，向其他用户介绍产品或服务的优势与特点，从而引导他们进行购买。

（2）提升品牌曝光度

品牌可以通过小红书将自己的产品或服务推广给更多的用户，以提升自己的曝光度和知名度。

（3）引导消费趋势

通过用户的体验和评价，小红书可以发现和分析用户的需求和喜好，从而引导消费趋势和市场走向。

二、短视频与直播平台

短视频是一种互联网内容传播方式，时长一般在5分钟以内，随着移动终端的普及和网络的不断提速，短视频逐渐获得人们的青睐。直播是新兴的高互动性视频娱乐方式，如今的直播平台已经进入"随走、随看、随播"的移动视频直播时代，越来越多的人愿意通过直播分享自己的生活。

目前，短视频与直播融合已经成为趋势，短视频和直播这两种形态的内容共同构成了当前移动互联网领域的主流视听内容，两种内容形态的融合创新为相关内容的商业化和多元化提供了有力的支持。随着短视频与直播的融合，很多短视频平台也增加了直播功能，包括抖音、快手、微信视频号（以下简称视频号）等。

1. 抖音

抖音上线于2016年，一开始是一款音乐创意短视频社交软件，目标用户是年轻人群体。

2018 年，抖音开始快速发展，用户数量翻倍，其口号改为"记录美好生活"。

抖音的主要用户群体如下：一是自媒体达人、"网红"、明星等，他们有一定的影响力或较强的创造力，可以通过发布优质内容增强个人（或团队）的品牌影响力，积攒粉丝和口碑等，同时获得部分收入；二是网店和第三方产品运营人员，他们的目的是提升网店和第三方产品的知名度和影响力，实现引流；三是普通用户，其中有的有较强烈的自我表现欲望，喜欢发布视频，希望获得关注，也喜欢观看内容有趣的视频，而有的只是通过观看感兴趣的视频打发空闲时间和放松自己。

抖音的推荐机制是算法推荐，抖音会对所有视频进行初始化流量分配，最开始分配 300～500 的流量，然后根据这些流量统计视频的完播率、互动指数（点赞率、评论数、转发数），判断是否继续推送视频。如果继续推送视频，则第二次分配的流量为 3000～12000，从第二次推送开始，抖音会对视频进行深度违规检测，如检测视频是否存在搬运、抄袭等问题，如果视频违规，抖音就会停止推送；如果视频没有违规，抖音会跟之前一样通过统计视频的完播率、互动指数来判断是否继续推送视频。

2017 年 11 月，抖音上线直播功能；2018 年 3 月，抖音试水直播电商；2020 年后，抖音直播电商成为直播电商行业"新宠"。抖音直播电商具有互动性强、内容生动、购物过程简便等特点，可以让用户在观看直播的同时直接购买商品。这种全新的购物模式在年轻人中尤为流行。年轻消费者倾向于通过社交媒体购物，更青睐个性化和时尚的商品。抖音直播电商正好满足了他们的需求。

2. 快手

快手最初是一款用来制作、分享 GIF 图片的软件。2012 年 11 月，快手转型为短视频社区，成为用户记录和分享生活的平台。随着智能手机、平板电脑的普及，以及移动流量成本的下降，快手在 2015 年以后进入快速发展期。

快手主要面向三四线城市用户及广大农村用户群体，为草根群体提供直接展示自我的舞台。因此，与其他短视频平台不同，在快手上占据主导地位的并非名人或关键意见领袖（Key Opinion Leader，KOL）或者影响力巨大的"网红"，而是"草根"。

快手希望营造轻量级、休闲化的氛围，鼓励平台上的所有人表达自我、分享生活。快手没有采用任何人工团队来影响内容推荐系统，完全依靠算法来实现个性化推荐。快手设计的算法能理解视频内容、用户特征及用户行为，包括内容浏览和互动历史。在分析上述信息的基础上，算法可以将内容和用户匹配在一起。用户行为数据越多，推荐就越精准。通过算法推荐机制，所有用户和视频都有机会在"发现"页中得到展示，即使是新用户也不例外。

2016 年 1 月，快手直播上线；2018 年 6 月，快手上线快手小店，并连通淘宝、有赞、魔筷；2020 年 5 月，快手与京东达成战略合作，打造短视频直播电商新生态；2022 年 3 月，快手切断淘宝联盟商品的所有外链，切断京东联盟商品直播间的购物车外链，采用快手小店完成卖货交易。随着电商行业的发展和直播带货的兴起，快手直播已经成为众多商家和"网红"实现流量变现的重要渠道。

3. 视频号

视频号上线于 2020 年 1 月 22 日，位于微信"发现"页的"朋友圈"入口下方，是腾讯开发的一款短视频与直播平台。视频号首页有关注、朋友、推荐 3 个入口，分别对应的是兴趣、社交分发和算法推荐。2020 年 10 月，视频号上线直播功能。

视频号能够盘活整个微信生态的私域流量，所以对于有用户积累的品牌而言，视频号的流量获取成本很低。而在私域之外，视频号也正在释放更多的公域流量红利给商家。

截至 2024 年第一季度，视频号总用户使用时长同比增长超 80%。通过拓展商品品类和激励更多达人参与直播带货，腾讯优化了视频号直播带货生态。据亿邦动力统计，2024 年以来，视频号新增开放 20 多个三级类目，并推出多种达人激励制度，其效能将逐步显现出来。

三、新闻资讯平台

新闻资讯平台是发布新闻、文章、评论等信息的全媒体平台，通常拥有专业的编辑团队和严格的审核机制，以确保发布的信息真实、准确、及时。常见的新闻资讯平台包括今日头条、新浪新闻、央视新媒体平台等。这些平台不仅可以发布文字新闻，还可以发布图片、视频、音频等多种形式的内容，满足不同用户的需求。

1. 今日头条

今日头条上线于 2012 年，是中国领先的移动新闻客户端，拥有庞大的用户群体和强大的算法推荐能力。企业可以在今日头条上发布新闻稿，利用平台流量和用户群体的优势，快速传播新闻内容，通过算法推荐和定向发布，实现更准确的宣传推广。

今日头条基于个性化推荐引擎技术，根据每个用户的兴趣、位置等多个维度进行个性化推荐，推荐内容不仅包括狭义上的新闻，还包括音乐、电影、游戏、购物等方面的资讯。

2. 新浪新闻

新浪新闻是新浪旗下的智能信息平台，致力于利用大数据和人工智能技术，为用户提供更丰富、场景化和个性化的内容阅读体验。新浪新闻与微博打通了双平台的内容、数据和账号体系，为用户提供全网资讯、热点要闻、深度精选文章、精彩视频、高清图集等内容。

与新浪新闻类似的还有腾讯新闻、网易新闻、搜狐新闻等，它们都是门户网站推出的新闻资讯平台。

3. 央视新媒体平台

央视新媒体平台主要包括央视网、央视新闻客户端、央视影音客户端等，这些平台都采用了互联网技术和移动通信技术，实现了信息的快速传播和互动交流。如央视网作为主要的央视新媒体平台之一，提供了新闻、娱乐、体育等多种内容，用户可以通过计算机、手机等终端设备进行访问。央视新闻客户端则是一款集新闻发布、视频分享、互动等多种功能于一体的移动端应用，用户可以通过手机随时随地获取最新的新闻资讯。

四、搜索引擎平台

所谓搜索引擎，就是根据用户需求与一定算法，运用特定策略从互联网检索出指定信息反馈给用户的一门检索技术。搜索引擎依托于多种技术，如网络爬虫技术、检索排序技术、网页处理技术、大数据处理技术、自然语言处理技术等，为信息检索用户提供快速、高相关性的信息服务。

目前，国内常见的搜索引擎平台有百度、360 搜索、搜狗搜索、夸克等。

1. 百度

百度是全球领先的中文搜索引擎，2000 年 1 月创立于北京中关村，致力于向人们提供"简单，可依赖"的信息获取方式。"百度"二字源于中国宋朝词人辛弃疾的《青玉案·元夕》中的词"众里寻他千百度"，象征着百度对中文信息检索技术的执着追求。

百度提供网页搜索、图片搜索、新闻搜索、百度贴吧、百度知道、视频搜索、文库搜索、百度百科、百度地图等主要产品和服务，同时也提供多项满足用户细分需求的搜索服务。

百度还为各类企业提供软件、竞价排名及关联广告等服务，以帮助企业获得潜在消费者，并为大型企业和政府机构提供海量信息检索与管理方案。

随着国外 ChatGPT 的火爆，百度也上线了同类 AI 应用"文心一言"，使"百度搜索"成为"百度新搜索"。"百度新搜索"具有极致满足、推荐激发和多轮交互 3 个特点。当用户搜索问题时，"百度新搜索"将不再仅提供一堆链接，而是通过对问题的理解，生成由文字、图片、动态图表等组成的多模态答案，让用户一步获取答案。用户也可以通过提示、调整等方式，让"百度新搜索"满足自身更个性化的需求。

2. 360 搜索

360 搜索是 360 旗下的搜索引擎服务，可为用户提供干净、安全的搜索体验。360 搜索主要提供网页搜索、资讯搜索、问答搜索、视频搜索、图片搜索、地图搜索、百科搜索、文库搜索、软件搜索和翻译搜索等服务，通过对互联网信息的及时获取和主动呈现，为广大用户提供实用和便利的搜索服务。

从搜索引擎品牌市场格局来看，全端（PC 端+移动端）用户数量位于传统搜索引擎前三名的分别是百度搜索、360 搜索和搜狗搜索，其中 360 搜索"安全可靠"的产品形象已经深入人心。

在 AI 时代，360 集团也发布了自己的 AI 搜索工具"360AI 搜索"，用户在输入关键词搜索后，"360AI 搜索"会自动分析问题，搜索关键词的相关信息并生成答案，以供用户参考。

3. 搜狗搜索

搜狗搜索是第三代互动式中文搜索引擎，支持公众号和文章搜索、知乎搜索、英文搜索及翻译等，通过自主研发的人工智能算法为用户提供专业、精准、便捷的搜索服务。

搜狗搜索采用智能分析技术，对不同网站和网页采取差异化的抓取策略，有效利用带宽资源，确保高时效性信息能够快速被用户检索到。搜狗搜索的服务器集群每天更新超过 5 亿个网页，用户可直接通过网页搜索而非新闻搜索，获得最新新闻资讯。

4. 夸克

夸克是阿里巴巴旗下的智能搜索 App，搭载极速 AI 引擎，实现了搜索直达、结果前置，使用户可以直接获取搜索的结果信息，信息覆盖了官网、夸克百科、天气、快递等 30 多个类目，搜索精准高效。

在网络安全日益受到重视的今天，夸克也在安全性方面下足了功夫，采用多重加密技术并采取安全防护措施，以确保网络连接和数据传输始终处于安全状态。同时，夸克还提供了丰富的隐私设置选项，让用户可以根据自己的需求自由调整。无论是清除浏览痕迹、阻止第三方 Cookie 还是启用无痕浏览模式，都能有效地保护隐私信息。

除了强大的搜索和浏览功能外，夸克还内置了智能助手模块，旨在为用户提供更加贴心的服务。它可以根据用户的需求提供各种实用工具和扩展功能，如天气预报、计算器、翻译等。这些功能不但丰富多样，而且操作简便，用户在需要时能快速找到合适的工具来解决问题。同时，夸克还支持语音输入和手势操作等智能交互方式，让用户在使用过程中能够更加轻松自如。

五、行业垂直平台

不同于主流媒体，行业垂直平台专注于提供与某个特定领域相关的内容和服务，如商业新闻、旅游、数字媒体等。行业垂直平台通过深耕细分领域，为具有特定兴趣或需求的用户提供专业信息，因而能够更精准地触达目标用户群体。在媒体融合传播方面，行业垂直平台采用了包括网站、移动应用、视频和社交媒体在内的多样化渠道来拓展传播范围和用户基础。

常见的行业垂直平台包含汽车领域的汽车之家、易车、懂车帝，科技领域的虎嗅网、钛媒体、36氪，旅游领域的马蜂窝、携程、去哪儿，房产领域的链家、安居客等。下面着重介绍3个行业垂直平台。

1. 虎嗅网

虎嗅网上线于2012年5月，是一个聚合优质创新信息与人群的新媒体平台，专注于提供原创、有深度、犀利的优质商业资讯，用户可以围绕创新、创业的观点进行剖析与交流。

针对互联网上商业资讯过于纷杂这一现象，虎嗅网在分发上强调精简，在表达上突出个性，其核心是关注互联网及传统产业的融合、一系列热门公司的起落轨迹、产业潮汐的动力与趋势。

虎嗅网上的资讯频道包括前沿科技、车与出行、商业消费、社会文化、金融财经、出海、国际热点、游戏娱乐、健康、书影音、医疗、3C数码、观点等，用户也可以在平台内搜索相关的商业资讯关键词，查找最新商业动态。

和传统媒体相比，虎嗅网一半以上的内容并非编辑团队原创，除自有编辑团队供稿外，更多由外部作者供稿，编辑再挑选稿件，为此虎嗅网建立了庞大的作者库。

在商业变现方面，虎嗅网作为一个内容平台，其自建的媒体矩阵分布在各个社交平台上。流量本身就有变现价值，流量越大，它能提供的营销价值就越大，而这些社交平台作为大众流量的入口，像一个漏斗一样，这些社交平台的用户可能会成为虎嗅网的付费用户。虎嗅网主要的盈利来源是其营销业务，如商业资讯、网络广告、整合营销、线下活动等。

2. 钛媒体

"钛媒体"这一名称源于TMT，TMT由科技（Technology）、媒体（Media）和通信（Telecom）3个英文单词的首字母组成。

钛媒体成立于2012年，一直以"技术信仰、专业主义、全球影响"为宗旨，通过高质量的内容、专业数据服务、技术专家连接、线下活动、社群运营和精品电商运营等，形成了新媒体、全球技术专家网络、科技IP与创意产品服务、科技股数据服务四大业务板块和"钛媒体国际"全球业务布局，承担了重要的科技成果孵化与产业对接的使命。

另外，钛媒体是"社群媒体"形态的倡导者，成立至今拥有一大批忠实的作者朋友、科技和创新领域的专家和意见领袖，他们可以在这里分享个人的独到见解，探索行业发展规律。

3. 汽车之家

汽车之家上线于2005年6月，为汽车用户提供选车、买车、用车、换车等所有环节的全面、准确、快捷的一站式服务。汽车之家致力于通过产品服务、数据技术、生态规则和资源为用户赋能，建设"车媒体、车电商、车金融、车生活"4个圈，从基于内容的垂直领域平台转型升级为基于数据技术的汽车平台。

2023年9月11日，汽车之家全新创作者服务平台正式上线。作为汽车领域的垂直平台，汽车之家聚焦创作者服务及成长，以创作者为中心，进行全面升级，提供内容、互动、账号、数据、创收五大核心服务，致力于打造一站式创作者服务平台，用心助力每一位创作者。

　　汽车之家一直不断推动服务、产品和整个生态的长远发展，力求为创作者提供更有体验感和针对性的创作管理服务，满足其多维度的创作管理需求，打造汽车垂类创作平台第一站，以自身发展积极助力汽车行业的高质量发展。

课堂讨论

　　你平时接触最多的是哪一类平台？这类平台吸引你的原因是什么？在该类平台中，你使用次数最多的 App 是什么？

任务三　分析全媒体发展状况

　　随着全媒体的深入发展，媒介的形式从以报纸、杂志和广播为主的传统媒体，扩张到互联网平台、融媒体等多重媒体形态，因不同媒体各自依托的媒介特点、组织模式、定位和用户群体不尽相同，其各自的转型战略与发展路径也不相同。但不同群体交融杂合、纷繁复杂，整体来看依旧呈现出一些共通的趋势，共同描绘着我国的全媒体发展图景。下面重点介绍全媒体的发展现状及发展趋势。

一、全媒体的发展现状

　　随着互联网的快速发展，全媒体行业正处于快速成长的阶段，并具有以下几个特点。

1. 行业竞争激烈

　　随着新的全媒体技术的出现，国内众多全媒体技术提供商纷纷投身于全媒体行业，竞争日益激烈。这就要求全媒体技术提供商不断汲取前沿的理论知识，不断更新自己的发展思路，提高技术水平，为用户提供优质的服务，以赢取更多的市场份额。

2. 产业增长迅速

　　随着新技术的发展与应用、装备与系统的改进、专业软件的不断完善，全媒体行业发展势头良好。近年来，全媒体技术的普及已经为全媒体行业开拓了良好的增长空间，行业作用也更加凸显。

3. 行业发展受到国家重视

　　全媒体行业的发展受到国家重视，如国家广播电视总局发展研究中心发布了《中国广播电视全媒体发展报告（2021）》等文件，来指导广播电视媒体在全媒体时代实现高质量发展。媒体融合发展已成为全媒体时代的重要特征，中央级媒体、省级媒体、地市级媒体和县级媒体都在加快融合转型，积极构建全媒体传播矩阵。

4. 技术创新取得显著进展

　　全媒体时代，新闻发布和公众接收信息的渠道日益多样化，内容呈现方式各具特色。技术和时代发展的趋势影响了社会大众对新闻的认知和接受程度。媒体在技术创新方面取得了显著进展，如 5G 技术的应用提升了媒体的内容生产能力，人工智能的应用实现了全媒体生产的生态智能。

二、全媒体的发展趋势

　　全媒体行业在未来将随着新媒体技术的不断发展而发展，具有极其广阔的发展空间和极大的发展潜力。近几年，政府给予了大量的支持，这为全媒体行业的发展提供了良好的环境，全媒体行业未来还将迎来更多机遇和发展机会。

全媒体在未来主要有以下发展趋势。

1. 媒体融合加速

传统媒体与新媒体不是相互取代的关系，而是相互融合、优势互补的关系。媒体融合发展将进一步加速，进一步促进信息内容、技术应用、平台终端、管理手段的共融互通。

在媒体融合过程中，媒介融合由浅入深发展，主要体现在以下方面：注重多种传播手段并列应用的全媒体新闻将发展为多种媒体有机结合的融合新闻；各种媒体机构的简单叠加、组合将发展为真正有利于融合媒介运作的新型机构；全媒体记者将与细分专业记者分工合作；媒体机构也将在新的市场格局中寻找自身新的定位和业务模式，构建适应全媒体发展的产品体系和传播平台。

2. 应用前景广阔

全媒体技术拥有广阔的应用前景。全媒体凭借其能够有效整合各种新媒体、优化信息传播方式的优势，已成为越来越多行业的选择。全媒体技术在传媒、教育、政府服务等领域的应用已日益普及，各领域纷纷利用全媒体技术来提高宣传效率、提升宣传能力及节省时间和金钱成本。

3. 媒介发展更专业和细分

随着全媒体的不断发展、相互融合，各种媒介形态、终端及其生产流程也更加专业、细分。

这一方面表现为媒介形态的分化。如报纸分化成印刷报纸、手机报纸、数字报纸等多种产品形态；广播电视分化成网络电视、手机电视等更丰富的产品形态。此外，媒介终端的多样化也带来了传播网络的分化，如手机媒体、电子阅读器、网络电视、数字电视等分别依赖不同的传输网络。另一方面则表现为媒介生产流程的专业化细分。在媒介融合时代，生产复杂度提高，这更有可能导致产业流程的专业分工和再造，使信息的包装及平台提供者也走向专业化。在数字报纸、电子杂志等领域，专业化的趋向已经显现。

项目实训：小红书运营分析

1. 实训背景

随着社交媒体行业的不断发展，小红书已逐渐成为众多用户分享购物体验、生活方式和时尚观点的首选平台。然而，尽管小红书蕴含着巨大的潜力和商机，其运营却是一项复杂且充满挑战的任务，涉及众多策略和技巧。

一份深入的行业分析报告对小红书的运营策略进行了细致的剖析，揭示了小红书的推广机制、内容推荐逻辑、风险防范指南、账号定位策略、高流量内容创作技巧、粉丝增长秘诀及商业变现途径。

小红书利用先进的机器学习技术和人工审核机制，对用户发布的内容进行严格监控，确保内容的合法性、真实性和适当性。若品牌或第三方机构与用户笔记存在利益关联，如产品赠送、付费推广、试用邀请或抽奖活动等，相关笔记将被明确标识为推广性质。

小红书的推荐系统则依托于机器学习算法，通过分析庞大的数据集来不断优化推荐模型。

推荐系统的核心指标包括内容的打开率、互动率和搜索触发的打开率，这些指标共同决定了内容是否能被推荐给更广泛的用户群体。

对于长期运营小红书账号的用户而言，若遇到流量增长停滞或内容曝光量减少的情况，可能是因为账号违反了小红书的内容规则。

2. 实训要求

充分了解小红书的推荐机制和内容规则，并分析小红书经典文案。

3. 实训思路

（1）下载并熟悉小红书

下载并登录小红书，认真浏览并观察小红书的各个页面，掌握小红书的推荐机制；进入小红书的"创作中心"|"规则中心"，认真了解小红书的内容规则，并将其与全媒体相关法律法规相结合进行分析。

（2）分析小红书经典文案

在网络上搜集小红书经典文案，对其运营策略进行分析，以加深对小红书内容规则和运营策略的了解。

项目二 全媒体运营必备技能

知识目标

- ➤ 掌握图片处理原则和图片处理技巧。
- ➤ 掌握文案写作框架和文案写作技巧。
- ➤ 掌握视频剪辑的原则和视频剪辑的方法。
- ➤ 了解常用的数据分析工具，掌握数据分析技能。

能力目标

- ➤ 能够用 Photoshop 和 AI 编辑图片。
- ➤ 能够搭设写作框架，搜索并加工写作素材。
- ➤ 能够撰写文案并进行图文排版。
- ➤ 能够使用剪映和 AI 剪辑视频。
- ➤ 能够运用数据分析工具分析全媒体运营数据。

素养目标

- ➤ 培养工具意识和工具思维，善用 AI 工具辅助全媒体运营。
- ➤ 培养整体性思维，在写文案时树立全局意识。

知识导图

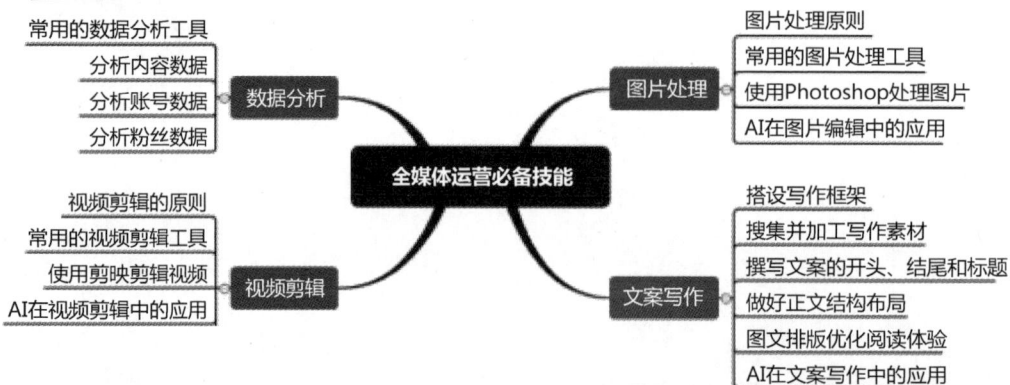

洁柔：尊重和关爱每一个普通中国人

2022年，人民网和洁柔联合发布《中国面孔》广告片，片中的文案以"致敬每一个柔韧有余的中国人"为主题，通过描绘不同职业、不同生活状态的中国人的面孔，展现了中国人坚韧不拔、无私奉献和乐观向上的精神风貌。

文案节选如下。

关于FACE——脸，属于中国人的这一张，永远叫柔韧。

运动员的脸："这是一张换了身份，仍不允许自己松懈的脸。无论汗水如何浸透，每一次坚持都是对胜利的渴望。"

女货车司机的脸："这是一张负重前行，把牵挂藏于背后的脸。"

老艺术家的脸："这是一张经典永存，为热爱付出一生的脸。"

高中生的脸："这是一张漫漫征途中不甘平凡的脸。"

职场员工的脸："这是一张面对挫折，仍坚持初心的脸。"

…………

哪怕累了、败了、伤了，仍笑对将来，因为再多血、汗、湿、泪，只要被柔软抚过，就能坚强面对。

这一张张脸，叫中国脸。柔韧有余中国人，喜气洋洋中国脸。

该广告片通过细腻的刻画和深情的叙述，让每一张"中国面孔"都充满了故事感和感染力，不仅展现了中国人面对生活挑战时的坚韧和勇气，也传递了洁柔对于每一个普通中国人的尊重和关爱。

《中国面孔》广告片一经推出，便引起了广泛的关注和热议。此外，该广告片还得到了包括人民网、中国新闻周刊、凤凰周刊等在内的多家媒体的转载，这进一步扩大了其影响力。通过这篇文案，洁柔不仅成功地传递了自己的品牌理念和价值观，还进一步提升了品牌的社会形象和美誉度。同时，这篇文案也激发了消费者对洁柔的认同感，为品牌的长期发展奠定了坚实的基础。

任务一　图片处理

在全媒体运营中，无论是网站、App还是社交媒体平台，图片都是界面设计的重要组成部分。经过精心处理的图片往往具有更强的视觉吸引力，能够迅速抓住用户的注意力，提升用户的视觉体验，进而提高内容的点击率和阅读率。

一、图片处理原则

创作者在编辑和处理图片时，要确保最终呈现的图片既具备视觉美感，又能有效地传达信息或情感。总体来说，图片处理需要遵守以下原则。

1. 保持图片的真实性

在处理图片时，创作者不得对图片的局部区域进行不适当的修改，以避免影响图片的真实性，要确保图片能够准确反映原始场景。

创作者可以对亮度、对比度或色彩平衡进行调整，但这些调整必须对全图进行，且不能隐藏、消除或歪曲原图的信息，应确保图片处理后的信息与原始信息保持一致，避免误导用户。

2. 适当裁剪

很多时候，人们在拍摄时没有关注细节，导致拍摄的内容范围比较广，图片中某一细节的清晰度不够；或者图片的整体构图不符合要求，某些内容显得多余。创作者可以根据需要对图片进行裁剪，以优化构图，去除不必要的元素，使画面更加简洁、美观，更好地强调细节。

3. 突出主题

创作者要明确图片想要表达的核心内容，并通过一些手段将其突出。如在一张风景图片中，如果想要突出山峰，可以通过调整对比度和色彩，让山峰更加醒目。

4. 色彩协调

创作者要确保图片的色彩搭配和谐，不采用过于刺眼或不协调的色彩组合。如在产品宣传图片中，使用与产品风格相符的色彩，可以增强视觉吸引力。

5. 保证图片的清晰度

创作者要保证图片足够清晰、细节可见。对于模糊的图片，创作者要适度提高锐度，但要避免过度锐化导致图片失真。

6. 保持光线与阴影平衡

创作者可以调整光线和阴影的比例，让图片的明暗部分过渡自然，营造出良好的层次感和立体感。

大多数图片编辑软件会提供单独调整高光和阴影的功能。对于高光过亮的部分，可以降低高光值来恢复一些细节；而对于阴影太暗的部分，可以提高阴影值来使其更清晰。如在一张建筑图片中，阳光直射的部分可能是高光，建筑的背面可能是阴影，可以分别调整这两个部分以达到平衡。

创作者还可以使用曲线工具更精细地控制不同亮度区域的调整，通过在曲线上添加控制点并上下拖动来改变相应区域的亮度。在进行局部调整时，创作者可以使用遮罩或选区工具对图片中的特定区域进行光线和阴影的调整。如只对人物的脸部进行单独的光影优化，而不影响背景。

7. 符合规范

根据使用场景和平台的要求，创作者要确保编辑后的图片符合相关规范和标准。如在社交媒体平台上发布的图片需要符合平台的尺寸和格式要求；在商业广告中使用的图片则需要符合行业规范和相关法律法规要求。

二、常用的图片处理工具

如今 PC 端、移动端都有大量的图片处理工具，而且随着 AI 时代的到来，大量 AI 图片处理工具也应运而生。下面介绍常用的 PC 端图片处理工具、移动端图片处理工具、AI 图片处理工具。

1. PC 端图片处理工具

常用的 PC 端图片处理工具如下。

（1）Photoshop

作为一款专业的图像处理软件，Photoshop 在图片处理领域有着非常广泛的应用。它提供了丰富的图像处理功能，包括裁剪、调整色彩、添加滤镜等。

Photoshop 内置多种滤镜和特效，包括模糊、锐化、变形、光线效果等。这些滤镜和特效能够帮助用户快速改变图像的效果，增强图像的表现力和吸引力。用户还可以根据需要选择合适的滤镜来创造独特的艺术效果。

Photoshop 内置文本工具和矢量工具，用户可以运用这些工具在图像中添加文字、标签、图标等元素。这些工具包含多种字体和排版选项，可以帮助用户轻松地制作出专业的平面设计作品。

此外，Photoshop 还具有图层和蒙版等功能，适合用于深度图像编辑。利用图层功能，用户可以编辑和控制图像中的不同元素，而不会破坏原始图像。图层功能为图像创作提供了一定的灵活性和自由度。蒙版则用于控制图层中不同区域的可见性，实现图像的精细调整与合成。

（2）PhotoZoom

PhotoZoom 主打的功能是将低像素模糊图片变清晰，它采用全新的 S-Spline 技术，允许用户自动调节参数、预设照片规格。用户在修图过程中还可以自定义精细调节图片的清晰度、鲜艳度等参数，使图片呈现出自己想要的效果。

PhotoZoom 还具有批量处理图片的功能，用户要想对多张图片实现同样的操作效果，只需处理一张图片，然后将效果应用于全部图片，十分方便。

（3）光影魔术手

光影魔术手简单易用，用户不需要具备任何专业的图像处理技能就可以制作出专业级摄影的色彩效果。光影魔术手还有许多功能，如制作反转片效果、制作黑白效果、数码补光等。光影魔术手是摄影作品后期处理、图片快速美容、数码照片冲印整理必备的图像处理工具，能够满足绝大部分用户的图片后期处理需求。

（4）图片编辑助手

图片编辑助手是一款简单易用的图片编辑工具，拥有丰富的图片编辑功能，可用于图片裁剪、缩放、旋转，添加文字、边框、滤镜，抠图、去水印等，并拥有图片批量转换、图片压缩等功能，用户无须具备专业图像处理技能就能完成复杂的图片处理操作。

（5）美图秀秀

美图秀秀是一款广受欢迎的图片处理工具，主要功能是美化图片。该工具还具备一键美颜，添加滤镜、涂鸦、贴纸和文字等多样化的功能，其模板功能甚至可以瞬间提升画质，使图片具有"大片效果"。此外，美图秀秀的精选素材每天都会更新，其能够帮助用户快速制作出精美的图片。

2. 移动端图片处理工具

常用的移动端图片处理工具如下。

（1）黄油相机

黄油相机适合用于制作并发布 Plog（指以图片的形式记录生活），其特点如下。

- 有海量模板可以套用，免去了用户设计排版的烦恼；更有"一键 P 图"功能，可自动识别图片内容，节省了用户挑选模板的时间和精力。

- 内置原创字体和百余款正版授权字体，用户可以随意对文字进行字体变换、颜色变换等多种个性化操作；拥有 Plog 常用标题、对话框、创意标签等，用户只需修改文字内容，无须设置颜色、字间距等细节。

- IP 形象、原创贴纸每周上新，无论是当红的 IP 形象，还是独立插画师制作的专属贴纸，用户都可以在第一时间使用。
- 在黄油相机中，滤镜不再只是简单的调色工具，千变万化的滤镜可以让用普通手机镜头记录的瞬间变得特别。

（2）醒图

醒图是一款功能强大的图像编辑工具，它集多种图像编辑和处理功能于一身，为用户提供了从基础编辑到高级调整的一站式解决方案。无论是简单的裁剪、滤镜效果添加，还是复杂的颜色调整、光效调整，醒图都能轻松应对。此外，醒图还具有独特的智能工具和特效，如消除笔、大头特效等，它们能让图片更具创意和艺术感。

（3）天天 P 图

天天 P 图是由腾讯推出的一款移动端图片处理工具，包括美化图片、自然美妆、魔法抠图、故事拼图等多个模块。该工具具有简单实用的图片编辑功能，如专业特效添加、光斑虚化、智能补光、马赛克、星光镜等，用户使用这些功能可以轻松制作"单反级"图片效果。

3. AI 图片处理工具

常用的 AI 图片处理工具如下。

（1）千图设计室 AI 设计助手

千图设计室 AI 设计助手是专为设计师和营销从业者打造的全能 AI 工具箱。无论是日常的视觉设计、广告制作，还是品牌推广，千图设计室 AI 设计助手都能在短时间内提供专业级的支持。

千图设计室 AI 设计助手的核心功能包括 AI 抠图、一键处理图片、一键生成商品图和标题艺术字。

（2）美图云修

美图云修将 AI 技术与艺术有机结合，赋能影像行业，为用户提供低成本、高品质、高效率的影像服务。

美图云修的功能包括：能够通过 AI 自动定位脸部瑕疵，在不磨皮的情况下将瑕疵去除，实现肤色均匀，并提高细节清晰度；多场景复杂光源下的 AI 白平衡功能，能通过一站式调色还原物体真实色彩；凭借先进的全自动测光技术，智能校正图像曝光问题，改善图像光影质量；能够全自动修图，全自动执行调色、磨皮、液化等细节优化操作，快速生成精美图片，速度比人工修图更快。

（3）Remove

Remove 是一款 AI 在线抠图工具，使用方便，用户无须注册登录，直接上传图片即可。Remove 抠图速度快，效果也很不错——背景干净，主体细节保存完整。抠图之后，用户可以将透明背景的图片保存到本地。

Remove 还具有更换背景的功能，用户可以选择颜色背景和图片背景，也可以上传其他图片作为背景。

（4）一键抠图

一键抠图是一款智能抠图工具，它不仅支持单张抠图，还具有批量抠图功能，抠图效率非常高。

在批量抠图时，该工具支持一次性最多上传 50 张图片。批量抠图与单张抠图效果一样好，抠图完成之后，可以将透明背景的图片保存到本地。另外，该工具还具有更换背景的功能。如果是批量抠图，可以选择颜色背景和自定义背景；如果是单张抠图，还有多种风格的模板背景可供用户选择。

（5）美图设计室

美图设计室围绕"AI 商品设计"与"AI 平面设计"两大板块，推出了 AI 商品图、AI 海报、AI 潮鞋、AI 换装等多个创新功能，可满足大多数用户的影像需求。同时，美图设计室还提供了海报模板和商用版权素材，用户只需基于模板，简单改字换图即可获得各种物料。

三、使用 Photoshop 处理图片

本案例利用 Photoshop CC 2020 处理图片，制作一张春节促销美妆全屏海报，效果如图 2-1 所示。该海报以中国传统元素为设计灵感，将红色背景、金色文字、祥云装饰等元素与春节的氛围相结合，使品牌活动与节日紧密相连。促销信息简洁明了，直接体现了新品优惠力度，能有效激发消费者的购买欲望。

使用 Photoshop 处理图片

图 2-1　春节促销美妆全屏海报

步骤 01 运行 Photoshop CC 2020，选择"文件"|"新建"命令，在弹出的"新建文档"对话框中设置各项参数，然后单击"创建"按钮，如图 2-2 所示。打开"背景"素材文件，将其拖入图像窗口中，如图 2-3 所示。

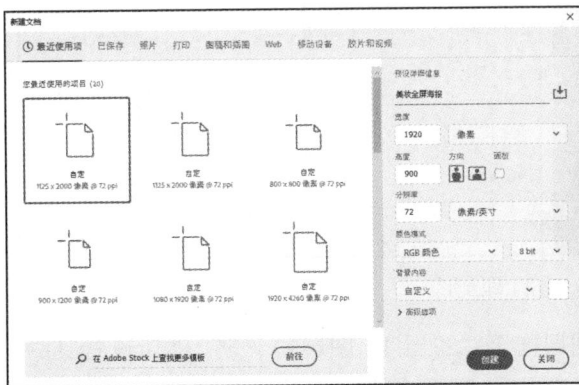

图 2-2　新建文档

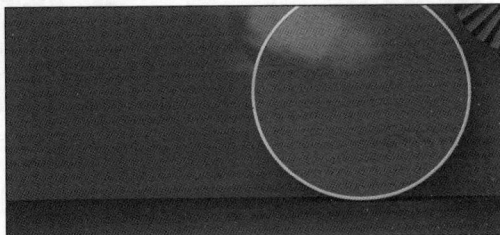

图 2-3　添加素材文件

步骤 02 导入"光影"素材文件，按【Ctrl+T】组合键调出变换框，调整图像的大小和位置，在"图层"面板中设置其图层混合模式为"叠加"，如图 2-4 所示。

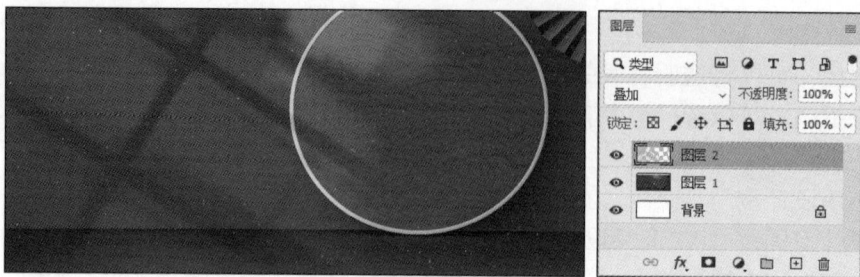

图2-4　设置图层混合模式

步骤 03 打开"展台"素材文件，选择"图像"|"调整"|"色相/饱和度"命令，在弹出的对话框中设置各项参数，然后单击"确定"按钮，如图2-5所示。

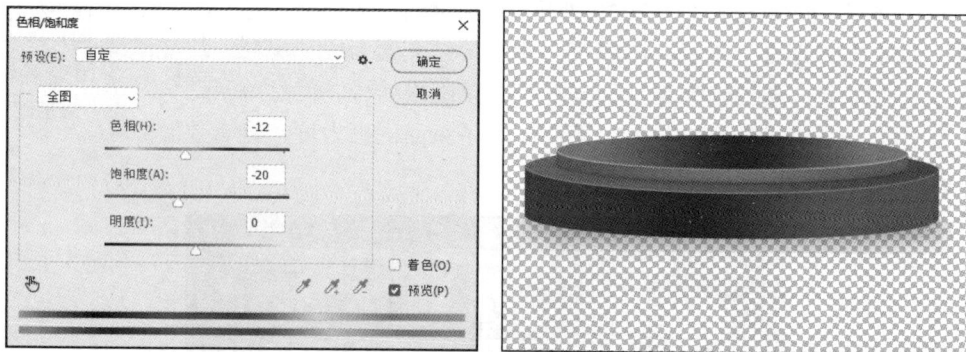

图2-5　调整色相和饱和度

步骤 04 导入"展台"和"套装"素材文件，选择椭圆工具○，绘制一个黑色椭圆形。在"属性"面板中设置各项参数，按【Ctrl+T】组合键调出变换框，调整椭圆形的大小和位置，如图2-6所示。

图2-6　绘制椭圆形

步骤 05 在"图层"面板中将"椭圆1"图层拖至"图层4"图层的下方，然后设置其图层混合模式为"叠加"、不透明度为"60%"，如图2-7所示。

步骤 06 导入"丝带"和"祥云"素材文件，按【Ctrl+T】组合键调出变换框，调整图像的大小和位置，如图2-8所示。选择魔棒工具✗，在其工具属性栏中设置容差为"30"，然后单击黑色背景，按【Delete】键删除选区内的图像，如图2-9所示。

图 2-7 设置图层混合模式和不透明度

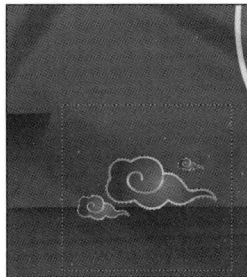

图 2-8 导入素材并调整图像大小和位置　　图 2-9 删除选区内图像

步骤 07 选择横排文字工具 **T**，输入部分文字，在"字符"面板中设置各项参数，如图 2-10 所示。

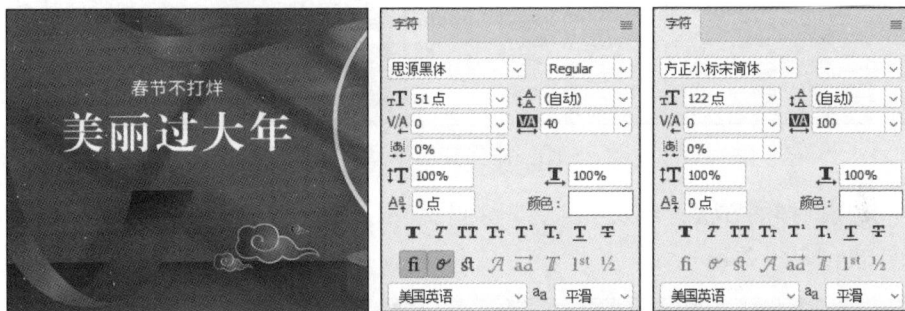

图 2-10 添加文字

步骤 08 单击"图层"面板下方的"添加图层样式"按钮 *fx*，弹出"图层样式"对话框，在弹出的菜单中选择"渐变叠加"选项，设置各项参数，其中渐变色为 RGB（255、198、146）到 RGB（255、246、224），如图 2-11 所示。

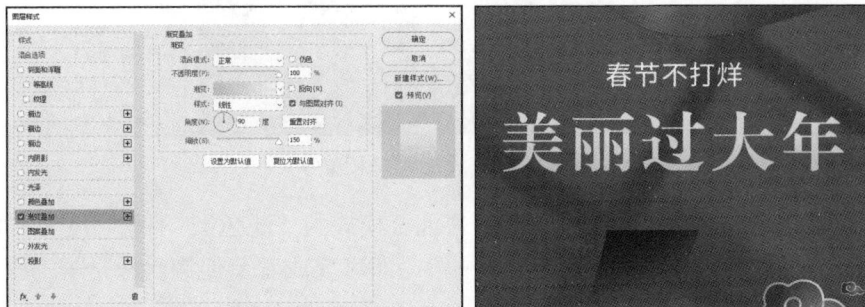

图 2-11 添加"渐变叠加"图层样式

步骤 09 在"图层样式"对话框中添加"投影"图层样式，设置各项参数，其中投影颜色为 RGB（202、40、25），然后单击"确定"按钮，如图 2-12 所示。

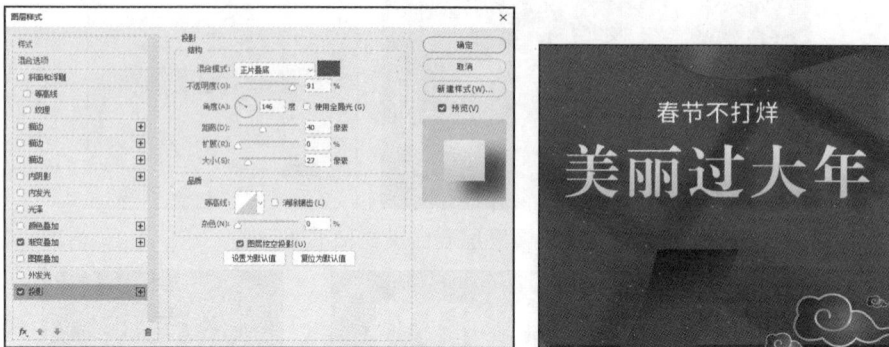

图 2-12 添加"投影"图层样式

步骤 10 选中"美丽过大年"文本图层并单击鼠标右键，选择"拷贝图层样式"命令，然后选中"春节不打烊"图层并单击鼠标右键，选择"粘贴图层样式"命令，如图 2-13 所示。

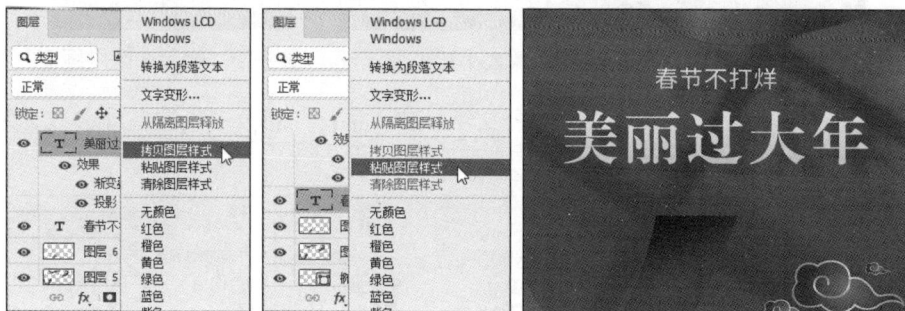

图 2-13 拷贝并粘贴图层样式

步骤 11 采用同样的方法，导入"标签"素材文件，输入文字"新品满 300 元减 50 元"并设置图层样式，如图 2-14 所示。

图 2-14 添加素材和文字

步骤 12 导入"光"素材文件，设置其图层混合模式为"滤色"、不透明度为"70%"，按【Ctrl+J】组合键复制"光"素材并调整其位置，即可完成春节促销美妆全屏海报的制作，如图 2-15 所示。

图 2-15　设置图层混合模式和不透明度

四、AI 在图片编辑中的应用

AI 可以利用计算机视觉技术和深度学习技术对图片进行优化和改进，提高图片的质量并提升视觉吸引力。

具体来说，AI 在图片编辑中有以下应用。

1. 图片修复

AI 可以使用深度学习技术修复旧图片，自动抠图，并去除图片中的瑕疵，如噪点和纹理，从而提高图片的清晰度和质感。

2. 背景替换

AI 可以自动识别图片中的主体，将原背景替换为新的背景。AI 的这一功能被广泛应用于电商、广告、摄影等领域，特别是在电商领域，该功能可以帮助商家以低成本高效地制作商品展示图。

3. 色彩优化

AI 可以调整图片的色彩饱和度、亮度和对比度，使图片更生动。

4. 美颜瘦身

AI 可以自动对图片中的人进行美颜、瘦身、美白等，使其看起来更加美丽。

5. 风格迁移

AI 可以将一幅图像的内容与另一幅图像的风格相结合，创作出新作品。

6. 智能布局与设计

AI 能够帮助创作者进行图像布局与设计，使之符合设计规范。如在设计海报、宣传册等视觉作品时，AI 能够自动调整图像的位置、大小和间距，使整体布局更加和谐、美观。

下面以美图设计室为例，介绍 AI 在图片编辑中的应用。

美图设计室的"AI 试衣"功能极大简化了试衣流程，创作者只需上传服装图，并选择模特库中的不同模特，即可快速获得 AI 模特试衣效果。这种方式无须专业模特拍摄，因此大幅降低了试衣成本。"人像背景"功能则能够轻松实现人像与背景的融合，帮助创作者快速更换背景，满足创作者的多样化需求。下面将介绍如何利用这两个功能快速生成女装模特图，如图 2-16 所示。

步骤 01 打开"美图设计室"网页并登录账号，在左侧单击"AI 试衣"按钮，然后单击"上传服装图"按钮，如图 2-17 所示。

图 2-16　女装模特图

图 2-17　单击"上传服装图"按钮

步骤 02 打开"连衣裙"素材，根据连衣裙的风格，在左侧选择合适的模特和姿势，然后单击"去生成"按钮，如图 2-18 所示。

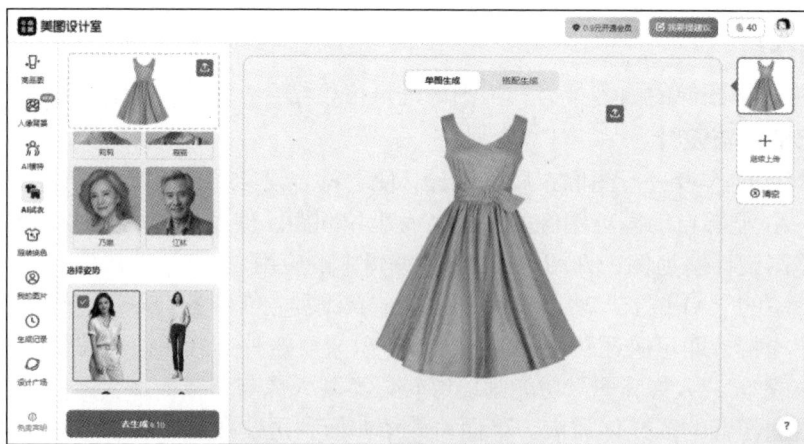

图 2-18　选择模特和姿势

步骤 03 此时即可智能识别并适应模特身形，模拟真实的穿着效果。单击模特图，在弹出的对话框中单击"下载"按钮下载模特图，如图 2-19 所示。

图 2-19　下载模特图

步骤 04 在左侧单击"人像背景"按钮，上传模特图，设置画面比例为"1∶1"，根据连衣裙的风格选择匹配的背景，在此选择"海边"背景，然后在画布中调整模特大小和位置，单击"去生成"按钮，如图 2-20 所示。

图 2-20　选择匹配的背景

步骤 05 此时即可生成场景图。单击场景图，在弹出的对话框中单击"下载"按钮，即可下载场景图，如图 2-21 所示。

图 2-21　下载场景图

任务二　文案写作

文案在全媒体运营中具有至关重要的作用，不仅关乎品牌形象和用户体验的提升，还直接影响用户行为、内容传播效果等。

一、搭设写作框架

很多创作者在撰写文案时，只顾着自己"要表达什么"，却忽视了如何让用户看懂，洋洋洒洒写了很多字，用户却不知所云。因此，在文案写作中，搭设一个有效的写作框架是至关重要的，它能帮助创作者更好地组织思路，确保文案内容条理清晰、逻辑严密。

要想搭设写作框架，创作者需要建立结构化思维。结构化思维是以事物的结构为思考对象来引导思考、表达和解决问题的思维模式，建立结构化思维的首要工具是金字塔原理。

金字塔原理是巴巴拉·明托在《金字塔原理》中提出的一项层次性、结构化的思考、沟通技术，可用于结构化的写作过程。金字塔原理要遵循以下原则：结论先行、以上统下、归类分组、逻辑递进。其中，结论先行和以上统下是纵向结构的特点，归类分组和逻辑递进是横向结构的特点。

（1）结论先行：一般为论证结构，用于证明一个已知且明确清晰的观点。创作者需要找到分论点及相关的论据来证明该观点。文案要在开头提出结论，接下来阐述理由和依据，引入具体事例来佐证，这样会让人印象深刻。

（2）以上统下：即上下对应，确保下面的论据支持上面的观点。论证时，从总论点到支撑论点，再到分论点，最后到基础论点，层层分解，层层展开，层层论证。

（3）归类分组：一般要遵循 MECE（Mutually Exclusive, Collectively Exhaustive，即相互独立、完全穷尽）原则。使用归类分组的文案的各个部分或要点应基于同一标准或维度，确保彼此间没有重叠，且全面覆盖所有相关的内容，无遗漏，能形成一个完整的信息体系。

（4）逻辑递进：即多个平行内容之间尽量有递进关系。在内容的组织和表达上，文案应通过一系列有序、连贯的步骤或论点，引导用户逐步深入理解和接收核心信息。文案应有一个明确的引导路径，从开头到结尾，逐步展开主题。这通常通过引入话题、阐述背景、分析问题、提出解决方案、总结呼吁等步骤来实现，这些步骤应形成一条清晰的逻辑链。文案的不同部分之间，应使用过渡自然的语言进行连接。这些过渡句或过渡段可以帮助用户更好地理解各部分之间的逻辑关系，使文案整体更加流畅和连贯。

二、搜集并加工写作素材

在撰写文案时，搜集并加工写作素材是至关重要的一步。这不仅关乎文案内容的丰富性和深度，还直接影响其吸引力和说服力。

1. 素材搜集渠道

下面是一些写作素材的搜集渠道。

（1）图书馆和档案馆

图书馆和档案馆是获取权威、全面素材的宝库，其中有涵盖各种主题和领域的书籍、期刊、报纸、档案等，可以为文案提供准确、可靠的信息和数据。

（2）在线数据库

在线数据库是另一个重要的信息源，包含了各种学科和主题的数据、统计资料、研究成果等。通过这些数据库，创作者可以快速获取大量数据和信息，为文案提供有力的支撑。

（3）搜索引擎

通过搜索引擎，创作者可以迅速找到相关的文章、网页、图片、视频等资料。然而，在使用搜索引擎搜索时，创作者要注意筛选，核实信息的真实性和可靠性，避免使用不准确或有误导性的信息。

（4）社交媒体平台

社交媒体平台是获取广大网友观点和意见的好地方。通过关注相关话题和群组，创作者可以发现不同的观点和看法，为文案提供多元化的思路和素材。

（5）采访和调查

采访和调查是获取一手资料的重要方法。通过采访相关人士或进行问卷调查，创作者可以获得更加真实、详细的数据和信息，使文案内容更加丰富和具有说服力。

（6）新闻媒体

新闻媒体是获取时事信息和了解热点事件的重要渠道。通过阅读新闻资讯、收听广播或观看电视节目，创作者可以了解最新的时事动态和社会热点，为文案提供新鲜、有价值的素材和观点。

（7）行业报告

行业报告是获取行业信息和市场数据的重要途径。查找并研究行业报告，可以帮助创作者了解行业的发展趋势和市场状况，为文案提供更加具体、实用的素材和观点。

（8）会议

参加相关领域的会议是获取专业知识和交流思想的重要途径。在会议上，创作者可以结交更多的专业人士，了解最新的研究成果和技术进展，为文案提供前沿、深入的素材和观点。

（9）个人经历和观察到的现象

观察是获取个性化和具有独特性的素材的重要方法。创作者可以记录自己的经历和观察到的现象，将其转化为文案的素材和观点，使文案更加真实、生动。

（10）个人积累

多读书、多看文章是积累写作素材的有效途径。通过阅读书籍、报纸、杂志等，创作者可以收集各种写作素材，包括故事、名言、佳句等，为文案提供丰富的语言和内容支持。

🎓 课堂讨论

在以上素材搜集渠道中，你觉得哪些渠道使用起来更有效率？如果你要在写文案前搜集素材，你会选择哪一种素材搜集渠道？

2. 提高素材搜集效率

提高素材搜集效率可以帮助创作者更快地构建文案框架，丰富文案内容并提升文案整体质量。以下是一些提高素材搜集效率的方法。

（1）明确目标与主题

在开始搜集素材之前，创作者要先明确写作目标和主题，这样可以缩小搜集范围，避免在海量信息中迷失方向。

（2）制订搜集计划

创作者要根据写作需求制订一个详细的搜集计划，包括时间安排、素材来源（如书籍、网络、访谈、观察等）、需要搜集的素材类型（如数据、案例、名言、故事等）。

（3）利用工具

创作者可以使用印象笔记、OneNote 等笔记应用，随时随地记录灵感和素材。这些应用支持分类整理素材，便于查找；还可以及时保存没有读完的文章，方便离线阅读，并支持创作者通过添加标签、高亮等方式标注文章重点。创作者还可以关注与主题相关的微博、公众号等，保持信息的持续输入。

（4）建立素材库

创作者要将搜集到的素材按照主题、类型、来源等分类整理，建立自己的素材库，并定期回顾，淘汰过时或不再相关的素材，保持素材库的时效性和准确性。

（5）高效筛选与整合

创作者在搜集素材时应保持批判性思维，评估素材的可靠性、相关性和适用性，并将搜集到的素材进行有效整合，构建有条理、有逻辑的内容框架。

三、撰写文案的开头、结尾和标题

文案的开头、结尾和标题各有其独特的作用，它们共同构成了文案的框架。

下面分别介绍开头、结尾和标题的撰写技巧。

1. 开头

文案的开头是吸引用户注意力的关键部分，要求简洁、有力、引人入胜，能迅速与用户建立联系。文案的开头应明确文案的主题或核心观点，为后续内容定下基调，帮助用户快速理解文案的意图。

文案开头的常见写法有以下几种。

（1）讲述故事

开头讲述一个小故事，有助于引起用户的阅读兴趣。开头的故事一般需要包含时间、地点、人物、环境、事件（起因、经过、结果）等，要具有完整性和可读性。故事要为产品或主题服务，要贴近生活，可采用陈述体或对话体。

（2）引起用户的好奇心

开头可以通过提出问题来引起用户的好奇心，引导他们继续阅读。如"为什么好多人都在朋友圈消失了？""是什么原因让朋友圈里的他们丧失了分享欲，逐渐消失在朋友圈里？"，如图 2-22 所示。

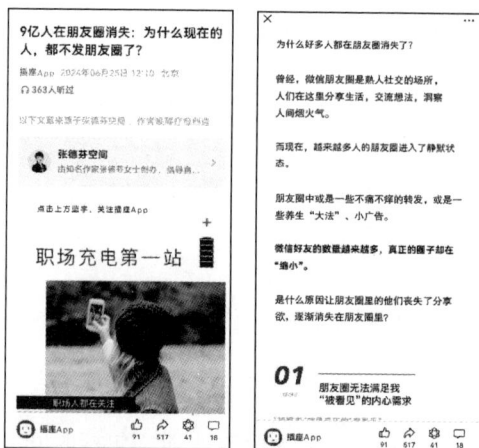

图 2-22　引起用户的好奇心

设置悬念也是一种引起用户好奇心的方法。悬念是指用户对未知情节的发展变化所持的一种急切期待的心情。开头可以在讲述一个情境或故事之后留下未解之谜，或者暗示一个即将揭示的惊人事实，让用户想要继续阅读以了解全貌。

（3）引用名言或数据

引用引人注目的统计数据、事实或趋势来吸引用户的注意力，并展示内容的专业性，或者引用名人名言，这两种方法都可以增强内容的权威性和文案的说服力。

（4）创造惊喜

创作者可以使用出人意料的元素，如一个不寻常的比喻、一个幽默的段子或一则与主题相关的趣闻，这些元素都能让用户眼前一亮，激发其阅读的兴趣。

（5）与用户产生连接

开头可以明确指出文案的目标用户群体，使用他们熟悉的语言和情境，让他们感到被重视和理解；也可以通过描述一个与用户生活相关的场景，迅速将用户代入其中，增强用户的代入感和阅读体验。

（6）直接陈述观点

创作者可以在开头直接、明确地表达自己的观点，让用户立刻明白自己的立场和态度。创作者也可以列举用户将从文案中获得的好处或解决方案，直接触及他们的需求或兴趣点。

如公众号"印象笔记"在文案《明明休息了 2 天，为什么还是感觉好累》的开头直接陈述观点——"无效休息并不等于休息好了"，如图 2-23 所示。

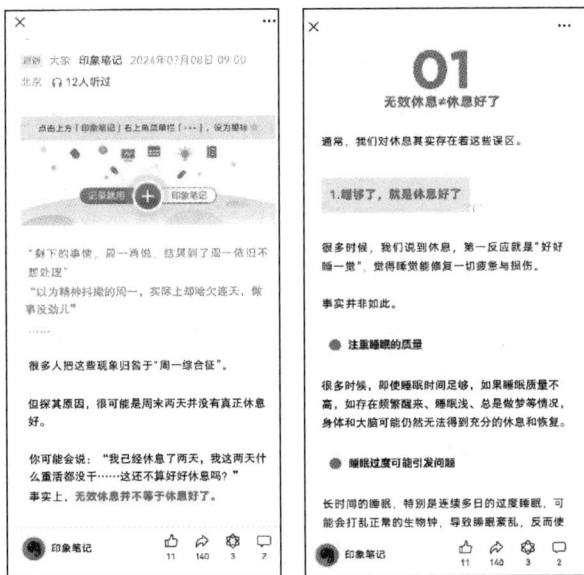

图 2-23 直接陈述观点

2. 结尾

结尾既是对全文的总结，也是给用户留下深刻印象，促使他们采取行动的关键环节。撰写文案结尾的方法主要有以下几种。

（1）总结要点

结尾可以简要回顾文案中的核心信息或主要观点，帮助用户巩固记忆，如强调产品或服务的独特卖点或优势，加深用户对产品的印象。

（2）呼吁行动

结尾可以明确告诉用户希望他们接下来做什么，如购买产品、注册账号、参与活动或分享内容；要使用强有力的动词短语来激发用户的行动欲望，如"立即购买""免费试用""关注我们"等。如果可能，应提供明确的行动路径或链接，以便用户快速响应。

（3）创造期待

结尾可以预告即将发生的事件，如开展优惠活动或发布新产品，激发用户的好奇心和期待感，鼓励用户持续关注或订阅，以免错过重要信息。

（4）提供额外价值

结尾可以提供额外的资源、优惠码、小贴士或教程等，让用户感受到额外的收获和价值。这不仅可以提升用户的满意度，还可能促使他们将文案分享给其他人，从而扩大文案的传播范围。

（5）保持一致性

结尾要确保与文案的整体风格和主题保持一致，不要出现突兀或不一致的内容，这有助于维护品牌形象和用户体验的一致性。

（6）引发情感共鸣

结尾可以通过温暖、感人或激励人心的话语，引发用户的情感共鸣。如"在追求梦想的道路上，我们与您同行，一起创造美好的未来。""让我们携手共进，用爱与关怀，为这个世界带来更多的温暖。"

结尾还可以对用户的关注和支持表示感谢，让他们感受到被尊重。如"感谢您一直以来的支持与陪伴，我们会不断努力，为您带来更优质的内容。""衷心感谢您的阅读与信任，期待与您再次相遇。"

（7）通过提问增加互动

这类结尾适用于引发用户思考、讨论或互动的文案，如观点文、热点话题分析文案等。这类文案可以在结尾处提出一个问题，鼓励用户参与讨论。如"对于这个热点话题，你有什么看法？你觉得我们应该如何应对？欢迎在评论区留言分享你的观点。"

如公众号"世界经理人"发布的文案《掌握沟通的 3 个目标，能解决 90%的职场难题》的结尾——"最后，你有什么沟通小技巧吗？你更倾向于哪种沟通方式？你认为如何才能实现有效沟通？欢迎留言分享，你将有机会获得《业务三板斧：定目标、抓过程、拿结果》一本"，采用"提问+利益激励"的方式引导用户参与互动，如图 2-24 所示。

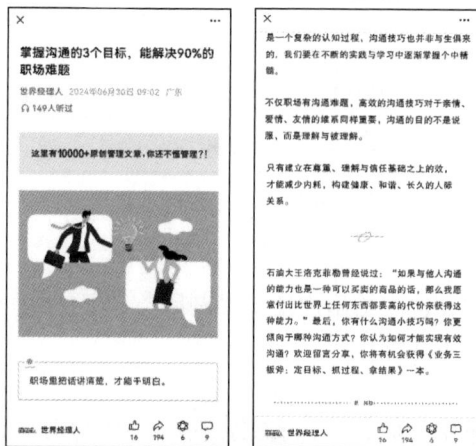

图 2-24　通过提问增加互动

3. 标题

关于标题对文案的重要性，广告大师大卫·奥格威曾经提出这样一个观点："标题在大部分的广告中是最重要的元素，能够决定读者到底会不会看这则广告。一般来说，读标题的人比读内文的人多出 4 倍。换句话说，你所写标题的价值将是整个广告预算的 80%。假如你的标题没有达到销售效果，那么可以说你已经浪费了客户 80%的广告预算。"

撰写文案标题是吸引用户注意力、激发其阅读兴趣的第一步，下面介绍几种撰写文案标题的方法。

（1）简洁明了

优质的标题应简短且易于理解，避免使用复杂的词汇。简洁的标题能够更迅速地传达信息，让用户一目了然。一般情况下，文案标题不要超过 33 个字。

（2）突出文案亮点

创作者可以在标题中突出文案的亮点或产品的独特卖点，如优惠信息、独特功能、新颖观点等，这样能够迅速吸引用户的注意力。

如果文案的内容能够解决用户的某个痛点，则可以在标题中直接提及。如"告别失眠，这里有 5 个有效的助眠方法"针对的就是用户存在的失眠问题。

（3）利用数字或数据

数字或数据往往能够更直观地传达信息，增加标题的吸引力和可信度。如"10 个简单步骤，让你轻松学会制作糕点""36 个最实用的 Excel 技巧，一次性全学会！"，如图 2-25 所示。创作者还可以通过数据对比来形成反差，如"2 分钟与 2 小时，这个工具让你的工作时间大不同"。

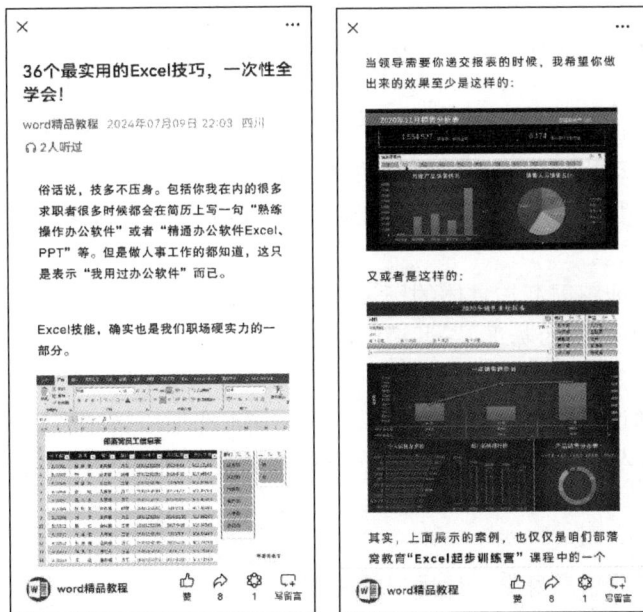

图 2-25 利用数字或数据

（4）制造悬念

可以通过标题制造悬念，激发用户的好奇心和求知欲。创作者可以通过提问来制造悬念，如"是什么让他们在一夜之间改变了命运？""下一个投资风口在哪里？答案可能让你意想不到""我用了这个方法，业绩从倒数变成了第一，你想知道吗？"

（5）结合热点

创作者要密切关注当前社会、娱乐、科技、体育等领域的热点话题和事件，可以利用搜索引擎、社交媒体、新闻聚合网站等工具来发现热点话题。创作者要了解目标用户群体对哪些类型的热点话题感兴趣，以便更精准地定位标题内容，提高标题的吸引力。

创作者要在标题中巧妙融合热点话题，确保热点话题与文案核心内容有较高的相关性，避免成为"标题党"。另外，在追求热点话题的同时，要确保标题内容不违反法律法规和道德规范，尊重他人的隐私和权益。

（6）运用修辞手法

创作者可以运用修辞手法来增强语言的表现力，使标题更加生动、有趣或引人深思。常见的修辞手法如下。

- 比喻：通过将一个事物比作另一个事物来形象地表达原事物的特点或情感。如"职场如战场，你准备好了吗？"，用"战场"来比喻职场，突出了职场竞争激烈的特点。

- 拟人：赋予非人事物以人的特性或情感。如"手机的秘密心声：我渴望被你温柔以待"，让手机仿佛有了生命和感情，更容易引起用户的共鸣。

- 反问：用疑问的句式表达确定的意思，以加强语气。如"难道你还不知道这个改变生活的秘密吗？"，通过反问激发用户的好奇心和求知欲。

- 双关：利用词语或句子的语音或语义条件，同时关涉两个方面，言在此而意在彼。如"书山有路'趣'为径"，这里的"趣"既指有趣，也隐含了"捷径"的意思；既表达了学习的乐趣，也强调了找到合适方法的重要性。

- 对比：把两个相对或相反的事物，或者一个事物的两个方面放在一起做比较。如"从前无人问津，如今一货难求——揭秘这款产品的逆袭之路"，通过对比展现了产品的巨大变化。

（7）使用情感词汇

情感词汇能够触动用户的内心，引发共鸣。在标题中加入积极的情感词汇，如"惊喜""感动""幸福"等，可以增强用户的阅读欲望。如"惊喜连连！探索你的快乐新旅程"，就表达了期待和快乐的情感。

创作者也可以将情感词汇与具体的场景或情境相结合，这样更容易让用户产生共鸣。如"温馨回忆，重拾儿时味道的糖果"，通过"温馨回忆"这一情感词汇，将用户代入具体的场景中。

创作者还可以通过具有对比或冲突效果的情感词汇来增强情感表达的效果。如"从绝望到希望，她如何走出人生低谷"，通过对比绝望和希望这两种截然不同的情感，激发出用户的好奇心和同理心。

（8）与用户相关

直接或间接地指明用户身份，让用户感受到内容是为他们定制的，可以增强标题的亲近感和吸引力。创作者可以在标题中使用第一人称代词，让用户立刻感受到内容与自己有关，如"我学会了这5个技能，职场晋升不再难！"

利用可能让用户自我认同的标签或角色来撰写标题，如"作为职场新人，你如何快速适应工作环境？"，针对的是初入职场的用户。

如公众号"洞见"发布的文案《生普和熟普哪个更好？老茶友说了实话：别纠结，买错吃大亏》，其标题中的"老茶友"点明了目标用户的身份，他们在看到这个标题后更有可能点击阅读文案，如图 2-26 所示。

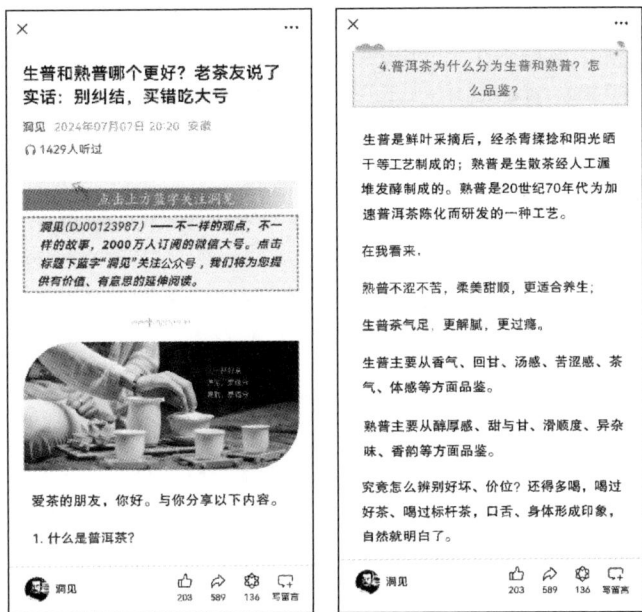

图 2-26　标题内容与用户相关

知识链接

在文案标题中使用标点符号可以起到多种作用，如增强表达效果、引导用户情绪、制造悬念等。创作者可以根据语境选择合适的标点符号，不同的标点符号有不同的表达效果。

（1）感叹号：表达强烈的情感或呼吁。

（2）问号：引发用户的好奇心。

（3）省略号：制造悬念，让用户产生遐想。

（4）破折号：进行解释或转折，引导用户深入理解。

标点符号的使用也要与文案的整体风格相协调。如在轻松、幽默的文案中可以适当使用感叹号或问号来增强趣味性；而在正式、严谨的文案中则应减少使用这些标点符号，以保持文风的庄重。

四、做好正文结构布局

做好正文结构布局是确保信息有效传达、吸引用户注意力并引导用户按照既定路径思考或行动的关键。根据不同的目的、用户和内容，文案的正文结构布局可以灵活多变，但归纳起来通常有以下几种类型。

1. 直线型

直线型是最常见、最基础的结构，又可分为总分总式结构和层层递进式结构。总分总式结构按照时间顺序、逻辑顺序或事件发展的自然顺序来组织内容，开头引入主题，中间逐步展开，结尾总结或呼吁行动，适用于故事叙述、产品介绍、教程说明等。层层递进式结构是指内容层层推进，有先后逻辑关系，这种结构适合逻辑性强的选题，对写作功底要求较高。

使用直线型结构时，段落无论如何划分，都要围绕同一个主题来论述，而且各个段落之间联系要紧密，不能脱节，要让用户看完后有一气呵成的感觉。

2. 并列型

并列型也叫清单型，指将多个并列的要点、功能、优势或步骤一一列出，改变相互之间的顺序不会影响全文逻辑，省略其中一部分也不会有太大的影响，每个部分都独立但共同支撑主题。并列型结构适用于快速传达多个要点或产品特性。更形象地说，并列型结构从不同的角度和方面来阐述同一个问题，可用于撰写覆盖面广、组织性强的文案。

如公众号"十点读书"发布了一篇文案《暑假带孩子做这 6 件事，他会越来越优秀》，正文介绍了父母要带孩子做的 6 件事，即参加公益活动、练一手好字、每周看一次纪录片、种植一种植物、每天运动 1 小时、每周买一次菜，对这 6 件事的介绍就是典型的并列型结构，如图 2-27 所示。

图 2-27　并列型结构示例

3. 对比型

对比型通过对比两种观点、产品、方案等的优缺点，帮助用户更清晰地理解和选择。这类文案通常包括对比项的提出、对比点的分析及结论或推荐等内容。对比型结构文案的撰写方法主要有直接对比法、古今对比法、内外对比法、大小对比法、正反面对比法、情境对比法和情感对比法。

4. 结论先行型

结论先行型也叫金字塔型，是指先给出结论或核心观点，再逐步呈现支持这一结论的理由、论据或细节。这种结构适合那些需要快速传达核心信息的文案，如新闻稿、报告总结等。

5. 故事型

故事型是通过构建一个引人入胜的故事来传达信息或理念，包括起承转合 4 个部分，即引入（起）、发展（承）、高潮（转）、结局（合），适用于品牌营销、情感共鸣等场景。

6. 片段组合型

片段组合型是指选择几个典型、生动的片段，将它们有机地结合起来，以共同衬托一个主题的结构，这种结构通常用于描写人物和与人物相关的事件。

7. 问答型

问答型是采用一问一答的形式表达一个主题。这种结构常用在采访类选题中，可以直接、全面地表达文案主题。文案以用户可能会提出的问题为引导，逐一进行解答，构建出内容框架，从而有助于直接消除用户的疑虑，增强用户的信任感。

如公众号"顶端新闻"曾发布一篇对胖东来董事长于东来的专访《对话于东来：让员工享受美好生活，企业发展才能长久|顶端访谈》，文中以顶端新闻记者的提问为引导，记录于东来的回答，帮助用户了解胖东来为什么帮扶永辉超市、如何平衡员工福利和企业发展的关系等各种问题的答案，如图 2-28 所示。

图 2-28 问答型结构示例

五、图文排版优化阅读体验

在撰写文案时，图文排版是一项至关重要的工作，它不仅关乎文案的视觉效果，还直接影响用户的阅读体验和信息的传达效果。

1. 图文排版原则

为了保证用户的阅读体验，创作者在进行图文排版时需要遵循以下原则。

（1）一致性原则

创作者要确保图文风格、色彩和主题的一致性。如果文案是关于科技产品的，那么图片和文字都应体现科技感。

（2）可读性原则

创作者要确保文字大小适中、清晰可读，图片质量高且不模糊。如果文字过小或图片分辨率低，就会影响用户的阅读体验。

（3）适配性原则

创作者应根据发布平台和用户特点进行排版。如移动端和 PC 端的排版可能需要有所不同，这源于移动端和 PC 端的屏幕尺寸、屏幕分辨率、阅读方式、交互方式、使用场景不同。

（4）视觉流程性原则

创作者要引导用户的视线按照预期的顺序移动，通常是从上到下、从左到右。如通常将最重要的信息放在页面的左上角。

（5）简洁性原则

文案应简洁明了，避免使用冗长和复杂的句子；排版要清晰，避免过多的装饰和干扰元素。避免过多地使用斜体、反白或其他特殊效果，以免分散用户的注意力。特殊效果应适度使用，以增强视觉效果为目的。

（6）平衡性原则

文案与图片在视觉上要保持平衡，避免给人一种头重脚轻的感觉。整体布局要和谐统一，营造出良好的视觉效果，给用户提供良好的阅读体验。

2. 图文排版技巧

在遵循图文排版原则的前提下，创作者在进行图文排版时可以根据具体情况使用不同的排版技巧。

（1）确定文案内容的优先级

创作者要明确主、副标题及内容的关系，通过字体大小、粗细对比强调关系；可以使用小标题来细分文案内容，提升逻辑的清晰度，帮助用户快速捕捉重点。小标题的字数要大体一致，差异不要超过 2 个字。

（2）合理分段

文案的每段文字不宜过长，建议每段不超过 5 行，以适应移动设备的阅读环境，并使用左对齐或居中对齐方式，以保证阅读的流畅性。

（3）强调关键信息

在每个小标题下的段落中，至少有一个关键词或句子应使用粗体进行强调。如果内容很多，可以用表格排列，总结每个小标题下的正文要点，便于用户进行扫描式阅读。

（4）优化图文关系

文案的位置要根据图片进行选择，确保文案与图片内容相辅相成；巧用对比色和补色，并调整色彩的明度与饱和度，以增强信息的可读性。模糊与色彩叠加等技巧可用于弱化背景，使文案更加突出。

（5）适当留白

文案中适当留出空白区域，可以给用户的眼睛提供休息的空间，也可以增强整体的美感和可读性。如在页面边缘和段落之间留出一定的空白。

六、AI 在文案写作中的应用

AI 在文案写作中的应用日益广泛，极大地提高了创作效率，丰富了内容形式，能够帮助企业和个人更精准地传达信息。

1. AI 在文案写作中的主要应用方向

AI 在文案写作中的应用非常广泛，以下是 AI 在文案写作中的几个主要应用方向。

（1）内容生成与辅助

AI 能够根据输入的关键词、主题或需求，自动生成相应的文案内容，如新闻报道、商品描述、广告文案、社交媒体文案等。这大大提高了文案写作的效率，尤其是在需要快速生成大量文案的场景下。

AI 还能在文案写作过程中提供智能辅助，如自动补全句子、推荐关联词汇、生成摘要、校对语法错误等，帮助用户更快速地完成文案写作。

（2）风格与情感调整

AI 能够自动分析文案的风格和情感，并根据目标用户的偏好和需求进行调整，使文案更加符合目标用户的喜好。一些 AI 写作工具还允许用户自定义文案的语气或风格，如轻松、严肃等，以满足不同场景下的写作需求。

（3）批量写作与个性化定制

AI 支持批量写作，能够一次性生成多篇文案，适用于需要大量文案的场景，如电商平台的商品描述、新闻媒体的批量报道等。AI 还能根据用户的特定需求进行个性化定制，如根据上传的个人写作风格文档，生成与个人写作风格高度一致的内容，确保内容更贴合用户的需求。

（4）多语言翻译

AI 支持多种语言，可以根据需求自动翻译文案，为跨国企业或个人提供便捷的文案写作服务。

2. 常用的 AI 写作工具

目前市场上有多种常用的 AI 写作工具，这些工具可帮助用户快速生成高质量的文本内容。

（1）DeepSeek

DeepSeek 是杭州深度求索人工智能基础技术研究有限公司推出的一系列人工智能产品及相关技术的统称，在自然语言处理等多个领域展现出强大的实力，为不同行业用户提供了高效的解决方案。

自 2023 年 11 月推出首个模型 DeepSeek Coder 起，DeepSeek 不断推陈出新，陆续发布了 DeepSeek-LLM 系列模型、DeepSeek-V3 模型，2025 年 1 月又推出基于 DeepSeek-R1 模型的聊天机器人，其发展迅速，影响力持续扩大。

DeepSeek 能够高质量地完成文本分析、翻译、摘要生成等任务。例如，面对复杂的学术论文，DeepSeek 能快速提炼核心观点，梳理研究脉络；在商业文案创作方面，可依据给定的主题、风格和要求，迅速生成吸引人的营销文案、产品介绍等。

（2）文心一言

文心一言是百度全新一代知识增强大语言模型，能够与人对话互动、回答问题、协助创作，高效、便捷地帮助人们获取信息、知识和灵感。文心一言从庞大的数据中融合学习，得到预训练大模型，在此基础上采用有监督精调、人类反馈强化学习、提示等技术，具备知识增强、检索增强和对话增强的技术优势。

文心一言还拥有"智能体广场"，智能体按照精选、节日热点、秋招助手、办公提效、垂类知识、生活助手等模块来划分，用户可以在智能体广场选择合适的智能体，如图2-29所示。

图2-29　智能体广场

（3）豆包.

豆包是字节跳动公司基于云雀模型开发的 AI 工具，提供聊天机器人、写作助手及英语学习助手等功能，可以回答多种问题并与用户进行对话，帮助用户获取各种信息。

豆包在给出答案时会提供搜索来源，用户可以直接点击网页链接查看。豆包中的智能体是能帮助用户在工作和生活中提效的生产力工具，包括聊天机器人"超爱聊天的小宁"、AI图片生成助手、学习小帮手、英语外教 Owen、全能写作助手、英语学习助手等。

（4）讯飞星火认知大模型

讯飞星火认知大模型是科大讯飞发布的大模型。该模型具有七大核心能力，即文本生成、语言理解、知识问答、逻辑推理、数学能力、代码能力、多模交互，对标的是 ChatGPT。

文本生成涵盖商业文案、新闻通稿等多种文案类型；语言理解包括机器翻译、文本摘要、语法检查、情感分析等；知识问答涵盖生活常识、工作技能、医学知识等领域；逻辑推理包括思维推理、科学推理、常识推理等；数学能力涉及几何问题、微积分、概率统计等；代码能力包括代码生成、代码解释、代码纠错、单元测试等；多模交互包括多模理解、视觉问答、多模生成、虚拟人视频等。

（5）微撰

微撰是一款在线 AI 智能写作、AI 智能问答工具，能够一键生成高质量原创内容，集营销文章、电子邮件和网站文案生成，智能文本纠错、改写润色、自动续写，智能配图等功能于一体。微撰的 AI 写作技术能够深入剖析用户需求，自动识别文章的主题和方向，精准把握用户的写作意图，自动调整写作风格和内容，确保文章既符合主题要求，又贴近用户的喜好。微撰提供了丰富多样的文案模板，涵盖新闻报道、营销文案、社交媒体文案等多种类型，能够帮助用户轻松撰写出特定主题和风格的文章。

（6）360智脑

360智脑是360自研认知型通用大模型，依托360多年积累的大算力、大数据、工程化等关键优势，集成了360GPT大模型、360CV大模型、360多模态大模型技术能力，具备十大核心能力、数百项细分功能，重塑了人机协作新范式。为服务产业数字化，360发布了企业级AI大模型战略，以人为本构建安全可信的大模型。

360智脑具备的十大核心能力包括生成与创作、阅读理解、多轮对话、逻辑与推理、代码能力、知识问答、多语种互译、多模态、文本改写、文本分类。

3. 使用AI撰写文案的步骤

使用AI进行文案撰写可以大大提高写作效率。下面介绍使用AI撰写文案的步骤，帮助大家更好地利用AI。

（1）选择合适的AI写作工具

现在市场上有很多功能强大的AI写作工具，创作者要对这些工具进行详细了解，然后选择适合自身创作需求的工具。

（2）确定目标和要求

在开始撰写文案之前，创作者要明确写作目标和要求。如目标用户是谁？文案应该采用什么样的语气和风格？希望通过文案实现什么目标（如销售、品牌推广、教育等）？

（3）提供提示文本和指导

为了让AI生成符合需求的文案，创作者需要提供详细的提示文本和指导，如产品描述、关键词、示例文案等。

（4）使用模板和提示

许多AI写作工具提供预设的模板和提示，帮助用户快速生成文案。如创作者可以使用以下提示。

产品描述："请为一款新型智能手机撰写一篇产品描述。"

社交媒体文案："请为我们的品牌撰写一篇吸引人的社交媒体文案。"

（5）生成和优化文案

使用AI生成初步文案后，创作者还要对其进行优化。虽然AI可以生成高质量的文案，但创作者仍然要通过审查和调整来确保文案符合品牌诉求和目标用户的需求。

（6）测试和反馈

创作者要将生成的文案应用到实际场景中，并收集反馈，根据反馈对文案进行调整，以提高文案的表达效果和传播效果。

4. 使用AI撰写文案示例

一篇优秀的产品推广文案可以激发用户的购买欲望，提高产品的销量。要想写出高质量的产品推广文案，创作者就要深入了解产品特点，并掌握各种文案写作技巧，以增强文案的吸引力和说服力。下面以使用DeepSeek撰写产品推广文案为例，介绍使用AI撰写文案的方法。

使用DeepSeek
撰写文案

创作者可以按照"识别产品特点—确定目标用户—确定文案风格—调整优化"的思路来引导DeepSeek生成产品推广文案。

（1）识别产品特点

创作者应尽可能详细地描述所要推广产品的特点，如"华为Pura70手机搭载麒麟9010E处理器、新增北斗卫星消息功能、使用第二代昆仑玻璃、零部件本土化生产更进一步、多点触控、66W有线快充"。

（2）确定目标用户

利用DeepSeek分析目标用户的需求和喜好，有助于撰写更具针对性的文案。例如，根据提示词"请帮我分析一下这款手机的目标用户"，DeepSeek给出的回答如图2-30所示。（图片只截取部分内容）

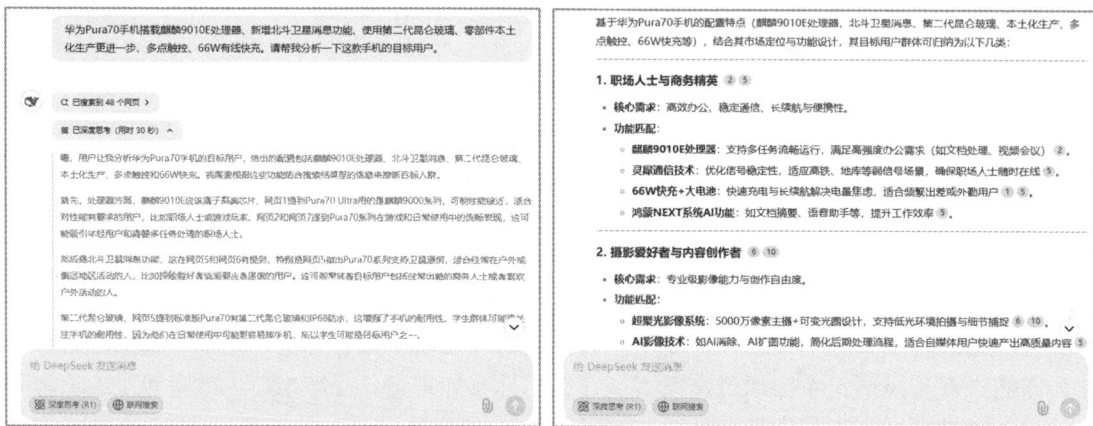

图2-30　利用DeepSeek分析目标用户

（3）确定文案风格

创作者应根据目标用户的特点，确定文案的风格。例如，根据提示词"请根据目标用户，帮我设定华为Pura 70推广文案的风格"，DeepSeek给出的回答如图2-31所示。

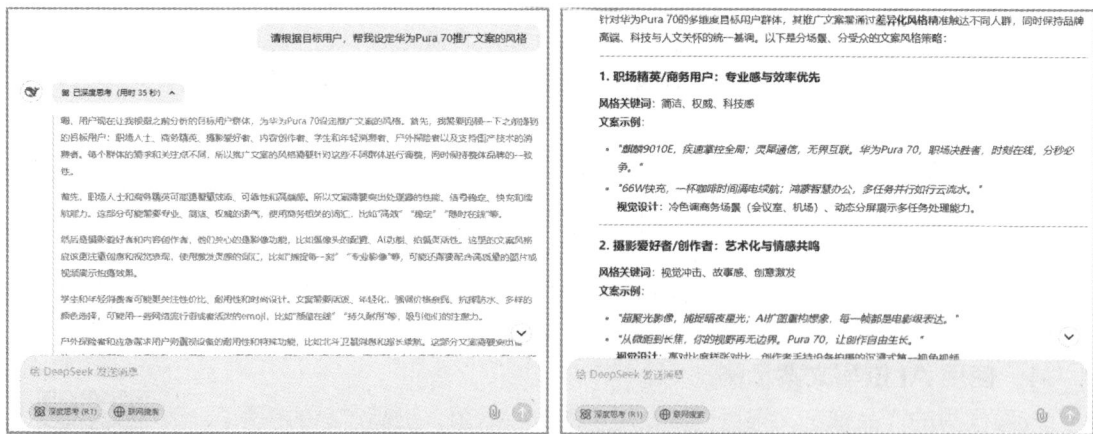

图2-31　DeepSeek确定文案风格

（4）调整优化

创作者应对文案进行调整和优化，使其更具吸引力。例如，根据提示词"我选择职场精英/商务用户风格，但给出的文案场景感不够，请优化文案，增强文案的吸引力"，DeepSeek给出的回答如图2-32所示。

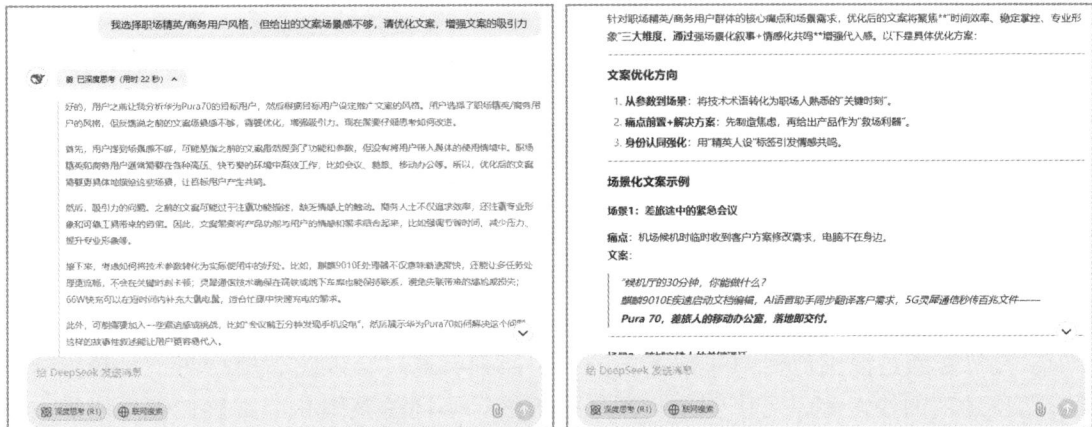

图 2-32　DeepSeek 优化后的文案

素养课堂

我们在撰写文案时，要具备工具思维。工具思维强调对工具或手段的有效运用。工具思维首先要求具备问题导向意识，能够清晰地识别出需要解决的问题或达成的目标，并围绕这一目标展开思考；在明确问题后，再根据问题的性质和特点选择合适的工具或手段。工具思维的核心在于应用与创新，我们要熟练掌握所选工具的使用方法，并在实际应用中不断创新，以便更好地解决问题或达成目标。

任务三　视频剪辑

随着互联网的飞速发展和移动设备的普及，视频已成为信息传播、品牌塑造、用户互动及营销推广的重要载体之一。视频剪辑则在全媒体运营中扮演着至关重要的角色，它不仅是提高内容质量和信息传达效率的重要手段，还是塑造品牌形象、促进用户互动与参与、实现跨平台传播的关键环节。

一、视频剪辑的原则

剪辑人员在剪辑短视频时遵循视频剪辑的原则，可以确保最终作品具有逻辑性、连贯性，以及视觉和听觉上的吸引力，同时能够准确传达故事或主题。以下是剪辑人员需要遵循的视频剪辑原则。

1. 主题突出

视频剪辑应尊重脚本内容，按照故事情节的发展进行，剪辑人员不能随意发挥。视频剪辑应围绕视频主题进行，确保每个镜头和场景都服务于主题，避免无关内容干扰。同时，影像、场景和情节之间的逻辑关系应清晰明了，使用户能够顺畅地理解故事情节的发展。

2. 遵循轴线规律

在视频剪辑过程中，剪辑人员应遵循用户的视觉习惯，避免跳轴现象，使用户能够自然地接受画面转换。

3. 合理进行镜头匹配

在剪辑视频时，剪辑人员应根据镜头的运动状态对镜头进行匹配，即动态镜头接动态镜头，静态镜头接静态镜头，以保持视觉上的流畅性。景别变化要循序渐进，应遵循从全景到近景，或者从近景到全景的原则，使用户能够逐渐深入故事情境。

4. 影调和色调的一致性

在剪辑视频时，剪辑人员应保持影调和色调的一致性，使整个视频作品在视觉上具有统一感。这包括调整不同镜头的亮度、色彩等参数，以确保画面风格的统一。

5. 掌控节奏感

掌控节奏感是视频剪辑中非常重要的一个原则，通过合理的剪辑技巧，如镜头的长短、切换速度的快慢等，可以营造出紧张、舒缓等不同的氛围和节奏感，使用户犹如身临其境。

6. 强调视觉冲击力

剪辑人员要通过合理的剪辑技巧和特效来增强视觉冲击力，如快速切换镜头、调整画面色彩和亮度等，但注意一定要适度，避免过于夸张或干扰用户的观看体验。

7. 音画协调

音频的剪辑要与画面内容相匹配，音频包括背景音乐、音效和对白。如在紧张的场景中使用快节奏的音乐和强烈的音效。声音的音量要调整得当，确保用户能够清晰地听到重要的声音。

二、常用的视频剪辑工具

如今 PC 端、移动端都有大量的视频剪辑工具，而且随着 AI 时代的到来，大量 AI 视频剪辑工具也应运而生。下面介绍常用的视频剪辑工具，以便读者选择使用。

1. PC 端视频剪辑工具

常用的 PC 端视频剪辑工具如下。

（1）Premiere

Premiere 是一款高效的视频剪辑软件，特别适合媒体工作者。它不仅具备剪辑、调色、添加字幕、设置关键帧等功能，还可以进行插件和预设的拓展。作为 Adobe 公司的拳头产品，Premiere 在视频剪辑领域具有很高的声誉，专业性很强。

（2）剪映专业版

剪映专业版是字节跳动公司推出的一款全能、易用的 PC 端视频剪辑软件，它拥有丰富的素材，支持多视频轨/音频轨编辑，用 AI 为创作赋能，适用于多种专业剪辑场景。剪映专业版的高阶功能包括曲线速度调整、蒙版设置、混合模式设置、色彩调节等，其还具备音乐检查功能，可以用于快速创建有节奏感的镜头。这款视频剪辑软件被广泛应用于自媒体从业者和影视后期专业人士的视频创作。

（3）会声会影

会声会影是 Corel 公司推出的一款功能强大的视频编辑软件，具有图像抓取和编修功能，可以抓取、转换 MV、DV、V8、TV 和实时记录抓取画面文件，并提供了 100 多种编制功能与效果，可以导出多种常见格式的视频。

会声会影的成批转换功能让剪辑影片更快、更有效率；特写镜头与对象创意覆盖，可以生成新奇百变的创意效果；配乐大师与杜比 AC3 支持，让影片配乐更精准、更立体；同时，还有酷炫的影片转场、视频滤镜、标题动画等效果供用户使用。

（4）Shotcut

Shotcut 是一款功能齐全的免费开源视频剪辑工具，支持 Windows、macOS 和 Linux 平台。它操作简单，涵盖了视频剪辑的基本功能，如分割视频、合并视频、添加音效和字幕等。尽管它不支持 HD/4K 分辨率，且缺乏丰富的预设过渡效果，但对于初学者和计算机配置不高的用户来说仍是一个很好的选择。

（5）Edius

Edius 是一款界面简洁、功能多样的视频剪辑和后期制作软件。该软件对计算机的配置要求较高，支持的视频格式较多。Edius 在音视频排序和衔接上十分流畅，上手速度快，能够满足时效性和稳定性需求。因此，对于追求剪辑速度和稳定性的用户来说，Edius 是一个不错的选择。

（6）达芬奇

达芬奇是一款以调色著称的视频编辑处理软件，除调色外，它还具备剪辑、添加特效和处理音频等功能。它拥有直观的界面设计和流畅的操作体验，还支持多平台协作，让团队成员能够协同完成任务。该软件分为付费版本和免费版本，界面设计简洁且对新手友好。尽管达芬奇的安装包较大，其对计算机配置的要求较高，但对视频调色有较高要求的用户来说，达芬奇是一个不错的选择。

2. 移动端视频剪辑工具

常用的移动端视频剪辑工具如下。

（1）剪映

剪映是一款由抖音推出的视频剪辑应用，以其简单易用和多功能性的特点受到用户的青睐。该应用不仅提供了一键剪切视频和控制节奏快慢的功能，还拥有独家设计的手绘贴纸和多种风格的字体。对于没有剪辑经验的人来说，剪映简单易学，并提供新手教程，因此剪映已成为视频制作的优选工具。此外，剪映丰富的滤镜、特效和音乐素材也能满足用户的多样化需求。

（2）快影

快影是快手旗下的专业视频剪辑工具，它集拍摄、剪辑和制作于一身，拥有简洁易用的操作界面，即使是非专业用户也能轻松上手。快影内含大量视频模板和文字语音互换功能，使用户能够快速制作出高质量的视频。除此之外，快影还支持字幕自动识别和分屏视频制作，功能全面且与剪映相似。无论是游戏视频、美食视频还是段子类视频，都能通过快影制作。

（3）必剪

必剪是哔哩哔哩发布的一款视频编辑工具，可以实现高清录屏、游戏高光识别、神配图、封面智能抠图、添加视频模板和封面模板、批量粗剪、录音提词、文本朗读、语音转字幕、设置画中画、设置蒙版等功能，还有音乐素材及专业画面特效供用户使用。

（4）秒剪

秒剪是由微信推出的一款视频制作应用，其操作简单，不管是不是专业人员都可以轻松驾驭。秒剪可以设置视频播放比例、分割播放界面，支持视频翻转效果，还可以截取多段视频，再利用拼接合成功能将这些视频合成一个新视频。秒剪拥有丰富的背景音乐，还支持视频倒放、变速播放，从而改变视频的播放节奏。

虽然秒剪操作简单，但它具有丰富的滤镜、特效、花字、贴图、字幕等。秒剪内置大量模板，用户只需选择自己喜欢的模板，在模板中添加视频或图片，就可以直接生成精致的视频效果，就算是新手也能制作出唯美大片。

3．AI视频剪辑工具

常用的AI视频剪辑工具如下。

（1）Funclip

Funclip是由阿里巴巴达摩院推出的完全开源、可本地部署的自动化视频剪辑工具。它通过调用阿里巴巴通义实验室的Paraformer-Large模型实现视频的自动化语音识别，用户可以根据识别结果选择文本片段或特定说话人，快速裁剪出所需视频片段。此外，Funclip还能自动生成SRT字幕文件。

（2）AutoPod

AutoPod是一款专为Premiere设计的自动视频编辑插件，它通过智能剪辑、多轨同步和自动转录功能快速去除空白、无声的部分，帮助用户节省大量编辑时间。

AutoPod可以根据用户提供的视频和音频素材，自动完成多机位视频的剪辑。它会判断视频语境和逻辑，选择最佳的镜头和剪辑顺序，添加淡入、淡出等过渡效果，可使视频质量达到专业级。

（3）AutoCutVideo

AutoCutVideo拥有非常强大的视频剪辑功能，用户通过这款工具可以对视频进行裁剪、拼接、变速、倒放操作，也可以一键过滤视频中的停顿、杂音和静音部分，还能为视频添加字幕、背景音乐、特效等。

（4）万彩微影

万彩微影是一款智能短视频制作工具，可以帮助用户进行短视频的制作。它可以一键批量导入多个视频，支持自动剪辑、自动配音、自动生成字幕、自动添加关键词图标等。

（5）一帧秒创

一帧秒创是一款文字转视频智能在线工具，支持根据图文快速生成视频，具有丰富的模板及自动配音、添加字幕等功能，可以让用户在短时间内完成高质量的视频制作。

三、使用剪映剪辑视频

下面以制作某珠宝门店宣传视频为例，详细介绍使用剪映在移动端剪辑视频的方法。

1．修剪与调整视频素材

下面先将拍摄的素材导入剪映，然后添加背景音乐，并对视频素材进行修剪和调整。

修剪与调整视频素材

步骤01 打开剪映App，在下方点击"剪辑"按钮，然后点击"开始创作"按钮，如图2-33所示。

步骤02 打开添加素材界面，依次点击视频素材右上方的选择按钮，选中要添加的视频素材，在下方长按并左右拖动视频缩览图调整视频素材的先后顺序，然后点击"添加"按钮，如图2-34所示。

步骤03 进入视频剪辑界面，在界面下方的工具栏中点击"比例"按钮，然后选择"16：9"，如图2-35所示。

图 2-33 点击"开始创作"按钮　　图 2-34 添加视频素材　　图 2-35 选择比例

步骤 04 将时间指针定位到最左侧，在工具栏中点击"音频"按钮 ，然后点击"音乐"按钮 ，在"音乐"界面中选择音乐类别，在此选择"动感"类别，如图 2-36 所示。

步骤 05 选择要使用的音乐即可试听，然后点击"使用"按钮添加音乐，如图 2-37 所示。

步骤 06 选中添加的音乐，点击"节拍"按钮 ，打开"自动踩点"开关 ，拖动滑块调整踩点快慢，即可在音乐中自动添加节拍点，然后点击 按钮，如图 2-38 所示。

图 2-36 选择"动感"类别　　图 2-37 点击"使用"按钮　　图 2-38 设置自动踩点

步骤 07 在主轨道上选中视频片段，可以拖动其两端的滑块进行修剪，还可以在工具栏中点击"分割"按钮 ，分割视频片段后删除不需要的部分，如图 2-39 所示。在预览区域可以通过两指拉伸或捏合画面调整构图。

步骤 08 选中第 2 个视频片段，点击"变速"按钮 ，然后点击"常规变速"按钮 ，如

图 2-40 所示。

步骤 09 拖动滑块调整速度为 "2"，点击 "播放" 按钮▷预览调速效果，然后点击✓按钮，如图 2-41 所示。

图 2-39 修剪视频片段　　图 2-40 点击 "常规变速" 按钮　　图 2-41 调整速度

步骤 10 选中第 4 个视频片段，点击 "变速" 按钮◎，然后点击 "曲线变速" 按钮◨，接着选择 "自定" 选项，根据需要调整各控制点的速度和位置，使视频片段在入场和出场时加快速度，点击✓按钮，如图 2-42 所示。

步骤 11 采用与步骤 10 相同的方法对其他视频片段进行变速调整，并修剪视频片段，将视频片段的入场点修剪到比音乐节拍稍微提前一些的位置，如图 2-43 所示。

步骤 12 选中画面比较抖的视频片段，点击 "防抖" 按钮▥，拖动滑块调整防抖级别，如图 2-44 所示。

图 2-42 调整曲线变速效果　　图 2-43 修剪视频片段　　图 2-44 调整防抖级别

步骤 13 剪辑完成后，预览视频的整体效果，如图 2-45 所示。

图 2-45 预览视频整体效果

2. 添加效果

下面为视频添加所需的效果，如转场效果、动画效果、画面特效等。

步骤 01 点击第 1 个和第 2 个视频片段之间的"转场"按钮▮，选择"热门"类别，选择"叠化"转场效果，拖动滑块调整转场时长，然后点击☑按钮，如图 2-46 所示。采用同样的方法为其他视频片段添加所需的转场效果，在此添加"叠化"和"泛光"转场效果。

添加效果

步骤 02 除了通过添加转场效果使视频片段切换变得流畅，还可以添加动画效果。选中第 15 个视频片段，点击"动画"按钮▣，选择"组合动画"，然后选择"缩放"组合动画，拖动滑块将动画时长调整至最长，点击☑按钮，如图 2-47 所示。采用同样的方法为第 16 个视频片段添加"缩放"组合动画。

步骤 03 将时间指针定位到最后一个视频片段中，在工具栏中点击"特效"按钮▩，然后点击"画面特效"按钮▣，如图 2-48 所示。

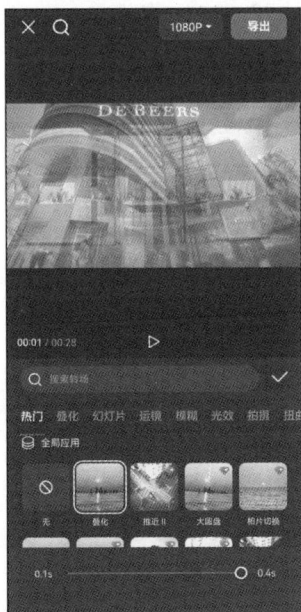

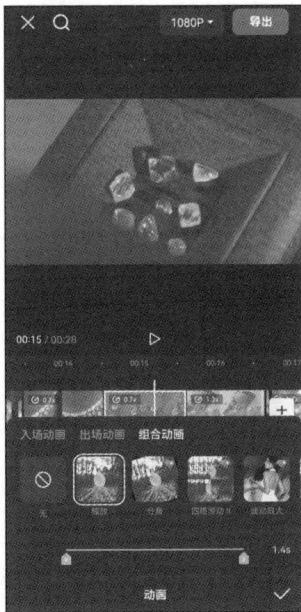

图 2-46 选择"叠化"转场效果　图 2-47 选择"缩放"组合动画　图 2-48 点击"画面特效"按钮

步骤 04 选择"基础"类别，选择"曝光降低"特效，然后点击☑按钮，如图 2-49 所示。

步骤 05 根据需要调整"曝光降低"特效的时长和位置，点击"作用对象"按钮▣，选择"全局"选项，然后点击☑按钮，如图 2-50 所示。

步骤 06 对背景音乐的尾部进行修剪，点击"淡入淡出"按钮▥，调整淡出时长，然后点击☑按钮，如图 2-51 所示。

图 2-49 选择"曝光降低"特效　图 2-50 设置作用对象　图 2-51 调整淡出时长

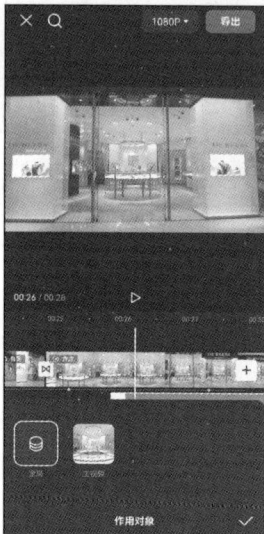

3. 制作画面叠加效果

下面通过设置蒙版将多个画面叠加在一起。

步骤 01 将时间指针定位到最后一个视频片段的左侧，在工具栏中点击"画中画"按钮▣，然后点击"新增画中画"按钮➕，如图 2-52 所示。

步骤 02 添加视频素材，然后对视频素材进行曲线变速调整，如图 2-53 所示。

制作画面叠加效果

步骤 03 选中画中画素材，点击"蒙版"按钮▣，选择"镜面"蒙版类型，然后调整蒙版的大小、位置和方向，使蒙版只框住画面中的文字部分，接着点击☑按钮，如图 2-54 所示。

图 2-52 点击"新增画中画"按钮　图 2-53 调整曲线变速效果　图 2-54 设置镜面蒙版

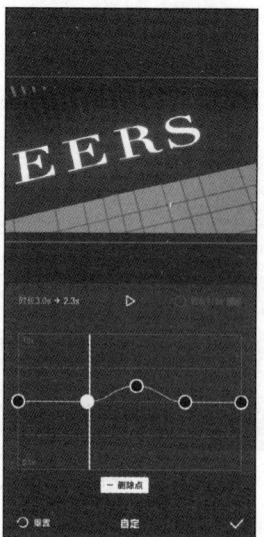

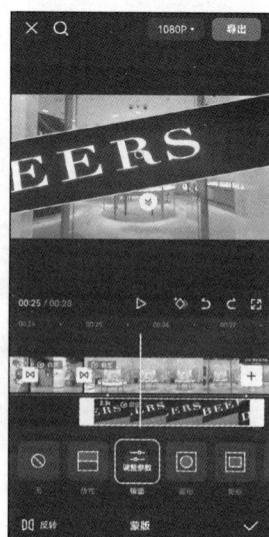

步骤 04 点击"混合模式"按钮，选择"变亮"模式，将不透明度滑块拖至最右侧，即可去除文字的黑色背景，点击✓按钮，如图 2-55 所示。

步骤 05 点击"动画"按钮，选择"入场动画"，选择"渐显"入场动画，拖动滑块调整时长，然后添加"渐隐"出场动画，点击✓按钮，如图 2-56 所示。

图 2-55 设置混合模式   图 2-56 添加入场动画和出场动画

4. 调色

下面对视频进行调色，以提升视频画面的表现力。

步骤 01 将时间指针移动到要调色的位置，在工具栏中点击"调节"按钮，如图 2-57 所示。

步骤 02 调整"对比度"为 15、"阴影"为-15、"白色"为 10、"色温"为-4，如图 2-58 所示。

步骤 03 点击"曲线"按钮，调整白色曲线，增加画面对比度，如图 2-59 所示。点击按钮退出"曲线"界面，点击✓按钮完成调色。

调色

图 2-57 点击"调节"按钮   图 2-58 调整参数   图 2-59 调整曲线

步骤 04 调整调节片段的长度，使其覆盖整个视频。选中要单独调色的视频片段，点击"调节"按钮 ，如图 2-60 所示。

步骤 05 根据需要调整参数，在此调整"光感"为 10，然后点击 ✓ 按钮，如图 2-61 所示。采用同样的方法，根据需要对其他视频片段进行单独调色。

步骤 06 视频编辑完成后，点击界面右上方的 1080P 按钮，在弹出的界面中设置分辨率、帧率和码率，在界面下方可以查看文件预估大小；设置完成后单击"导出"按钮导出短视频，如图 2-62 所示。

图 2-60　点击"调节"按钮　　　图 2-61　调整光感　　　图 2-62　设置参数并导出视频

四、AI 在视频剪辑中的应用

当前，AI 在视频剪辑中的应用越来越广泛，不仅提升了视频剪辑的智能化水平，还大大简化了操作流程，使用户能够更轻松、更快捷地创作出高质量的视频作品。

AI 在视频剪辑中的
应用

AI 在视频剪辑中的应用主要体现在以下几个方面。

（1）自动化视频生成

随着 AI 技术的发展，一些先进的模型已经实现输入文字即可生成视频的功能。用户只需输入描述词或文案，AI 即可生成相应的视频内容，这大大提高了视频制作的效率。

（2）素材管理

通过图像识别和分类技术，AI 可以识别视频素材中的内容，并自动将其分类。这不仅提高了素材整理的效率，还便于用户检索和使用素材。

AI 可以根据预设的条件或用户的需求自动筛选出符合要求的视频片段，并按照一定的规则对其进行排序，这进一步提高了用户的工作效率。

（3）智能剪辑

AI 可以自动识别视频中的关键帧和镜头，实现智能裁剪和拼接。这对于二创影视剪辑来说尤为重要，能够大大提高剪辑的效率和准确性。

AI 还可以自动添加转场效果、调整视频播放速度、修复抖动等，从而增强视频的观赏性和趣味性，使视频内容更丰富、更生动。

（4）音色克隆

一些视频剪辑软件还提供了音色克隆功能，用户可以通过录制自己的声音样本，让 AI 克隆出相似的音色。这种功能可以用于生成与自己音色相似的配音，使视频更加个性化。

（5）视频润色

AI 能够自动对曝光、对比度和白平衡等进行调整，使视频色彩更加自然和统一。同时，AI 还能自动优化色彩、光线等，提高视频的整体质量。

AI 能够自动识别和去除视频中的噪声，使对话和音效更加清晰。此外，AI 还能自动稳定画面，减少抖动和晃动，提升用户的观看体验。

（6）语音指令操作

用户可以通过语音指令让 AI 进行编辑操作，如添加、删除、剪切等，这大大提高了工作效率，降低了操作的复杂性。

（7）智能推荐

通过分析用户行为，AI 可以自动推荐与用户兴趣相关的素材，为用户提供灵感，同时提升用户体验。

（8）视频合成

AI 可以从多源视频中提取元素，如人物、场景、特效等，并通过智能算法快速剪辑和合成视频，同时添加过渡效果、音乐和文字，这涉及视频分割、对象跟踪、视频合成等技术。

下面使用剪映的"营销视频"AI 功能来快速生成商品营销视频。

步骤01 在剪映剪辑界面的功能区中点击"营销视频"按钮，如图 2-63 所示。

步骤02 进入"营销推广视频"界面，添加视频素材，在"AI 生成文案"板块输入商品名称和商品卖点，如图 2-64 所示。

步骤03 输入适用人群和优惠活动信息，然后在"视频设置"板块设置视频尺寸和视频时长，点击"生成商品视频"按钮，如图 2-65 所示。

图 2-63　点击"营销视频" 按钮

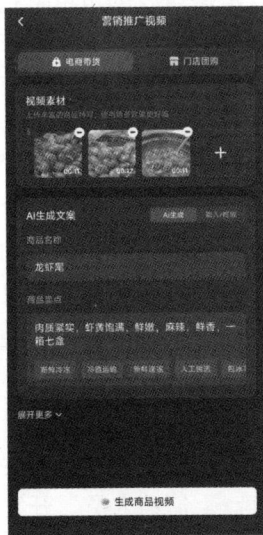

图 2-64　添加素材和商品信息

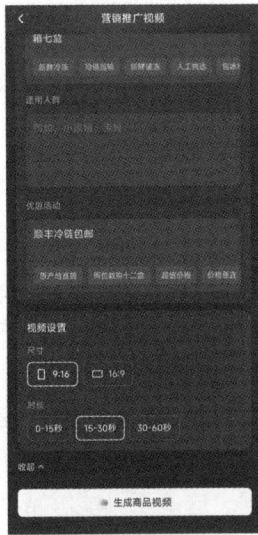

图 2-65　补充其他信息和设置 视频参数

步骤 ④ 此时，AI 开始分析视频并选取精彩画面，生成文案并为每句文案匹配合适的分镜，最后为视频添加字幕、音乐和效果。在界面下方点击视频缩略图，即可预览生成的多个视频效果，从中选择自己满意的视频效果，如图 2-66 所示。点击"点击编辑"按钮，进入视频编辑界面。

步骤 ⑤ 点击视频片段，在弹出的界面中可以对视频片段进行替换、裁剪、调整音量等操作，如图 2-67 所示。

步骤 ⑥ 点击"字幕"按钮，可以根据需要编辑字幕文本、更换字幕或选择音色，如图 2-68 所示。编辑完成后，返回视频预览界面，点击界面右上方的"导出"按钮，即可导出视频。

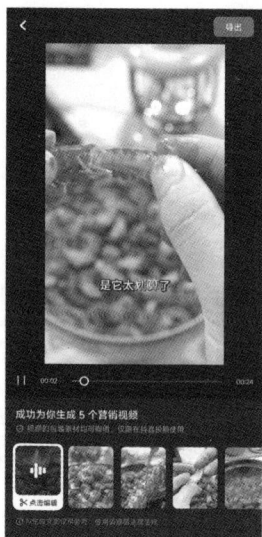

| 图 2-66 选择视频效果 | 图 2-67 编辑视频片段 | 图 2-68 编辑字幕 |

任务四　数据分析

数据分析在全媒体运营中扮演着至关重要的角色，是实现精准营销、优化运营策略、提升用户体验的关键所在。数据是全媒体运营决策的重要依据，数据分析能够提供客观、量化的信息支持，帮助创作者做出科学、合理的决策，无论是内容策略的调整、营销预算的分配，还是产品迭代方向的选择，都离不开数据分析的支撑。

一、常用的数据分析工具

在数字化时代，数据分析已经成为全媒体运营决策和解决问题的重要手段。选择恰当的数据分析工具对数据进行合理的分析，可以有效提高全媒体运营的效率。

目前，常用的数据分析工具分为 4 类，分别是网站数据分析工具、新媒体数据分析工具、第三方数据分析工具、本地 Excel。

1. 网站数据分析工具

网站数据分析工具用于收集、测量、分析和报告有关网站性能、用户行为、流量来源等的数据。这些工具能够帮助网站所有者、营销人员、开发者和决策者深入了解网站的运营情况，以优化网站设计，改进内容策略，提升用户体验，提高转化率，实现业务目标。

网站数据分析工具可以用于查看网站各种信息，包括网站 IP 地址、服务器托管位置、域名注册信息、网站流量等，还可以用于查询网站的搜索引擎收录情况和排名等。

常用的网站数据分析工具如下。

（1）百度统计

百度统计是百度推出的一款免费的专业网站流量分析工具，能够展示访客来源、访客在网站上的行为数据，有了这些信息，用户便能改善访客在网站上的使用体验，不断提高网站的投资回报率。

百度统计提供了几十种图形化报告，全程跟踪访客的行为路径。同时，百度统计集成百度推广数据，可以帮助用户及时了解百度推广效果并优化推广方案。

（2）CNZZ 站长统计工具

CNZZ 站长统计工具是一款专为网站站长和运营者设计的应用，它集合了多种统计功能，可以帮助用户全面分析网站的流量、用户来源、用户行为等数据，以便更好地优化网站运营和提高转化率。这款工具凭借其强大的功能、直观的界面和易于操作的特点，成为许多站长必备的辅助工具。

（3）站长工具

站长工具为网站管理者和网站的优化人员提供了多方面的数据分析支持，有助于更好地了解网站的状态，发现问题，并制定优化策略，以提升网站在搜索引擎中的表现和用户体验。

站长工具在网站数据分析中具有以下作用：提供关键词排名查询，帮助了解网站关键词在搜索引擎中的排名，以优化关键词策略；检测网站的收录情况，包括网页被搜索引擎收录的数量和速度；预估网站的流量数据，提供大致的流量趋势参考，帮助判断网站的流量增长或下降趋势，为进一步优化提供方向；检测网站的死链、错误链接等，确保网站的链接健康，提升用户体验并提高搜索引擎抓取效率；查看友链网站的质量和状态，包括友链网站的权重、收录情况等，如果发现友链网站出现问题，可以及时调整友链策略。

2. 新媒体数据分析工具

新媒体数据分析工具是指新媒体平台自带的数据分析工具，如微博（见图 2-69）、今日头条（见图 2-70）、抖音等，这些平台的后台都具有完整的统计功能，可作为数据分析工具，使用难度很低，用户无须掌握分析函数或统计代码就可以很直观地看到粉丝量、互动量等众多数据的变化。

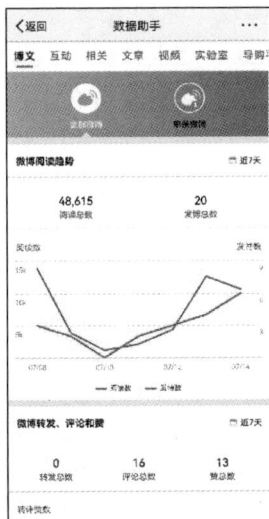

图 2-69　微博数据示例　　图 2-70　今日头条数据示例

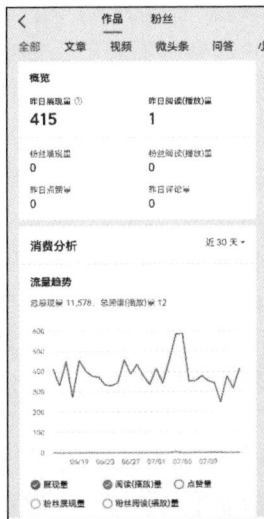

3. 第三方数据分析工具

第三方数据分析工具是指非官方平台自带的、需要官方平台授权后才可以使用的数据分析工具。在授权完毕后，第三方数据分析工具的后续操作与新媒体数据分析工具类似，用户直接查看即可。

在全媒体运营中，第三方数据分析工具扮演着至关重要的角色，使运营者可以深入洞察用户行为、内容表现和市场趋势。

与新媒体数据分析工具相比，第三方数据分析工具可以用于查看精细化数据。常见的第三方数据分析工具如下。

（1）飞瓜数据

飞瓜数据是一款短视频及直播数据查询、运营及广告投放效果监控的专业工具，提供短视频达人查询等数据服务，并具有多维度的抖音和快手达人榜单排名提供、电商数据提供、直播推广等实用功能。

飞瓜数据的应用场景包括电商运营、品牌营销和 MCN（Multi-Channel Network，多频道网络）机构服务。飞瓜数据可以帮助电商商家了解市场趋势，开展竞品分析，进行商品优化，提高销售业绩；为品牌提供营销策略分析、消费者画像构建、广告投放效果监控等服务，助力品牌实现精准营销和增长突破；为 MCN 机构提供达人管理、内容策划、投放效果评估等一站式服务，帮助 MCN 机构提高运营效率。

（2）新榜榜单

新榜榜单是基于新媒体传播效果和数据分析的综合性榜单，提供公众号、抖音、快手、视频号、小红书、微博、哔哩哔哩等主流新媒体领域的排名数据，包括新榜指数、阅读量、点赞量等各项数据指标。

新榜榜单被广泛应用于新媒体营销、广告投放、传播效果评估、热点分析等领域，为广告主、营销人员、媒体人提供了重要的决策参考依据。新榜通过大数据技术，为用户提供全网新媒体账号数据查询、新媒体内容分析、新媒体营销效果评估等服务。

（3）蝉妈妈

蝉妈妈是国内知名的抖音、小红书数据分析服务平台，致力于帮助国内众多的达人、MCN 机构、品牌主和商家通过大数据精准营销，实现"品效合一"。

蝉妈妈提供全面的数据分析服务，涵盖店铺数据、达人数据等，帮助运营者从多个角度了解市场趋势和竞争对手情况。运营者可以通过蝉妈妈找直播、找达人、找品牌、找商品、进行广告投放等，满足多样化的数据需求。

通过直播监控数据大屏，运营者可以实时查看流量来源和成交转化率，以便调整直播策略。蝉妈妈提供星图达人榜、达人热度榜、MCN 机构榜、抖音销量榜等多个榜单，帮助运营者快速了解行业动态和热门趋势。蝉妈妈通过可视化数据分析来帮助运营者直观了解用户画像、市场趋势和销售业绩，提高决策效率。

（4）考拉新媒体助手

考拉新媒体助手是一款功能强大、操作简单的公众号助手，可以为运营者一键抓取公众号文章数据，监测公众号阅读量，涵盖新媒体入门、公众号装修、新媒体排版、新媒体文案写作、新媒体数据分析、新媒体多渠道分发、微信"涨粉"、微信运营、微信营销、社群营销、朋友圈广告、新媒体活动策划、裂变"涨粉"等功能，帮助用户更好地管理公众号。

考拉新媒体助手抓取的阅读数据包括图文阅读次数、公众号会话阅读次数、通过好友转发阅读次数、通过其他渠道阅读次数、阅读原文次数等；分享收藏数据包括收藏次数、分享次数、通过公众号转发到朋友圈次数等；粉丝数据包括当天"涨粉"数、当天"掉粉"数、净增粉丝数、总粉丝数、送达人数等。

4. 本地 Excel

当新媒体数据分析工具和第三方数据分析工具无法满足个性化数据分析的需求时，用户可以将后台数据导出到本地，使用 Excel 进行处理并分析。

Excel 具有多种强大功能，如创建表单、创建数据透视表、运行 VBA 等，确保用户可以根据自己的需求分析数据。它能满足绝大部分数据分析工作的需求，同时也提供相当友好的操作界面，对于具备基本统计学知识的用户来说比较容易上手，但它能处理的数据量较小。

Excel 的 VLOOKUP 和 XLOOKUP 函数能够在表格中查找特定值并返回对应数值，极大地方便了数据清洗和整理工作。除此之外，Excel 还提供设置条件格式、排序、筛选等功能，以及各种数据图表类型，如柱形图、折线图、饼图等，有助于用户更直观地展示数据。同时，它支持宏录制和自动化操作，可用于批量处理重复性工作，提高工作效率。

二、分析内容数据

在新媒体数据分析中，内容数据分析是一个至关重要的环节，主要关注与内容创作、传播及用户互动相关的多个数据指标。以下是一些内容数据分析的指标。

1. 内容发布情况

内容发布情况包括 2 个指标，分别是发布数量和发布时间。

（1）发布数量：统计一段时间内发布的内容数量，包括文章、视频、图片等的数量，以评估内容产出的频率和规模。

（2）发布时间：分析内容的发布时间分布情况，了解内容更新的规律，以及内容在不同时间段内的发布效果。

2. 内容阅读情况

内容阅读情况主要包括 3 个指标，分别是阅读量、阅读时长和阅读完成率。

（1）阅读量：直接反映内容被阅读的次数，是衡量内容受欢迎程度的重要指标。

（2）阅读时长：用户阅读内容所花费的时间，可以反映内容的吸引力和深度。

（3）阅读完成率：用户完整阅读内容的比例，有助于评估内容的可读性和吸引力。

3. 内容互动情况

内容互动情况主要包括 4 个指标，分别是点赞数、评论数、分享数和转发数。

（1）点赞数：该指标是用户对内容的喜爱程度的直观体现。

（2）评论数：反映用户对内容的兴趣和参与度，同时评论的内容本身也可以提供有价值的反馈。

（3）分享数：用户将内容分享给其他人的次数，是衡量内容传播力的重要指标。

（4）转发数（在特定平台，如微博、微信等）：类似于分享数，但更侧重于在平台内部的传播。

4. 内容质量评估

内容质量评估主要包括 2 个指标，分别是跳出率和停留时间。

（1）跳出率：用户在访问入口页面后立即离开页面的比例，高跳出率可能意味着内容不够吸引人或无法满足用户需求。

（2）停留时间：用户在内容页面停留的时间长短，也是评估内容质量的一个重要指标。

5. 关键词与标签分析

关键词与标签分析包括2个指标，分别是关键词分析和标签使用情况。

（1）关键词分析：分析内容中使用的关键词，了解用户的搜索习惯和兴趣点，以便优化内容策略。

（2）标签使用情况：在支持标签功能的平台上分析标签的使用情况，了解内容的分类和定位是否准确。

以小红书为例，创作者要把笔记的标题全部复制出来，整理每篇笔记的阅读数、点赞数、收藏数、评论数、分享数、"涨粉"量，以及人均观看时长、点击率、5秒完播率、流量来源，分析统计推荐、搜索、个人主页、关注页的流量占比。一般来说，笔记发布后12小时内阅读量大于10000、点赞量大于1000，或者发布后累计阅读量大于100000、累计点赞量大于5000，那么其就是爆款。粉丝量少于5000的博主，如果某篇笔记的互动量大于1000，也算是爆款。

在分析内容数据后可能发现的问题及应对措施如下。

（1）阅读数少

阅读数少的原因可能是关键词设置不当。如果关键词设置不当，就会显得杂乱，影响系统判断。关键词对应的类目范围太大也不合适，因为这样无法精准定位用户。创作者要设置核心关键词，并将其分别布置在标题、开头、正文和结尾，最好每200字出现一次关键词。另外，在"养号"初期，小红书笔记和标题中可以适当添加热门话题词，辅助获得更多自然流量分配。同时，创作者要自查笔记中是否有违规关键词，如果有就需要进行修改。

（2）点赞数少

如果阅读数很高，点赞数却没有跟着提升，极有可能是因为内容方面有"硬伤"，这时创作者就要优化文案和图片的视觉效果。简约、风格活泼的文字和具有高级感的图片相结合，是小红书上非常受欢迎的内容类型。

（3）评论数少

如果阅读数、点赞数都很多，但评论数很少，说明内容和账号本身没问题，问题在于内容没有引起用户评论的欲望。创作者要抛出问题或有讨论度的话题，引导用户进行讨论，可以适当修改一些语句，增加反问句、疑问句。

（4）"涨粉"数少

如果"涨粉"数少，创作者就要在笔记中展现出独特的个人魅力，给用户留下深刻的印象，让用户看到创作者是值得关注的。

三、分析账号数据

账号数据主要来自新媒体账号本身的基本信息和运营状况，包括但不限于账号的注册时间、认证情况、粉丝数量、关注数量、互动率、曝光量和阅读量，这些数据反映了账号的整体运营状况、影响力和用户基础。了解账号基本情况，可以评估账号的健康度和成长潜力。

以小红书为例，创作者可以在小红书的"数据中心"|"账号概览"中查看账号的整体情况。小红书设置了"账号诊断""账号基础数据""观众来源分析"等功能。

1. 账号诊断

小红书的"账号诊断"功能以雷达图的形式展示账号在 7 天内的观看数据、互动数据、"涨粉"数据、主页访问数据和发文活跃度，清晰直观，并用百分比数据标明与同类账号的竞争情况，如"观看数 7121，高于 95%同类创作者"。

小红书会为创作者提供改善账号数据的建议，如"你的'涨粉'数为 2，低于 90%同类创作者"，小红书建议"设置清晰的头像及具备信息量的个人简介，选择具有吸引力的背景图片，采用具备个人风格的视频封面，利用置顶笔记展示精彩内容，均有助于提高个人主页转粉率"。

又如"你的主页访问量为 187，低于 53%同类创作者"，小红书建议"发布高质量的内容是吸引用户关注的基础。内容要有独特性和吸引力，能够引起观看用户的共鸣。同时，保证内容的原创性和真实性也很重要"。

2. 账号基础数据

账号基础数据可以选择时间范围，如"近 7 日""近 30 日"，数据指标包括观看、互动、和转化方面的指标。账号基础数据会展示账号在特定时间范围内的数据指标变化趋势，让创作者可以直观地感受到账号的各项指标的变化，把握账号的现状和发展态势。

如观看指标包括观看量、观看总时长、主页访客等；互动指标包括点赞数、收藏数、评论数、弹幕数等；转化指标包括笔记"涨粉"数、笔记分享数等。

小红书会以折线图的形式展示数据指标的变化，同时标出数据指标的环比变化幅度，如"观看数 7121，环比-28%""观看总时长 34 小时，环比-22%""主页访客数 187，环比-27%""笔记分享数 8，环比+33%"，小红书会给出建议"你的笔记分享目前上涨较快，但笔记观看量有明显下跌，需要多注意提升笔记的封面及标题质量"。

3. 观众来源分析

小红书会为创作者展示"近 7 日""近 30 日"的观众来源分析，即创作者可以查看观众通过哪些页面发现并观看了自己的笔记。观众来源主要包括搜索、首页推荐、个人主页、其他来源。小红书会以环形图的形式展示各个来源的占比，以便创作者评估自己账号的流量来源，从而做出针对性的调整。

四、分析粉丝数据

在新媒体数据分析中，粉丝数据分析主要帮助创作者深入了解粉丝群体的特征和行为习惯，从而制定更有效的运营策略。

创作者在进行粉丝数据分析时，主要关注以下几个数据指标。

1. 基础粉丝数据

基础粉丝数据指标包括以下几个。

（1）累计粉丝数：在统计时段内关注新媒体平台（如公众号、微博、抖音等）账号的所有用户数（去重），这一指标反映了粉丝群体的总体规模。

（2）新增粉丝数：在统计时段内关注新媒体平台账号的新增用户数（去重）。这一指标用于衡量粉丝增长的速度和趋势。

（3）净增粉丝数：在统计时段内新增粉丝数减去取关粉丝数和无效粉丝数的最终结果，无效粉丝通常由平台定义。这一指标更能反映实际有效的粉丝增长情况。

2. 粉丝活跃度

粉丝活跃度的数据指标包括以下几个。

（1）近7天（或更长时间段）粉丝活跃分布：分析活跃粉丝数在一段时间内的分布情况，如每天或每周的活跃粉丝数，这有助于了解粉丝的活跃周期和习惯。

（2）粉丝增长率：通过"（当天粉丝数–昨日粉丝数）/昨日粉丝数"计算得出，用于衡量粉丝增长的速度。

（3）用户黏性：一般用DAU（Daily Active User，日活跃用户数）与MAU（Monthly Active User，月活跃用户数）的比值来衡量，比值越高，说明粉丝的黏性越强，其对平台的依赖度也越高。

3. 粉丝画像

粉丝画像的数据指标主要包括以下几个。

（1）粉丝属性：包括性别、年龄、地域分布、访问设备等。这些基本信息有助于构建粉丝画像，了解他们的基本特征和消费习惯。

（2）内容偏好：通过分析粉丝对内容的阅读、分享、点赞、评论等行为，了解他们对哪些类型的内容更感兴趣，从而制定更符合其喜好的内容策略。

（3）互动行为：如点赞、评论、转发等，这些行为反映了粉丝对内容的认可度和参与度，通过分析互动行为可以评估内容的质量和吸引力。

4. 粉丝获取渠道

粉丝获取渠道分析是指分析粉丝是通过哪些渠道关注新媒体平台的，如搜索引擎、社交媒体、广告投放等。分析粉丝获取渠道有助于了解哪些渠道对吸引粉丝更有效，从而优化粉丝获取策略。

5. 其他指标

其他指标包括留存率、转化率。

（1）留存率：如次日留存率、3日留存率、7日留存率等，用于评估粉丝的留存情况，即他们关注后是否持续活跃。

（2）转化率：如从粉丝到购买用户的转化率，用于评估粉丝的商业价值。

在新媒体平台中，粉丝数据指标大致包括以上这些指标，但具体到每个新媒体平台，粉丝数据指标各有差异。以小红书为例，小红书的粉丝数据指标主要有粉丝基础数据、忠实互动粉丝、新增粉丝来源、粉丝画像。

（1）粉丝基础数据

小红书的粉丝基础数据指标主要包括新增粉丝、流失粉丝和总粉丝。关于新增粉丝，创作者要查看在新增粉丝时所发布的内容，分析新增粉丝的主要来源，并观察新增粉丝的互动习惯，如点赞、评论、分享等，以评估内容吸引力；关于流失粉丝，创作者可以通过用户反馈、数据分析（如笔记发布前后的粉丝变化）等方式，探究粉丝流失的原因，并回顾粉丝流失期间发布的内容，分析是否存在质量下降、风格不符或更新频率不稳定等问题；关于总粉丝，创作者可以观察粉丝总数量的变化趋势，判断账号的整体发展状况，通过粉丝的互动数据（如点赞数、评论数、私信数等）来评估粉丝的活跃度，并根据粉丝的互动频率、忠诚度等因素将粉丝分为不同层级，以便更有针对性地运营。

（2）忠实互动粉丝

忠实互动粉丝是指在所选时间段内与账号互动、观看次数最多的粉丝，按数量从高到低排序取前 20 位。

忠实互动粉丝是品牌或账号的核心支持者，他们不仅经常与创作者发布的内容进行互动（如点赞、评论、分享等），还可能成为品牌口碑的传播者。因此，了解和关注这些粉丝的需求和偏好对于调整运营策略至关重要。

创作者要根据忠实互动粉丝的偏好和需求，调整内容创作的方向和主题，确保内容更符合他们的口味；持续提高内容质量，包括文字、图片、视频等素材的创意性和专业性，以吸引更多粉丝成为忠实互动粉丝；保持稳定的更新频率，避免因长时间不更新导致粉丝流失。

创作者也要加强互动，及时回复忠实互动粉丝的评论和私信，增强他们的黏性；定期举办线上活动（如挑战赛、抽奖等），鼓励忠实互动粉丝参与，并设置奖励机制以激励他们进行更多互动；建立或加入相关的社群，与忠实互动粉丝进行更深入的交流和互动。

创作者还可以为忠实互动粉丝设置专属奖励或优惠，如优惠券、定制礼品等，以提升他们的归属感和忠诚度；考虑建立会员制度，为忠实互动粉丝提供更多专属权益和服务。

另外，创作者要定期分析忠实互动粉丝数据的变化趋势，了解忠实互动粉丝的需求和偏好是否发生变化，然后根据数据分析结果及时调整运营策略，以更好地满足忠实互动粉丝的需求。

（3）新增粉丝来源

在小红书上，创作者可以通过创作中心的数据分析工具来查看新增粉丝的具体来源，如搜索、推荐页、笔记互动、达人合作等。这些数据能够帮助创作者了解哪些渠道更能吸引新粉丝。

根据新增粉丝的来源，创作者可以从以下两个方面调整运营策略。

- 内容策略调整：如果新增粉丝主要来自搜索，说明用户对于特定内容有较高的需求，创作者可以加强相关内容的创作，优化关键词布局，提高内容在搜索结果中的排名；如果新增粉丝主要来自推荐页，说明小红书认可当前的内容质量，创作者应继续保持高质量的内容输出，同时可以尝试探索新的内容形式和话题，以吸引更多用户关注；如果新增粉丝多来自笔记互动（如点赞、评论、分享），说明现有内容已经引起了一些用户的兴趣，创作者可以加强与用户的互动，鼓励用户参与讨论和分享，形成良好的社区氛围。

- 渠道优化：根据新增粉丝的主要来源，加大在相关渠道的投入。如果达人合作带来了大量新粉丝，就可以考虑与更多达人合作；如果推荐页效果显著，就可以研究平台推荐机制，优化内容以获得更多推荐。

（4）粉丝画像

小红书上的粉丝画像包括性别、年龄、地域、兴趣等信息。了解粉丝的年龄分布和性别分布，有助于确定内容的用户群体和风格；分析粉丝的地域分布，有助于创作与地域相关的内容，增强内容的针对性和吸引力；了解粉丝的兴趣分布，有助于定位内容主题，发布更符合粉丝喜好的内容。

项目实训：立白文案写作实训

1. 实训背景

"节能降碳""绿色低碳"已成为全社会共同努力的方向。因此，我们要促进制造业绿色低碳高质量发展。

"身为制造业的一环，日化行业与国民生活息息相关，产业节能减排势在必行，这也是日化企业未来发展的必经之路。"立白生产管理中心总经理浦敏表示。

立白自 1994 年创立至今，一直将"绿色、环保"作为公司发展的核心理念，将"绿色健康"融入产品的整个生命周期中。2023 年，立白正式发布了《2023 年社会责任报告》，详细披露了公司在绿色发展方面取得的丰硕成果，以此推动行业构建低碳新生态。

三十而立，厚积薄发。30 岁的立白已走出一条有自身特色的绿色发展之路，开启了高质量发展的新征程。

2．实训要求

以立白的"绿色、环保"理念为主题，为立白的产品撰写一篇文案。

3．实训思路

（1）分析立白的产品推广文案和品牌文案

在网络上搜集立白与"绿色、环保"理念相关的产品推广文案和品牌文案，分析文案的结构，总结文案撰写的技巧。

（2）撰写一篇立白产品推广文案

请结合自身的使用感受和网络上的立白产品资料，为立白撰写一篇产品推广文案，在文案中强调立白产品的绿色、环保，要求文案结构合理，可适当使用 AI 写作工具。

项目三 全媒体运营策划与传播

知识目标

➤ 了解全媒体运营流程的关键步骤。
➤ 掌握全媒体写作策略和内容分发策略。
➤ 掌握全媒体内容推广策略和互动策略。
➤ 了解常见的全媒体传播渠道。
➤ 掌握全媒体传播矩阵的构建方法。

能力目标

➤ 能够进行全媒体运营流程规划。
➤ 能够进行全媒体写作与内容分发。
➤ 能够进行全媒体内容推广与互动。

素养目标

➤ 培养严谨的态度，在调研中保证客观、公平、公正。
➤ 提升内容质量意识，培养原创精神和原创能力。

知识导图

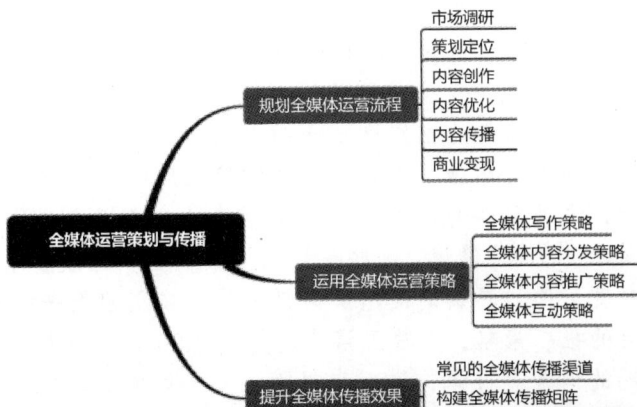

引导案例

九牧卫浴 X90 超静音数智马桶，多平台推广引领智能卫浴新潮流

九牧卫浴在 2024 年 5 月的中国国际厨卫展上推出了 X90 超静音数智马桶，该产品凭借其超静音、超能冲、全水路除菌系统等功能，刷新了智能马桶的行业标准。在产品发布后，九牧卫浴通过微信公众号、微博、抖音、小红书等平台进行了全方位的宣传推广，如图 3-1 所示。

图 3-1　九牧卫浴在新媒体平台进行内容营销

在微信公众号上，九牧卫浴发布了多篇产品介绍文章，通过详细介绍 X90 的技术亮点，吸引用户关注。在微博上，九牧卫浴通过图文、视频等形式展示产品，并发起话题讨论，邀请用户分享对智能生活的期待和看法，成功吸引了大量用户的关注和互动。

在抖音上，九牧卫浴发布了多条关于 X90 超静音数智马桶的短视频，通过生动形象的展示，让用户更直观地了解产品的功能和优势。这些视频不仅展示了马桶的外观设计，还重点介绍了其超静音、超能冲、全水路除菌等核心技术。九牧卫浴还在抖音直播间举办了多场新品推广活动，邀请专业主播详细介绍 X90 超静音数智马桶的特点，并现场解答用户的疑问，通过直播互动增强了用户对产品的信任度和购买意愿。

在小红书平台上，九牧卫浴与多位家居、生活类的专业博主合作，发布了多篇关于 X90 超静音数智马桶的"种草"笔记。这些笔记以用户体验的角度，详细描述了使用 X90 马桶后的感受和满意度，通过真实的使用反馈吸引了众多用户的关注和兴趣。

通过以上多平台的推广策略，九牧卫浴成功地将 X90 超静音数智马桶的技术亮点和优势传递给了更广泛的消费者群体，进一步巩固了其在智能卫浴领域的领先地位，推动了品牌向科技化、智能化方向的转型升级。

任务一　规划全媒体运营流程

　　全媒体运营流程规划是一项系统性的工作，旨在通过整合多种媒体渠道和资源，实现品牌传播、用户增长和商业转化的目标。规划全媒体运营流程的关键步骤包括市场调研、策划定位、内容创作、内容优化、内容传播与商业变现。

一、市场调研

　　市场调研是通过使用专门的、科学的方法，以客观的态度，对一系列市场现象相关资料信息进行收集、整理、分析和报告，从而了解现有市场和潜在市场的情况，并以此为依据提出对策的一种理性认识市场的活动，也称为市场调查。企业开展市场调研的方法有两种，分别是一手资料收集法和二手资料收集法。

1．一手资料收集法

　　一手资料收集法主要包括以下几种。

　　（1）问卷调研法

　　问卷调研法是指将设计好的调研问卷投放到企业网站，当用户进入企业网站浏览时，就可以完成问卷调研，企业便能从中收集用户信息。需要注意的是，这种方法具有较强的被动性，如果用户没有浏览企业网站，则不能完成问卷。因此，运营人员可以设计具有一定吸引力的互动环节来吸引用户完成问卷。

　　由于浏览企业网站的用户往往是对品牌或产品有好感的潜在目标群体，调研数据的真实性比较强，调研效果会比较理想。另外，还可以考虑在企业网站设置讨论专题，吸引用户参与，收集各种需要的信息。

　　（2）视频会议法

　　企业可以通过钉钉、企业微信等平台，利用视频会议的形式收集信息。如通过经销商视频会议，收集经销商总结的用户的建议与需求。

　　（3）电子邮件法

　　电子邮件法是指将制作好的问题清单直接发送到调研对象的邮箱，由调研对象完成后发回。这种方法可以主动选择调研对象，费用低，调研目标明确，能比较快速地得到调研对象的信息，但要得到调研对象的配合，企业需要给予其一定的奖励。

　　（4）登记簿法

　　企业还可以让访客填写登记簿，从而认识访客，利用访客回答的一些问题及填写的一些信息，为市场细分服务提供依据。

　　无论采用哪种调研方法，企业都要注意以下事项。

- 给予调研对象一定的回报，如现金券、购物券、小礼物等物质奖励。
- 设计的调研问卷内容不宜过多。
- 确保网络信息安全，企业要向调研对象保证不泄密，保护其隐私。
- 建立情感纽带，企业可以向调研对象提供一些他们感兴趣的内容，如影视剧、音乐、综艺节目等，以及许多有价值并与企业产品相关的免费工具等，以赢得他们的关注与好感。
- 多采用实际调研与网络调研结合的方式，两者相结合，既能充分发挥各自优势，又相辅相成。

2. 二手资料收集法

在全媒体运营的市场调研过程中，二手资料收集法是一种重要且高效的方法，它可以帮助企业快速获取大量信息，降低调研成本，并作为一手资料收集法的补充。以下是二手资料的几个主要来源。

（1）互联网

运营人员可以利用互联网收集二手资料，如利用搜索引擎、专业网站和数据库收集。运营人员通过搜索引擎输入关键词，搜索相关的行业报告、学术论文、政府数据、市场分析报告等，可以快速获取大量信息，但需要注意判断信息的真实性和可靠性。运营人员也可以通过访问行业内的专业网站和数据库（如艾瑞咨询、易观分析等）来收集资料，这些平台的资料通常是经过整理和分析的二手资料，因此这些资料具有较高的参考价值。

（2）企业内部资料

运营人员可以查看企业内部的发货单、订货合同、发票、销售记录、财务报表等资料，了解企业自身的经营状况和市场表现；收集业务员访问报告、用户反馈信息等，了解市场和用户的实际需求及反馈。

（3）行业协会和出版物

运营人员可以通过行业协会获取定期或不定期发布的内部刊物、行业法规、市场信息、经验总结、形势综述、统计资料汇编等。这些资料通常具有较高的权威性和专业性，有助于了解行业的整体状况和发展趋势。运营人员还可以订阅或购买行业内的专业期刊、杂志和书籍，获取最新的市场动态、技术进展和案例分析等信息。

（4）市场研究报告

运营人员可以购买或免费获取研究机构和调查公司发布的市场研究报告。这些报告通常基于大量的实地调研和数据分析，准确性较高且具有参考价值。

（5）图书馆和档案馆

运营人员可以利用图书馆和档案馆的资源，查阅相关的图书、期刊、报纸和档案等。这些资料可能包含市场的历史数据和背景信息，有助于了解市场的演变和发展过程。

知识链接

在使用二手资料收集法时，需要注意以下几点。

（1）信息甄别：由于二手资料来源广泛且复杂，运营人员在收集过程中需要判断信息的真实性和可靠性，避免使用不准确或误导性较强的信息。

（2）信息整合：将收集到的二手资料进行整理和分析，提取有用的信息并与其他调研方法相结合，以形成全面的市场调研报告。

（3）持续更新：市场环境和竞争态势是不断变化的，因此运营人员要定期更新二手资料库，以确保信息的时效性和准确性。

二、策划定位

全媒体运营的第二步就是策划定位。运营人员在完成市场调研之后要进行市场分析，确定用户画像，并对内容进行定位。

1. 市场分析

市场分析的主要维度包括市场现状分析、产品分析、竞品分析和目标用户分析。

（1）市场现状分析：主要分析行业发展的现状、市场发展趋势、市场规模的大小、市场的可上升空间。

（2）产品分析：分析产品能够解决哪一种类型的用户需求，并分析对应的解决方式，结合用户画像对产品进行系列优化，以求更好地满足用户的需求。

（3）竞品分析：主要分析竞品的定位和发展策略、商业模式、业务流程及核心功能设计、迭代周期及主要特点、客户服务策略、运营及推广策略等。通过竞品分析，运营人员可以总结出自身产品相对的优、劣势。

（4）目标用户分析：主要分析用户数据，构建用户画像，分析用户的核心痛点及用户产生购买意愿的原因。

2. 运营策划

开展具体工作前，运营人员要先进行全媒体运营的目的分析、方式确认和创意讨论。运营人员需要设定运营目标，并制订相应的计划。

（1）设定目标。全媒体运营工作的最终目的是获取经济收益，运营人员可以将这个目标分解到内容阅读量、粉丝增长量、用户活跃度和购买转化率等具体的数据上。

（2）制订计划。制订计划就是把目标中的某项指标拆解为每月的工作安排，再拆解为每周的工作安排，甚至是每天的工作安排。

3. 内容定位

内容定位指的是确定垂直领域、细分市场，即确定账号要持续发布什么内容。这就需要运营人员考虑两个问题：企业为哪一类细分人群服务？企业能够解决哪一类细分需求？在考虑定位的基础上，再分析该细分需求是用户的具体需求还是模糊需求，是真实需求还是伪需求。在市场分析的基础上选定某一垂直领域进行精细化创作与运营，对加深用户对企业的印象也有帮助，用户会在自己有需求时第一时间想到企业。

在进行内容定位时，运营人员应注意以下几点。

（1）内容风格统一。内容要与企业产品或品牌的定位相符合，即保持内容风格、用语等的统一，提升内容的专业性与用户的阅读体验。

（2）内容高频输出。内容高频输出意味着企业具有内容的持续生产能力，即内容从构思到创作完成所需要花费的时间、精力、成本等可以支持内容以某个特定的频次持续展现给用户。

（3）内容满足用户需求。内容定位需要从用户需求角度进行考虑，从用户的需求中挖掘痛点，再将其以内容的形式展示出来，以满足用户需求，进而打动用户。

（4）内容要符合营销目的。营销的目的不同，内容写作的方向就不同，需要呈现给用户的内容侧重点也就不同。如以个人品牌建设为目的，那么就要注重内容的质量与专业性，以累积个人口碑。

（5）内容要贴合运营人员的优势。运营人员要明确自己的优势，最好利用自己的优势明确内容定位，这样才能更好地写作。

4. 内容策划

在全媒体运营过程中，内容策划通常包含以下主要环节。

（1）内容选题。策划和优化选题的目的是让运营内容能够更好地吸引用户。

（2）内容呈现。创作不同形式的内容，包括文字、图片、音频、视频等。

（3）内容投放。根据目标用户画像，选择合适的媒体渠道和平台进行推广。

三、内容创作

以前，企业的宣传内容大多局限于文字类内容。如今，随着互联网的快速发展，企业的宣传内容可以采用图片、文字、视频、音频等多媒体形式呈现。优质的内容能够快速吸引用户的目光，抓住用户的注意力，提升品牌或产品的曝光度和影响力。

企业宣传内容主要包括广告文案、营销软文、品牌故事、新闻时事、短视频脚本与直播文案等。

1. 广告文案

广告文案是广告作品中全部的语言符号。广告文案是指为产品写下的打动用户内心、促使用户产生消费行为的文字。广告文案由标题、正文、广告词和附文组成，是广告内容的文字化表现。在广告设计中，文案与图片同等重要，图片具有直接的视觉冲击力，文案则具有较深的影响力。

广告文案的设计通常分为4个层级，分别为战略层、感受层、内容层和表达层。

- 战略层：明确广告目的，以及广告所描述的产品在市场中的定位。
- 感受层：达到确定的广告目的，需要让用户产生何种感受与认知。
- 内容层：为了让用户产生这些感受与认知，运营人员需要创作什么内容。
- 表达层：如何将需要的内容用恰当的词汇、合适的表现形式表达出来。

撰写广告文案首先要与用户建立关联，在信息爆炸的互联网时代，只有与自己相关的信息，用户才会注意，才有可能去阅读；其次，要激发用户的好奇心，这样才能吸引用户；最后，巧用文案语言，运营人员要使用能够强化感受、调动用户情绪、激发共鸣、刺激消费行为的语言。

2. 营销软文

营销软文是相对于硬性广告而言的，指由运营人员专门负责撰写的文字广告。与硬性广告相比，营销软文的精妙之处在于一个"软"字，其通过嵌入式的广告文字，让用户受到感染，从而树立品牌形象，提升产品和品牌的知名度。

撰写营销软文的步骤与技巧如下。

（1）确定选题

不同的用户，其喜好一般不同，运营人员在确定营销软文选题时要确保其契合用户的喜好，并用关键词体现出来，以便用户精准查找。如摄影爱好者会选择与"摄影"关联性较强的关键词，如"拍照""照片"等。运营人员可以使用关键词工具，如百度指数等确定关键词。

（2）拟定标题

标题在营销软文中发挥着重要的作用。运营人员拟定的标题要能够瞬间吸引用户的注意力，同时包含关键词，且符合主题。标题的字数不宜过多，短标题的营销软文打开率更高，长标题的营销软文在移动端带给用户的阅读体验会大打折扣。

（3）规划内容

运营人员可以用第一人称或第三人称来撰写营销软文，要注重营销软文的整体逻辑性，逐次递进地阐明原因、过程、结果和最终带来的影响，但篇幅不要过长。

（4）融入故事

营销软文不宜在开头就涉及产品或服务推广。运营人员应当在开头进行铺垫，用精彩的故事吸引用户阅读，然后在故事的某个合适的段落巧妙地植入产品或服务的介绍信息，使其与故事内容巧妙且自然地融合，从而提升用户对产品的好感度。

3. 品牌故事

几乎所有的企业都非常注重品牌的传播。对企业来说，品牌不只是一个商标，更是用户对企业建立认知的基础。运营人员可以策划品牌宣传片，制造记忆点，提升品牌的知名度与影响力。

运营人员可以从以下几个方面策划品牌故事，创作品牌宣传片。

- 从企业发展历程、规模、经营理念等方面策划品牌故事，凸显企业优势，彰显品牌形象。
- 从企业领导层的管理及企业员工的现状等方面策划，宣传企业凝聚力，帮助用户了解企业的实力与发展，激发员工的责任感。
- 站在用户角度，塑造一个有温度、专业性强、值得信赖的企业形象。
- 产品是企业形象的具体体现和缩影，宣传片文案恰当融入产品的相关介绍，可以让用户更好地了解品牌或产品。
- 突出自身竞争优势，直击用户痛点，更能激发用户产生消费行为。

品牌故事的策划流程如下。

（1）制作片头

片头要有足够强的吸引力和感染力，通过视觉和听觉的双重冲击，迅速吸引用户的注意力。

（2）企业介绍

介绍企业的目的是在用户心目中建立企业形象。片头结束之后，品牌宣传片开始介绍企业的具体情况，展现企业的历史发展进程、规模、荣誉和风采，用具象、真实的内容和镜头让用户建立起对企业的整体感知。

（3）宣传主题

宣传主题可以围绕企业本身或产品来展开，以介绍产品为例，宣传片要凸显产品优势和独特的消费体验。

（4）实力展示

宣传片的最后一般会通过展示数据和实例来提升内容的可信度、用户对产品的信任度，以及用户黏性和忠诚度。

4. 新闻时事

新闻时事是指通过报纸、期刊、广播电台、电视台等媒体报道的单纯事实消息。单纯事实消息是指全部信息由时间、地点、人物、起因、经过、结果等对客观事实的单纯叙述组成，仅反映客观事实的存在，没有评论，没有修饰，没有作者的观点和意见，无须付出创造性劳动，不具有著作权法意义上的作品所具备的独创性的特点，不受我国著作权法的保护。

在全媒体时代，新闻时事从传统新闻转型，发展出新媒体新闻和数据新闻两种形式。

（1）新媒体新闻

新媒体新闻稿要遵循"倒金字塔"原则，即将最重要的信息放在开头，逐渐向下展开，最后呈现细节和背景信息。一份标准的新媒体新闻稿要包括以下几个组成部分。

- 标题。标题要简洁明了，准确概括新闻稿内容，吸引用户的注意力。标题可以分为眉题（又称引题、肩题）、正题（又称主题、母题）和副题（又称下辅题、子题），很多新闻稿采用多行标题，即包括其中几种标题。

- 导语。导语即新闻稿开头的一段话，用于引起用户兴趣，并交代新闻稿的背景信息。

- 正文。正文是新闻稿的主体，包括最重要的信息和细节，撰写时需采用简洁明了的语言，避免使用过多的专业术语。新闻稿的正文应该突出新闻的亮点，亮点可以是新闻的独特性、新闻的影响力、新闻的人物特点等。

- 引用。引用是指对相关人士或机构的言论或观点的引用。引用一定要准确，并注明来源。

- 结尾。结尾是新闻稿的结束部分，用来总结新闻稿的主要内容，或者提供相关信息的链接。

（2）数据新闻

撰写数据新闻，运营人员可以采用以下方法。

- 从简式写法。新闻讲究时效性，如果需要很快发布，运营人员就要尽可能避免使用复杂的可视化图表或地图类辅助图形，以节省时间成本。运营人员可以采用常规的可视化图表，准确、清楚明了即可。

- 适当美化法。运营人员可适当美化可视化图表，根据新闻内容采用合适的可视化图表类型，如折线图、条形图、饼图、散点图等。

- 组合图表法。单个图表有时会显得有些单调，运营人员可以运用多个图表组合，多维度、多方面呈现数据，这不仅可以丰富数据内容，还能增强数据的说服力。

- 互动视觉设计法。数据新闻的视觉设计要有互动性，突破以往新闻内容的线性排列方式，为用户提供尽可能大的自由度，同时鼓励用户参与到数据新闻的生产流程中，运用用户的反馈数据为数据新闻添彩，促使数据新闻向用户参与式新闻转变。

5. 短视频脚本

随着抖音、快手等短视频平台的兴起，短视频已经成为企业营销的必备手段。要想拍摄出优质的短视频，撰写短视频脚本是必要环节。短视频脚本一般可以分为拍摄提纲、分镜头脚本、文学脚本 3 种类型，它们分别适用于不同类型的短视频创作。

- 拍摄提纲。拍摄提纲是为拍摄整个短视频或某些场面而提出的拍摄要点，只对拍摄内容起提示作用，适用于展示一些不容易掌控和预测的内容。拍摄提纲主要起提纲挈领的作用，它能够帮助拍摄者明确主题和拍摄方向，确定选题的角度和切入点。拍摄提纲适用于新闻纪录片、人物访谈、Vlog 等类型的短视频创作。

- 分镜头脚本。分镜头脚本将文字转换成可以用镜头直接表现的画面，通常包括镜号、拍摄方式、景别、时长、画面内容、台词、音乐、音响等。当然，具体结构可以根据实际内容来确定。分镜头脚本适用于拍摄剧情类的短视频。

- 文学脚本。文学脚本不像分镜头脚本那么细致，其适合用来拍摄固定场景或者场景转换简单的短视频。文学脚本只需规定人物要做的任务和说的台词、所选用的镜头及短视频的时长。

6. 直播文案

直播文案能吸引用户的注意力，传达品牌信息和产品价值，并激发用户的购买欲望。直播文案一般指的是直播话术文案，包括聚人话术、留客话术、锁客话术、说服话术、催单话术、引导下单话术、下播话术等。

四、内容优化

有价值的内容是企业营销成功的关键，因此，如何利用互联网、社交媒体创作出高质量的内容来吸引用户，是值得每个企业考虑的问题。在全媒体运营中，对创作的内容进行优化非常有必要，优化的方式多种多样，主要有以下几种。

1. 贴近需求

内容运营的关键之一是内容必须贴近用户需求。做全媒体内容运营，首先要研究自身产品，只有精准定位产品的目标用户，把握其心理、行为特征，才能打造出更贴近他们需求的产品。因此，企业必须深入地了解自己的产业特色、产品特色和品牌定位，有针对性地进行产品定位。如手机生产商应该根据手机的功能锁定不同年龄层的用户，进行针对性的宣传与推广。

2. 情感包装

在内容运营中，情感的抒发和表达已经成为新时代营销的重要方式。一篇有情感价值的文案往往能够引起众多用户的共鸣，从而提升他们对品牌的归属感、认同感和依赖感。情感消费体现了心理上的认同和情感上的需求，因此也称为感性消费。

用情感包装内容，能使内容更具感染力，更容易满足用户的情感需求，从而吸引用户的注意。如珀莱雅提出的"敢爱，也敢不爱"的主题，通过多个维度探讨爱情与自我的关系，并携手网易云音乐推出爱情主题曲《我要的幸福》等，这些都是采用了情感包装的营销策略。

3. 传递理念

一篇优秀的文案不能只停留在外部表象上，而更应注重内在的情怀、理念、内涵。企业在进行内容运营时，应注意将品牌的价值与理念巧妙地融入内容中，感动用户，促使用户对品牌产生兴趣。如2024年德尔地板作为某体育赛事的赞助商，借助赛事平台传递了健康、环保的品牌主张，将品牌理念与体育赛事相结合，提升了品牌的知名度和美誉度。

4. 扩展衍生

很多优质的内容作品具有强大的可扩展性，其衍生产品会入驻淘宝、天猫、京东等综合电商平台进行直营销售。如泡泡玛特盲盒就是动漫IP衍生产品的代表，它以独特的销售方式和设计理念引领了新的消费潮流。泡泡玛特通过与知名动漫IP合作，将动漫形象融入盲盒产品中，赋予了产品更多的文化内涵和情感价值。

5. 叙述故事

故事属性的内容更容易被用户接受，一个好故事很容易让用户记忆深刻，从而快速拉近品牌与用户之间的距离。生动的故事容易使用户产生代入感，对故事中的情节和人物也会产生向往之情。运营人员创作故事时，首先需要确定产品特色，将产品关键词提炼出来并放到故事线索中，贯穿全文，使用户读完故事后印象深刻。

> **素养课堂**
>
> 故事比道理更有说服力。与其强行给他人灌输一些规则或观点，不如用故事的形式吸引他人。培养故事思维的重要性就在于此。讲故事不必拘泥于某种固定套路，如果能够进行巧妙组合，反而能产生意想不到的效果。因此，在培养故事思维的同时也要加强对创新思维的培养，从不同的角度看待问题，通过构建新的故事情境来寻找解决方案。

6. 设置悬念

设置悬念是一种常用的内容创作手段。运营人员通过设置悬念引发用户的好奇，激发他们丰富的想象和阅读兴趣，从而达到内容营销的目的。在设置悬念时，运营人员要在正文中的故事情节、人物命运发展到关键点时设置疑问，但不及时解答疑问，而是在后面的情节发展中慢慢揭秘，或是在描述某一奇怪现象时不急于说出产生该现象的原因，到最后再揭开谜底。这种方式能促使用户产生急切的期盼心理。

7. 促销活动

促销活动类内容有两种形式，一种是纯文字形式，另一种是图片搭配促销标签的形式。纯文字形式就是用文字叙述促销活动，如图 3-2 所示。图片搭配促销标签的形式常常通过图片来突出促销信息，如图 3-3 所示。

图 3-2　纯文字形式

图 3-3　图片搭配促销标签的形式

8. 新闻报道

新闻报道式内容是指以新闻媒体的口吻进行内容创作，企业内部大事、公益事业等都可以使用新闻报道的内容形式撰写并发布。如有关华为的两篇文章《刚刚，华为重磅发布！》《秒光！华为，突然官宣》，如图 3-4 所示。

图 3-4 新闻报道式内容

五、内容传播

内容传播是全媒体运营的重要环节，它涉及内容的创造、发布、推广及与用户的互动等多个方面。下面将分别对内容传播的要素与方法进行阐述。

1. 内容传播的要素

要想使创作的内容得到快速、广泛的传播，离不开 4 个要素，即情绪、故事、关联和价值。

（1）情绪

人都有情绪，内容最有效的传播方式是情绪驱动。一篇文案的内容最好有 3 个情绪点，这样才能逐步激发用户高兴、伤感、孤独、愤怒等情绪，更有利于传播。

如"实测 50 款无糖饮料，能当水喝的，竟然只有 3 款！"激发了用户的害怕、好奇、恐慌的情绪，在阅读软文后，他们很有可能将其转发给同样爱喝无糖饮料的亲友、同事等，促使内容传播扩散。

（2）故事

相较于产品的性能参数等数据，人们更容易记住故事，故事有跌宕的剧情、动人的情感，更利于口碑传播，因此，植入故事能够更好地提升产品的曝光度。如褚橙火爆的原因很大程度在于褚橙背后褚时健的个人励志故事。故事对内容的传播起到关键作用，运营人员在创作内容时要善于用故事来包装内容，从而加速内容的传播，提升内容的曝光度。

（3）关联

关联意味着将产品与用户生活中常见的场景关联起来，这样用户在这些场景中便容易联想到产品，这有利于产品的快速传播。如美的厨房空调的广告语"舒爽做饭，清凉相伴"，以场景带入产品，使产品卖点更直观，更有效、更快速地传播了产品信息。

（4）价值

人们希望通过把有价值的事物分享给他人来使自己获得他人的认可，所以有价值的内容更容易被用户分享。运营人员在创作内容时，要努力为用户提供价值，这样用户在获得价值的同时也会出于利他心理而主动将其分享给好友，从而扩大内容的传播范围。

2．内容传播的方法

内容传播的方法主要有口碑传播、病毒式传播、事件传播、精准传播等。

（1）口碑传播

口碑传播是一种通过在目标群体中建立口碑，使企业、产品信息呈"辐射状"扩散的传播方法。如小米手机以其超高的性价比造就了其较好的口碑，在用户群体中快速建立起良好的品牌形象。

企业在采用口碑传播时，要杜绝虚假宣传，找到目标用户的利益点，从新奇的角度出发来创作内容，以促使目标用户产生信任感和较强的黏性。

（2）病毒式传播

在内容传播中，病毒式传播是一种很好的方法，它可以将信息快速复制、迅速传播，在短时间内传向更多用户让企业的产品或品牌在不经意间通过内容大范围地触达目标人群。

企业采用病毒式传播时，需要注意以下几点。

① 创建"病原体"。"病原体"必须具有较强的感染性，才能吸引用户关注并引起用户的共鸣，从而不断蔓延。

② 锁定易感染人群。通常企业自己的粉丝是第一批"被感染者"，然后在他们的带动下，"病原体"传播到其他潜在用户人群中，从而影响更多的人。

③ 选准传播渠道。"病原体"往往需要借助网络或线下媒体渠道来传播。因此，要选择一个最容易被感染的人群聚集的社交平台来发布"病原体"，利用"被感染者"的积极性进行层层扩散。

（3）事件传播

事件传播就是企业通过对具有新闻价值的事件进行内容加工，将品牌或产品信息融入事件中，使其随着事件的传播触达更多的用户，从而获得实际的广告效果。事件营销能够有效地提升企业或产品的知名度、美誉度等，优质的内容甚至能够直接帮助企业树立起良好的品牌形象，从而进一步促成产品或服务的销售。

（4）精准传播

精准传播是借助大数据的分析能力将用户群体分类，从而使内容更有针对性地进行传播的方法。精准传播的基础是大数据，依托大数据进行分析，根据用户群体特征精准推送用户群体感兴趣的内容，可使营销工作更加精准。

六、商业变现

全媒体运营的最终目的是商业变现。商业变现的方式有很多种，主要包括内容付费变现、广告变现、商品销售变现、直播变现及版权变现等。

1．内容付费变现

对内容运营者来说，内容付费变现是最直接的变现方式，很多自媒体平台、社交平台及直播平台都在专注于原创内容的生产和变现模式。

内容付费就是指用户为想要看的内容支付一定的费用。通常情况下，企业会利用人物 IP 制造一些热点话题或用优质视频内容来吸引粉丝关注和参与，当参与的粉丝达到一定数量，或者话题阅读量、视频浏览量达到较高水平时，获得会员资格或 VIP 就可以定到一个较高的收费标准。

如在喜马拉雅 FM 的"付费专区"中，系列视频《好好说话·教育培训》《好好说话·升职加薪》等，获得了众多粉丝的喜爱和较高的收益。

内容付费现在处于高速发展的阶段，影视剧、"网红"直播、网络小说等可以吸引大量的用户为其付费。但是这存在一个弊端，即许多内容创作者会模仿他人的作品，如模仿剧情、演出风格、写作手法等，从而造成用户审美疲劳。运营人员要想使自己的内容在众多类似内容中脱颖而出，一方面需要寻找用户愿意为其付费的题材，另一方面需要把相似的内容做得与众不同，这样才能更好地实现内容变现。

2. 广告变现

无论是传统媒体时代还是新媒体时代，广告都是最常用的变现手段之一。广告变现是指通过在网站、社交媒体或其他数字平台上展示广告来获取收入的方式。

广告变现的基本原理在于向平台上的用户展示广告，并从中获得广告主支付的费用。广告变现的具体模式包括品牌广告、流量广告、植入广告、贴片广告等。运营人员要合理选择广告模式，提升用户参与度与广告匹配度，从而实现广告变现效益的最大化。运营人员还要注意合规性和对用户体验的维护，确保广告变现的可持续性。

3. 产品销售变现

很多内容生产者提前做好计划，布局电商业务，或开网店，或开微店，利用优质内容本身的强大号召力和粉丝基础，通过在电商平台销售产品的形式来变现。

产品销售变现，顾名思义就是通过销售产品来变现。产品包括自己生产制作的产品、定制产品、数字产品、咨询服务或其他企业提供的产品等。

目前，内容生产者选择销售的产品主要集中在穿搭、美妆、美食等领域，他们往往先利用微信、微博等社交媒体进行内容传播，体现其消费价值观和生活方式，当积累一定的粉丝后，再通过内容形成电商交易，满足这些被内容深度影响的用户的需求。

总的来说，优质内容与电商的结合，不但给电商平台带来了更多的用户流量，而且为用户带来了购买相关产品的渠道。这样的组合方式更能快速实现优质内容的变现，促使电商销售做得更大、更强。

4. 直播变现

直播变现是指通过直播平台实时展示产品、服务或其他内容，以实现收益或盈利的一种商业变现方式。随着直播行业的快速发展，直播变现的方式也日益丰富和多元化。

（1）直播带货

内容生产者可以开通直播账号，在直播中展示和介绍产品，用户可以直接点击链接购买产品，内容生产者从中获得佣金或销售提成。直播带货结合了直播的实时互动性和电商的便捷性，成为当前热门的直播变现方式。

（2）用户赞赏

在直播过程中，内容生产者可能收到用户的支持与赞赏。用户观看直播时，可以购买虚拟礼物赠予内容生产者，平台将虚拟礼物转化成虚拟币，内容生产者可以对虚拟币进行提现。

（3）企业宣传

内容生产者可以与企业合作开展直播，进行企业品牌或产品的宣传，并获得企业给出的薪酬。直播平台提供技术支持和营销服务，企业可以通过直播平台召开发布会、招商会、展会等直播活动，打造专属品牌直播间。

5. 版权变现

版权变现是指通过经营内容版权获得收益的变现方式。版权变现主要有以下几种。

（1）销售版权

内容生产者可以通过将内容版权销售给其他人来变现，如将小说的版权出售给影视公司，自己获得版权费用。

（2）授权使用费

内容生产者通过授权其他人使用其作品来获得收入。授权可以涉及多个领域，如书籍作为教材使用，或被翻译成其他语言，或改编成电影；音乐在广告、电影或电视节目中的使用等。在这种方式下，内容生产者会与被授权方签订协议，明确授权范围、使用方式及费用等细节。

（3）出版实体书

出版实体书是指将内容生产者创作的内容出版为实体书，通过网络书店或线下书店销售。这种方式需要投入一定的成本，如印刷成本、发行成本、宣传成本等，但可以通过签售、展览等提高书的销量并提升知名度。这种方式对于漫画、小说等类型的作品尤为适用。

（4）授权衍生品

内容生产者将自己所创作内容授权给其他企业或机构，供其开发周边产品，如玩偶、T恤、文具等，而内容生产者通过授权费、提成等方式获取收益。这种方式有助于延长版权作品的生命周期，并增加内容生产者的收入来源。

任务二　运用全媒体运营策略

全媒体运营策略是指基于互联网技术，将多种媒体形态进行整合和融合，通过多渠道、多形式的传播方式提升品牌知名度和用户黏性，促进产品销售和口碑传播的一种综合性策略。全媒体运营策略涵盖多个方面，旨在通过整合各种媒体资源，实现品牌信息的传播范围最大化和营销效率的提高。

一、全媒体写作策略

全媒体写作涉及多个方面，以确保内容在不同媒体平台上得到有效传播并吸引目标用户。全媒体写作策略如下。

1. 明确目标用户

在写作全媒体营销内容时，运营人员首先要明确内容的目标用户是谁，以及他们的年龄、性别、职业、兴趣爱好等信息。这有助于运营人员更好地了解目标用户的需求，从而制定更有针对性的内容策略。

2. 制定营销目标

制定营销目标，如提升品牌知名度、促进产品销售、提高用户转化率等，有助于运营人员更好地规划内容，确保内容能够满足营销需求。

3. 确定展现形式

内容的展现形式包括文字、图片、音频、视频等，全媒体写作要求运营人员能够灵活运用这些媒体形式。如在撰写新闻或推广文案时，可以适当加入图片和视频，以增强内容的吸引力和可读性。

另外，还要考虑与平台特征相契合。不同的平台有不同的特点，运营人员要根据平台的特点来调整营销内容。

4. 提高内容质量

无论内容发布在哪个平台上，运营人员都要确保语言文字清晰简洁、易于理解，避免使用过于复杂或晦涩难懂的词汇和句子。还要注意优化内容中的视觉元素，以提升用户的视觉体验。对于包含图片和视频的内容，要注意色彩搭配、视觉效果及与文字的匹配度，确保图片和视频能够增强内容的表达效果，而不是分散用户的注意力。

另外，还要注意内容结构，确保结构严谨、逻辑清晰。合理的文案结构有助于用户更好地理解文案内容。确保文案有明确的引言、正文和结论，并使用恰当的段落结构和过渡方式，使内容更加连贯、流畅。

5. 增强互动性与话题性

运营人员要注意增强内容的互动性。在全媒体环境下，增强内容的互动性是非常重要的。运营人员可以通过提问、投票、评论等方式与用户进行互动，激发他们的参与热情。

同时，运营人员还要善于制造话题。在内容中制造话题可以吸引更多用户关注和讨论，运营人员可以通过引用热点事件、提出有争议的观点或提出有趣的问题来制造话题。

6. 遵循写作原则

运营人员要遵循内容的写作原则，一方面要确保内容的真实性和客观性，无论在哪个平台上发布内容，都要避免夸大其词或编造虚假信息；另一方面要注意时效性，在全媒体时代，时事新闻的时效性非常重要，运营人员需要快速捕捉新闻热点并及时发布相关内容，以满足用户对时事新闻的需求。

7. 数据分析与调整

在内容发布后，运营人员要随时关注用户的反应，收集用户的反馈信息，整理相关数据并进行分析。这有助于运营人员了解内容的传播效果和用户需求，从而有针对性地进行调整和优化。

全媒体写作是一个持续优化的过程。运营人员需要不断尝试新的写作方法和策略，并根据数据反馈灵活调整和改进，以提升内容的吸引力和传播效果。

二、全媒体内容分发策略

全媒体内容分发旨在通过多种媒体渠道和平台，将内容高效、精准地传达给目标用户。内容分发策略主要有两种，一种以社交分发为主，另一种以智能推荐为主。运营人员只有深刻理解分发机制的不同，才能创作出高阅读量的文章，从而提升内容的营销效果。

1. 社交分发

以社交分发为主的平台主要有微博和公众号，微博主要通过互粉、用户点赞、转发将内容扩散出去；公众号通过粉丝分享和朋友圈转发将内容多圈层传播。在以社交分发为主的平台上，账号拥有大量优质粉丝是关键，优质粉丝是内容原始引爆点的关键因素。优质粉丝越多、黏性越强，在社交平台分发的内容的传播量就越大。

内容质量对社交分发的影响很大，尤其是标题质量，它很大程度上决定了内容能否引起圈层传播，从而引爆朋友圈。除了内容质量外，KOL 对社交分发的影响也很大，特别是在微博，如果在微博上发布一篇文章，由拥有众多粉丝的 KOL 进行转发，该文章的阅读量就能快速倍增。因此，运营人员在做全媒体运营时，要有意识地与 KOL 建立信任关系，必要时请他们帮忙转发。有了 KOL 背书，更容易赢得用户的支持与认可，进而吸引更多用户关注。

课堂讨论

2. 智能推荐

还有一类平台，它们不依赖于社交关系，其内容分发以智能推荐为主，如今日头条、百家号、知乎等，这类平台内容分发的核心是文章标签、账号标签及用户标签。

文章标签表明文章属于哪个领域，是机器智能判定的结果；账号标签表明账号属于哪个领域，是机器根据账号以往的内容进行分析和判定的；用户标签表明用户喜欢看哪种类型的文章，是机器根据大数据及用户阅读行为判定的。

下面以今日头条为例，分析智能推荐平台的运营人员是如何提升内容传播力的。

（1）消重

消重就是系统对重复、相似、相关的文章进行比对，使过度相似的内容不同时出现在用户信息流中。消重可以优化用户的阅读体验，为更优质的内容提供曝光的机会。

今日头条中的消重主要应用在 3 个方面，即内容消重、标题和预览图片消重、针对相似主题的消重。

① 内容消重

内容消重是指今日头条系统会将内容的正文、标题、图片等转换成具有一连串数字代码的信息指纹，每篇内容都有唯一的信息指纹。相似的内容具有相似的信息指纹，系统只推荐最权威、发布时间早、标记原创的那篇内容，其他相似的内容都会被消重，不会被推荐至用户信息流中。内容消重机制确保系统从具有相似信息指纹的内容中挑选最优的一篇推荐给用户，从而优化用户的阅读体验。同时，内容消重也保障了原创作者的权益，利于原创内容阅读量的提高。

② 标题和预览图片消重

标题和预览图片消重是指系统会对比标题及预览图片的信息指纹，从而确保推荐差异化内容。如果采用了跟其他创作者一样的标题及预览图片，即使创作的文章内容不同，其内容也会因被系统消重而得不到推广和曝光。

③ 针对相似主题的消重

针对相似主题的消重是指系统会对关于同一事件的文章进行消重，毕竟用户不想在同一时间内看到太多相似主题的内容。运营人员追逐热点时需要谨慎，要知道差异化内容更容易被推荐。

总之，运营人员要想内容被广泛传播，就要避免被系统消重，要坚持从原创、首发、差异化角度追逐热点，少用常见的标题，使用不同的预览图片等，这样可以保证内容被更多地推荐。

（2）推荐

今日头条的推荐以系统推荐为主，系统通过对文章进行特征识别，将内容推荐给可能感兴趣的用户，实现个性化精准推送。系统对文章的识别主要通过关键词来实现，关键词即内容中出现频率高且特征明显的实词，如"洗衣机""去污渍""节能"等。

除了文章正文外，系统还会对文章标题进行关键词识别，所以标题中出现相关领域的关键词非常重要。如标题为"人缘好的人，都用这3招！"会被系统判定为属于"心理"领域，而"同事开心，领导满意，要用这3招！"则会被系统判定为属于"职场"领域。可见，标题中出现相关领域的关键词，有利于系统对文章所属领域进行判定。

系统也会给用户打上标签，从而将内容与用户匹配，实现精准推荐。系统通过用户的基本信息（如性别、年龄、授权微博或微信账号等）、用户主动订阅的内容、用户的阅读兴趣来为用户打上标签。如某个用户喜欢阅读育儿类内容，系统便为其打上育儿标签，从而更好地为其推荐育儿类文章。

为了确保将优质内容推荐至用户信息流，今日头条采取分批推送的方法。分批推送即内容首先会被推荐给对内容最有可能感兴趣的用户，系统根据这批用户的阅读行为（如点击数、收藏数、评论数、阅读率等）确定文章下一批的推荐量。文章推荐量越大，相应内容的传播度越广。

运营人员要想让更多用户看到内容，就要关注文章的点击率、阅读率、互动率和订阅数。点击率会直接影响文章下一批的推荐量，阅读率可以体现文章浏览量，互动率用于表现文章热度，订阅数反映内容被用户认可的程度。

三、全媒体内容推广策略

内容推广的本质是指导人们如何进行推广的思维方式，是一种把用户作为核心主体，注重主动情感转化的推广方式。全媒体内容推广策略旨在通过制作有价值的内容载体进行内容传播，从而吸引目标用户主动关注并完成转化，以实现品牌宣传、产品推广、用户增长等目标。

1. 确定内容推广基调

不同用户群体对内容推广方式的喜好不同，如果没有定位好产品的用户群体，就不清楚他们的需求，那么在策划推广方案时，用户群体的共振感就会比较弱，推广起来就会变得非常被动，推广效果也会大打折扣。只有通过分析用户画像，深度分析用户群体并找到他们，才能准确地把握推广方案的基调，制定一个符合用户群体要求且刚好契合产品定位的推广方案，才能提升用户群体的参与度。

以家装行业产品为例，运营人员先收集整理用户的基础信息、消费能力特征、行为特征，如图 3-5 所示。运营人员可以通过已转化用户信息统计、活动现场一对一访谈资料等整理分析用户的基础信息和消费能力；进而选择用户使用产品时的流程图和热力图分析用户的行为特征，观察在不同渠道来源和不同浏览环境下，用户更关注哪些板块，反复验证用户的行为特征。

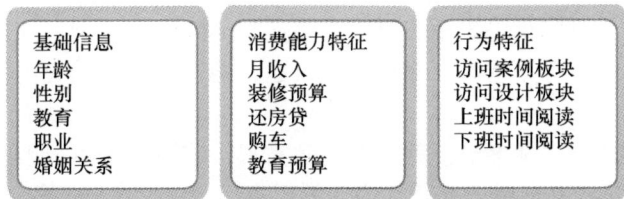

基础信息	消费能力特征	行为特征
年龄	月收入	访问案例板块
性别	装修预算	访问设计板块
教育	还房贷	上班时间阅读
职业	购车	下班时间阅读
婚姻关系	教育预算	

图 3-5　用户信息统计

基于以上信息，构建出用户画像，将用户分为以下两种，如图 3-6 所示。

图 3-6　用户画像

在这些用户画像中，品质型用户一般事业比较稳定，对车要求豪华，以彰显自己的身份、地位，对材料品质的要求也会比较严苛；刚需型用户大多刚步入婚姻、事业刚起步，他们一般要求经济、舒适。

那么，对于品质型用户而言，可以侧重推送偏人性化设计的居室、方便饮食起居格局型的居室等相关内容；而对整体偏年轻化的刚需型用户而言，智能化家居、性价比高的内容类型则更能获得他们的喜爱和关注。通过了解不同用户群体进行用户分类，再由大数据为他们精准推送有着内容相关特性的产品，才能做到精细化投放，从而引导用户决策。

2. 选择内容推广形式

内容推广的目的在于激发用户分享，只有用户主动分享才能快速提高内容浏览量，所以内容推广的核心要围绕激发用户主动分享来开展。产品内容输出方式主要有 3 种，即文章、视频和问答。

（1）文章

无论是运营公众号还是做产品的内容运营，内容都是由一个个写作单元组成的。作者提出一个中心论点，然后通过分论点进行论述，每一个分论点就是一个写作单元，写作单元的通用公式为"论点+论据+总结"，这个公式贯穿整体内容，不仅能让用户在阅读时更有收获，还能让内容运营变得更加高效。

（2）视频

目前，短视频营销需求不断高涨，广告投放的复杂性也日益增加，能否在众多的平台、账号中选择与产品高度适配的合作对象成为决定营销成功与否的关键。因此，借助大数据等技术进行智慧投放是视频类内容推广的根基。

如在综艺《五十公里桃花坞》第三季中，金典整体围绕"大型名人群体社交现场"展开传播，通过打造多维度的行为艺术，输出社交议题，构建节目在社会价值层面的讨论场。

（3）问答

当用户对某些事情产生疑惑时，就会有问题需求，这时一个可以解决实际问题的答案就会备受青睐。因此，问答也是用户交互性内容的重点运营策略之一。简单、直接的问答方式，配上走心的文案，很容易触动用户，引发共鸣，此时用户对作者就会产生极强的信任感，从而产生分享、下载、使用、付费等一系列行为，因此问答形式的推广方式在内容营销领域被广泛使用。

3. 制定内容推广策略

制定内容推广策略的一般步骤为：树概念、定用户、立场景、讲故事、强体验。树概念是指让用户知道运营者是谁，运营者是做什么的；定用户是指运营者知道目标用户是谁；立场景是指在什么场景下让目标用户找到运营者推广的产品；讲故事是指通过讲故事的方式与用户共振；强体验是指想办法降低体验门槛，最终完成用户转化。

制定能带来持续性用户增长的内容推广策略不仅要考虑如何更新内容、运营社交媒体、制造热点事件，还要考虑如何打通多个渠道进行推广、实现想要的营销效果，这是值得所有运营者深思熟虑的问题。

内容推广策略通常有两种方式，即付费推广与免费推广，如图 3-7 所示。需要注意的是，无论是通过免费推广提升品牌影响力，还是通过付费推广精准触达用户，只有不断地丰富内容的承载形式，多平台、多渠道推广，才能增加内容触达的机会，吸引新用户的同时，增加用户转化的概率。

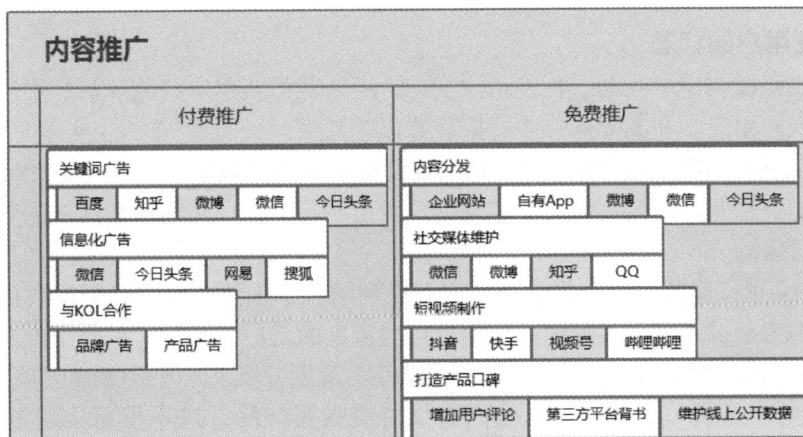

图 3-7　内容推广策略

四、全媒体互动策略

为了促进企业更好地发展，全媒体运营者必须重视互动环节，深刻地理解用户的真实需求，做好全媒体互动设计，并不断优化与用户的互动策略。

1. 提高用户的生命周期价值

产品的每个用户所处的生命周期阶段不尽相同。有的用户第一次购买和使用企业的产品，有的用户已经购买多次，还有的用户已经很久没有购买过，甚至有些用户已经转为购买竞品。但是，不管用户处于哪个生命周期阶段，一旦不能从互动中获得价值，就会渐渐远离产品和企业。因此，与用户互动的策略之一是提高用户的生命周期价值。

要提高用户的生命周期价值，需要 3 个要素共同发挥作用，即关系价值、经济价值和体验价值。

- 关系价值即用户是否觉得和企业保持关系具有价值，关系价值包括情感投入、决策风险、后续产品和用户对产品的依赖程度等。
- 经济价值即用户是否觉得企业的产品值得购买，企业要向用户提供足够的经济价值，并从与用户的交易中获得长期利益。

- 体验价值即用户在与企业互动的过程中是否感觉到舒适，创造价值体验需要企业理解用户的行为，并且在用户使用产品的不同阶段传递适当的体验信息。

企业可以围绕这 3 个要素来提高用户的生命周期价值，并针对用户所处的不同生命周期阶段来制定相应的互动策略。如对于连续 6 个月没有购买本企业产品的用户，重新激发其表达想法，给他们一个再次购买的理由。

> **知识链接**
>
> 运营者要想提高用户的生命周期价值，必须了解用户的感知价值。用户感知价值由 3 个核心驱动要素构成：产品价值、服务价值和体验价值。产品价值是指用户从企业提供的产品本身所感知和获得的价值；服务价值是指用户在与企业的人员接触过程中从企业所感知和获得的无形的价值；体验价值是指用户从企业提供的产品或服务中所获得的源于内心感受的价值。

2. 转变用户的状态

运营者要积极与用户互动，转换用户状态，不断获得新用户，减少活跃用户的流失，重新激活不活跃的用户。在实际操作中，应注意以下几点。

- 价值吸引，获取更多新用户。要想维持活跃用户的数量，关键在于让同期新增用户和流失用户的数量保持一致，如果要实现用户数量增长的话，同期新增用户的数量就要超过流失用户的数量。
- 刺激唤醒，避免用户流失。企业必须做到防患于未然，应该时刻观察用户的状态，分析他们是否活跃，通过大数据提前预测出可能流失的用户，并及时采取干预措施。
- 创造新的价值，激活沉默用户。运营者要策划并实施一些有针对性的线上线下活动来刺激那些"沉默"的用户，让他们再次付费购买产品，这不仅可以增加用户数量，还能为企业节约成本。

3. 选择互动模式

一般情况下，可以将用户划分为高接触用户、技术接触用户和低接触用户。运营者可以根据用户的类型和企业的实际情况来选择相应的互动模式。

（1）高接触互动模式

高接触互动模式的成本比较高，运营者要根据用户的价值和购买力来决定是否采取高接触互动模式。高接触互动模式一般用于管理和维护重要的商业关系，适用于大型商业用户或者特别重要的 VIP 用户。

（2）技术接触互动模式

技术接触互动模式是指以互联网技术为支撑的互动模式，这是较为复杂且目前使用广泛的互动模式。随着互联网技术的不断进步，与用户接触变得越来越容易，与用户互动的门槛和销售成本也随之降低。

技术接触互动模式是否能达到良好的效果，关键在于接触的时间、方式和内容。如一条关于产品的微博推送除了要考虑内容外，还要考虑用户接收时间、接收方式和接收场景等因素。运营者可以借助互动模式的数据分析确定用户画像，满足用户需求，提高技术接触的成功率和准确性。

（3）低接触互动模式

低接触互动模式以与用户电话沟通、面对面接触和让用户自助服务为主，一般适用于用户数量庞大但价值普遍不高的零售企业。这些企业必须采取低接触互动模式，才能实现营收的最大化。

4．选对目标用户

在进行营销推广时，运营者必须精准选择目标用户，如果互动对象并非目标用户，或者没有选择恰当的时间和地点，可能会造成人力和资金的巨大浪费。

这样的互动不仅是无效的，还会让用户对企业或产品失去好感，甚至有可能让一部分潜在用户流失。因此，运营者在发起和用户的互动时，要精准找到目标用户。只有和目标用户互动，才有可能达到预期的运营目标。运营者在寻找目标用户时，除了借助"用户画像"和"用户洞察"等工具和手段以外，还需要掌握目标用户群体的特征。

一般目标用户群体都具有以下特征：

- 愿意了解产品的相关信息；
- 主动寻找类似的产品或服务；
- 能从此类产品中获得价值；
- 主动反馈产品体验，并提出改进建议；
- 愿意在互联网上分享关于产品的想法和态度，愿意向他人推荐产品。

传统的营销方式更加注重营销渠道，而在全媒体时代，运营者应以用户为中心进行互动设计与内容运营。

5．善用地理位置服务

地理位置服务是移动互联网时代的一大重要应用，它在互联网运营领域也能发挥重要的作用。用户的地理位置可以反映出他们的实时状态和行为，运营者可以把用户的地理位置和移动轨迹与周围的商圈、品牌、店铺、停车场、社区等信息结合起来，以此为依据推测用户的行为偏好和消费偏好，并针对用户进行精细化运营。如企业可以根据用户曾经消费过的店铺和购买过的产品，向用户发起精准的推送。

将地理位置服务和商场信息整合，可以减少用户的排队等待时间和其他无效时间，加强企业与用户的实时互动，提升用户的购物体验并提高商场的销售业绩。

课堂讨论

你在生活中是否经常使用地理位置服务？你觉得地理位置服务给你的生活带来了哪些便利呢？

任务三 提升全媒体传播效果

提升全媒体传播效果是一个综合性的任务，涉及内容创新、用户互动、渠道选择、数据分析及技术融合等多个方面，但关键是传播渠道的选择与全媒体传播矩阵的构建。

一、常见的全媒体传播渠道

全媒体传播渠道是指通过多种媒体形态和平台，以全面、多样化的方式进行信息传播和交流的途径。这些渠道整合了传统媒体和新媒体的优势，为用户提供了更加丰富、便捷、互动性强的信息体验。常见的全媒体传播渠道主要包括传统媒体渠道、新媒体渠道和自媒体渠道。

1. 传统媒体渠道

尽管传统媒体渠道如报纸、电视、广播等在互联网时代受到了一定冲击，但它们仍然拥有庞大的用户群体和独特的传播优势。

（1）报纸。通过文字和图片的形式，为用户提供深度报道、评论和广告信息。报纸的权威性和深度报道能力是其核心竞争力。

（2）电视。通过视频和音频的形式，为用户提供直观的新闻、娱乐、教育等内容。电视的普及率和影响力使其成为重要的全媒体传播渠道之一。

（3）广播。通过无线电波或互联网传输音频信号，为用户提供新闻、音乐、谈话节目等内容。广播具有覆盖范围广、接收便捷的特点。

2. 新媒体渠道

随着互联网技术的飞速发展，新媒体迅速崛起，成为全媒体传播的重要组成部分。常见的新媒体渠道主要包括以下几类。

（1）社交媒体平台

社交媒体平台是全媒体传播的重要渠道之一，它拥有庞大的用户群体和高度互动性，使信息的传播更加迅速和广泛。微信、微博、抖音、快手等社交媒体平台通过用户生成内容（User Generated Content，UGC）和社交关系网络，实现信息的快速传播和互动。

- 微信不仅提供即时通信功能，还通过公众号、朋友圈等方式实现信息的广泛传播。
- 微博是一个基于用户关系的信息分享、传播及获取平台，用户可以通过计算机、手机等多种终端接入，以文字、图片、视频等多媒体形式实现信息的即时分享、传播互动。
- 抖音、快手这两个平台以短视频为主要内容形式，通过算法推荐机制将内容精准推送给感兴趣的用户，实现信息的有效传播。

（2）视频分享平台

视频分享平台是发布视频内容的全媒体平台。它们通常拥有大量的用户和视频资源，用户可以轻松上传、分享和观看视频。常见的视频分享平台有哔哩哔哩、优酷视频、腾讯视频、爱奇艺等。

- 哔哩哔哩是我国知名的弹幕视频分享网站，以ACG（动画、漫画、游戏）内容起家，逐渐扩展到多个领域。
- 爱奇艺、腾讯视频、优酷视频等是我国较早发展的视频分享网站，积累了丰富的视频资源和用户基础。

（3）新闻资讯平台

新闻资讯平台是发布新闻、文章、评论等信息的全媒体平台。它们通常拥有专业的编辑团队和严格的审核机制，确保发布的信息真实、准确、及时。常见的新闻资讯平台如下。

- 新浪新闻、腾讯新闻、网易新闻：这些平台不仅提供国内外重大新闻报道，还涵盖了财经、科技、娱乐等多个领域的资讯。
- 央视新闻：作为国家级媒体，央视新闻在信息传播方面具有极高的权威性和公信力。

（4）搜索引擎平台

搜索引擎平台是用户获取信息的重要渠道之一。它们通过爬虫技术收集互联网上的信息，并根据一定的算法对信息进行排序和展示，使用户可以更方便地获取所需的信息。用户可以通过百度等较大的搜索引擎平台搜索到海量的信息和资源。

（5）行业垂直平台

行业垂直平台是针对某一特定行业或领域而设立的全媒体发布平台。它们通常拥有专业的编辑团队和丰富的行业资源，为行业内的用户提供更加精准、深入的信息服务。常见的行业垂直平台包括 36 氪、钛媒体、梅花网、飞瓜数据等。

3. 自媒体渠道

自媒体是指个体或小团队通过互联网平台自主发布和传播信息的一种媒体形态。自媒体是面向普通大众的，代表了私人化、平民化、普泛化、自主化的传播趋势，是现代科技与信息传播相结合的产物。自媒体渠道具有门槛低、灵活性强、互动性强的特点。自媒体渠道主要包括公众号及一些短视频平台账号等。

- 公众号：微信平台上的自媒体形式之一，通过发布文章、视频、音频等内容来吸引用户关注。公众号可以与用户进行实时互动和反馈。
- 短视频平台账号：如抖音、快手等短视频平台上的自媒体账号通过发布短视频来展示创作者的才华和观点。短视频具有内容简短、形式活泼、易于传播的特点。

二、构建全媒体传播矩阵

企业构建全媒体传播矩阵是一种渐进式运营，通过针对不同平台的特点、不同用户属性进行适当的营销和服务，长期与用户形成紧密关系，提升用户对品牌的认知度和好感度，提升品牌影响力，实现商业转化。

简单来说，构建全媒体传播矩阵就是指企业在不同平台创建账号形成矩阵式运营，让用户不管在哪里都能搜索到企业账号、看到企业发布的内容。如今，新媒体平台众多，但每个平台的用户量都是有限的，所以用户比较分散。企业搭建全媒体传播矩阵，在多个平台进行运营，就可以在多个平台收获自己的用户，拓宽宣传渠道，提升传播效果。

构建全媒体传播矩阵对运营者有一定的能力要求，运营者需要具备 3 种核心能力。

（1）理解力。只有对运营的平台有深刻的理解，才能更好地利用其优势开展商业活动。对平台的理解力体现在对平台运作机制的了解、对平台用户群体的研究及对平台发展趋势的理解等。

（2）整合力。矩阵能够发挥协同效应，要求运营者必须具备跨平台整合力，利用各个平台的特点发挥"1+1>2"的效果。跨平台整合分为联动内部资源和联动外部资源两个方面。联动内部资源是指矩阵内所有的媒体平台同步发布消息，以最大化利用自有资源；联动外部资源是指召开发布会、让外界 KOL 写稿推荐等。

（3）驱动力。未来，精细化运营是关键。在多平台运营中，除了简单地将某个平台的运营经验运用到另一个平台之外，也需要用数据驱动运营。数据分析不仅能够呈现结果，帮助总结分析，还有助于优化前期经验、准确预判等，无论是对内容运营、用户运营，还是活动运营，都大有裨益。

全媒体传播矩阵的构建步骤如下。

1. 确定矩阵类型

构建全媒体传播矩阵之前，企业要先确定矩阵类型，全媒体传播矩阵可以分为横向矩阵和纵向矩阵。横向矩阵是指企业在全媒体平台的布局，包括网站、各类自媒体等，也称外矩阵；纵向矩阵是指企业在某一个平台内的布局，是其各个产品线的纵深布局，也称内矩阵。

2. 选择合适的平台

不同的平台具有不同的用户及特点，所以企业需要根据自己的定位和目标用户来选择相应的平台。

（1）社交媒体平台

社交媒体平台具有交互性强、用户活跃度高、创作自由等特点，适合推广社交属性较强的产品或服务。企业可以在社交媒体平台上创建官方账号，与用户积极互动，还可以与平台内博主进行合作推广，扩大用户范围。

（2）垂直媒体平台

垂直媒体平台具有专业性强的特点，适用于垂直领域的企业或个人，如汽车、金融、健康等领域。企业在垂直媒体平台发布的文案可以是干货知识、产品信息等，这些文案能够带给用户价值感，从而树立品牌专业形象。

3. 构建矩阵账号

在选择合适的平台后，企业要创建一个全媒体传播矩阵账号。全媒体传播矩阵账号的创建需要考虑多个因素，如账号名称、头像、简介、标签等。一个响亮的账号名称能够吸引用户的注意力，而简介和标签则可以更好地描述账号内容和定位。

4. 发布优质内容

创建全媒体传播矩阵账号后，企业要发布多样化的高质量内容，不能只做内容的"搬运工"，要增强原创意识，并根据潜在用户的需求及平台的特点创作内容，同时保持一定的更新频率，定期更新内容，从而维持用户黏性。如企业为了宣传促销活动，可以在公众号发布文章介绍促销激励政策，在微博和抖音上发布相关视频、展示促销新品，从而实现多平台覆盖。

项目实训：《知·道桂林》全媒体运营策划分析

1. 实训背景

《知·道桂林》全媒体运营是一个典型的媒体融合案例，它充分利用了多种媒体形态和平台，实现了信息的全方位、多层次传播。

《知·道桂林》是桂林广播电视台为了迎合时代发展、更好地服务市场而策划的一个全媒体运营项目。该项目于2020年5月开始筹备，同年6月16日，第一期同名电视节目《知·道桂林》正式开播，标志着项目正式启动。随后，广播节目、新媒体运营等相继推出，形成了全媒体传播矩阵。

电视节目旨在让用户获取产品的真实信息及优势特点，为地区特产、城市形象做品牌整合赋能，提升其知名度和美誉度。广播节目发布企业各类资讯，服务桂林市场，成为桂林市民的消费导航。

《知·道桂林》通过电视、广播、新媒体等多渠道分发与传播，成功构建起全民、全终端、全时段、全场景的全覆盖全媒体传播矩阵，促进了桂林地区特产和城市形象的品牌化、品质化，带动了桂林销售和市场经济发展；同时，形成了强大的用户社群，提高了用户黏性和复购率。

2．实训要求

请同学们阅读以上内容，并搜集《知·道桂林》在运营方面的相关资料，分析其构建的全媒体传播矩阵。

3．实训思路

（1）搜集资料

请同学们搜集《知·道桂林》全媒体运营的相关资料。

（2）通过观看分析内容创作与传播特点

请同学们观看《知·道桂林》的电视节目及视频、直播，收听广播节目，阅读公众号的相关文章等内容信息，分析其内容创作与传播特点。

（3）分析全媒体运营策略

请同学们分析《知·道桂林》全媒体运营策略，重点分析其构建的全媒体传播矩阵。

项目四

全媒体内容运营

项目四

知识目标

➢ 掌握提升内容运营效果的方法。
➢ 了解图文类平台和短视频平台的流量分配机制。
➢ 掌握图文类内容和短视频类内容的策划方法。

能力目标

➢ 能够运用各种方法提升内容运营效果。
➢ 能够根据需要进行图文类内容策划。
➢ 能够根据需要进行短视频类内容策划。

素养目标

➢ 积极传播优秀传统文化，让流量释放出正能量。
➢ 积极打造用户价值，用全媒体构建新质生产力。

知识导图

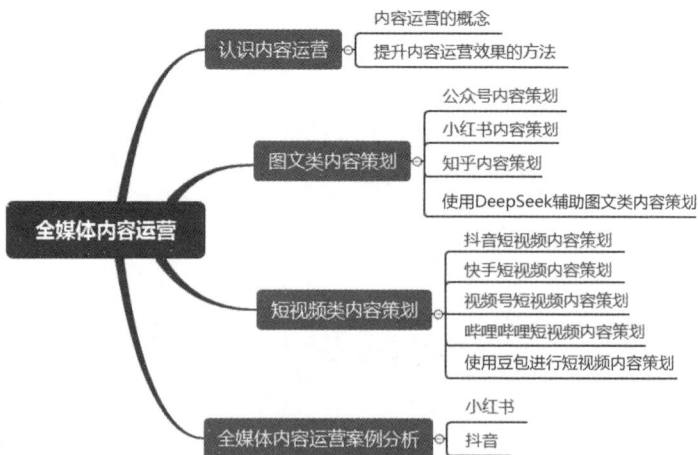

《青绿端午》——网易传媒"国风IP+产品特性"的典范

2022年端午节期间，网易传媒携手中国东方演艺集团，为伊利植选打造《青绿端午》国风品牌广告，该广告一上线就登顶热搜榜单，被网友称赞"简直是艺术"，24小时全网曝光量破8亿，微博视频播放量达4520万，品牌广告中的同款植物豆奶上架也引发了用户的抢购热潮。

在流量焦虑的时代，越是尊重优质原创内容的策划，越能从行业的浮躁乱象中脱颖而出，为产品赢得市场口碑与销量增长的回报。那么，网易传媒能够屡屡打造"出圈"营销策划的方法论是什么呢？

答案是国风IP与产品特性结合。《青绿端午》中，童谣声朗朗，将用户带入北宋画家王希孟《千里江山图》的画卷里，青绿仙子翩翩起舞，她们手持青箩筐，模拟洗粽叶、晒豆筐的工序。端午的青绿意象和伊利植选豆奶主张的健康饮食生活文化在一场审美体验中完美结合。

《青绿端午》是网易传媒以精品内容赋能，帮助品牌横向撬动全域营销，纵向推动全链路营销的典型案例。宋代的诗词画作和当年大热的舞蹈诗剧《只此青绿》保证了这则品牌广告的内涵，也为品牌广告的传播奠定了内容基础。而网易传媒的精品内容战略不局限于内容本身，还在不断融合更多文化、圈层，并持续地用科技创新探索更新奇的沉浸式体验形式。

这则品牌广告用到了裸眼3D技术，用户如同身临图景中，随着场景纷呈变幻，和舞者一起体验了时空穿梭，获得了极佳的视觉感受。

网易传媒在全媒体渠道布局上走在行业前列，凭借对年轻人内容消费习惯的深刻洞察，在创新内容形式上屡出奇招，在打造社交话题方面也是如此。在《青绿端午》的传播中，网易传媒以国风大热IP"只此青绿"打造微博话题，还制作了热门的MBTI人格端午图鉴H5，利用社交互动创新进行产品传播，H5上线即刷屏，PV（页面浏览量）当日突破80万。

可以看出，网易传媒和伊利植选的《青绿端午》品牌广告的成功，核心要素是在精准的营销洞察的基础之上的强大的创意内容策划能力。

任务一 认识内容运营

内容运营包括从内容策划到内容输出的各个环节，它不是偶尔写几篇文章或发布几条短视频，它需要的是体系化的思路和完整的运营流程。内容运营对全媒体运营的整体效果起着至关重要的作用，它可以提升产品或品牌的知名度，让更多用户接触到宣传信息，并提高营销的效率和用户的参与感。

一、内容运营的概念

内容运营是指运营人员利用微博、公众号、抖音、快手、今日头条、知乎、小红书等各种渠道，使用文字、图片、视频、音频等内容形式，将企业信息展现在用户面前，并激发用户参与互动、分享和传播的完整运营过程。

在全媒体运营中，内容运营是核心环节，这主要体现在以下几个方面。

1. 内容策划与创作

内容运营的首要任务是进行内容策划，明确内容的方向、主题和形式，包括文字、图片、视频、音频等多种形式，确保内容既符合品牌调性，又能吸引目标用户。运营人员需要了解用户需求和市场趋势，策划出有价值、有吸引力的内容。

2. 内容发布与管理

策划好的内容需要通过全媒体平台发布，如公众号、微博、抖音等。运营人员需要掌握各平台的发布规则，确保内容能够顺利发布。同时，运营人员还需要对发布的内容进行管理，包括更新、删除、优化等操作，以保持内容的有效性。

3. 内容推广与传播

为了让内容更好地触达目标用户，运营人员可以利用各种方式进行推广和传播。这包括与其他媒体或 KOL 合作，进行互推或联动营销；利用社交媒体平台的推广功能，增加内容的曝光量；通过搜索引擎优化等方式，提高内容在搜索引擎中的排名等。

4. 用户互动与反馈

内容运营不是单向地发布和推广内容，还需要与用户互动，了解他们的反馈和需求。这包括回复用户的评论、组织线上活动或线下见面会等，以增强用户的参与感和提升用户的忠诚度。同时，通过收集和分析用户反馈，运营人员可以不断优化内容策略，提升运营效果。

5. 数据分析与优化

运营人员可以借助数据分析工具对内容的效果进行评估，并在此基础上进行内容优化。通过分析用户的行为数据、转化率、跳出率等指标，运营人员可以了解内容的受欢迎程度、传播效果及存在的问题。基于这些数据，运营人员可以调整内容策略和发布时间、改进内容形式等，以提升内容的传播效果和提高转化率。

综上所述，内容运营在新媒体运营中扮演着至关重要的角色，涉及内容的策划、创作、发布、管理、推广及用户互动等多个方面，需要运营人员具备丰富的专业知识和实践经验，以不断提升运营效果。

二、提升内容运营效果的方法

要想提升内容运营效果，运营人员首先要做的是提高内容质量，增强内容对用户的吸引力，提升用户对内容的认可度，提高用户转化率。具体来说，运营人员可以通过以下方法来提升内容运营的效果。

1. 以用户视角创作内容

在内容制作的过程中，运营人员要重视用户视角，很多用户是有内容偏好的，如果不了解他们的偏好，制作出的内容很有可能没人关注。如果无法聚焦到特定圈层话题，运营人员可以选择大众话题，找到共通的核心命题，通过借势传播引发用户的共鸣和讨论，号召用户进行自传播造势，扩大传播声量和讨论度。

2. 内容要具备真实性

很多运营人员认为内容要夸大一些，对用户才有吸引力。但是，用户的认可很重要，只有获得用户的信任，他们才会自愿分享内容。因此，运营人员要让用户看到真实的内容，如真实体验、真实想法等，这样才能赢得用户的口碑。

3. 跟进热点话题

运营人员要随时关注热点话题，时事新闻、热门话题、热点事件是吸引用户注意力的重要因素。及时跟进这些话题，不仅可以增加浏览量，还能提高内容的分享次数和传播效果。

4. 选择合适的发布平台

不同的平台有不同的规则和特点，运营人员要熟悉并遵守其规则，然后根据目标用户群体的特点和喜好选择合适的发布平台。

5. 提高内容的场景化程度

运营人员要想实现用户转化，就要根据用户可能接触到的场景来提供内容和产品，要求有以下几点：一是场景多样化，在不同领域的结合点打造场景；二是贴近用户的生活，带动用户产生联想，从而引起共鸣，增强用户的黏性；三是规划场景，准确预判用户的使用需求，因为用户受到生活环境的限制，对场景的想象会有一定的局限性，运营人员必须规划场景，引导用户购物。

6. 内容要具备趣味性

全媒体内容要想引起用户的注意，就要兼顾实用性和趣味性。在这个泛娱乐化时代，内容的趣味性变得十分重要，由于同质化内容和产品太多，用户的个性化需求难以被满足。运营人员要想办法调动用户的兴趣点，才能获得他们的关注。

7. 内容全面且简练

当下用户的时间具有碎片化的特点，用户很少去看长篇大论，反而对短小精悍的文章或短视频更感兴趣。但是，有些运营人员只考虑用户的喜好，而没想到内容残缺不全也会导致用户无法理解内容，甚至对内容的表达产生误解。因此，运营人员要做到在言简意赅的基础上表达全面，这是内容制作的一个难点。

首先，删减冗余内容是言简意赅的关键。运营人员需仔细审查内容，剔除重复、不必要的修饰词和句子。

其次，使语言更加精炼，需要抓住核心信息。运营人员要明确表达目的和目标用户，针对关键信息进行提炼和概括。利用短句、并列句等简洁的句式，快速传达主要观点。同时，避免使用复杂的从句和冗长的描述，保持表达的清晰和直接。

在保持信息完整性和准确性的基础上，运营人员可以通过以下方式实现内容言简意赅：一是用具体的数据、事实或例子来支撑观点，使表达更有说服力；二是使用简洁明了的词汇和短语，避免使用生僻词或过于专业的术语；三是注意语法和拼写的正确性，避免产生歧义误导用户。

8. 持续更新优质内容

内容运营是一个不断推陈出新的过程，因此要保证内容的持续生产和更新，同时保持内容的多样化和形式上的创新。这会吸引更多的潜在用户，并提升现有用户的满意度，从而带来更多的转化机会。

课堂讨论

请和同学分享优质账号由于无法持续更新优质内容而失去影响力的例子，并深度分析造成这一现象的原因。要想实现持续更新优质内容，需要怎样做？

任务二　图文类内容策划

图文类内容策划是将文本和图片相结合，通过视觉效果和文字表达来传递信息、吸引目标用户的一种策划方式。图文类内容策划的平台主要有公众号、小红书、知乎等。

一、公众号内容策划

公众号的流量来源主要分为公众号消息、聊天会话、朋友圈、朋友在看、推荐、搜一搜、公众号主页、其他这 8 个类别。运营人员在发布文章后，可以在后台清晰地看到文章的流量来源，如果文章被平台推荐，那么推荐的部分占比会明显增加。因此，利用后台的分析工具来辅助运营是至关重要的。

公众号文章的流量推荐入口有以下几个。一是公众号文章底部推荐，当用户阅读完一篇公众号文章后，在页面底部的位置会出现"喜欢此内容的人还喜欢"的文字，这就是公众号文章底部推荐，如图 4-1 所示。二是移动端的订阅号消息信息流，用户可以在其中看到一些没有关注的账号发布的文章，如图 4-2 所示。三是"看一看"入口，"看一看"入口在微信"发现"页内，其推荐逻辑为微信好友阅读文章后点了"在看"的内容会优先展示，如图 4-3 所示。这一部分是公众号流量推荐的核心入口，用户的打开频率较高，这对于新账号来说是非常友好的，推荐算法带来的公域流量是"起号"最好的杠杆。

图 4-1　公众号文章底部推荐　　图 4-2　订阅号消息信息流

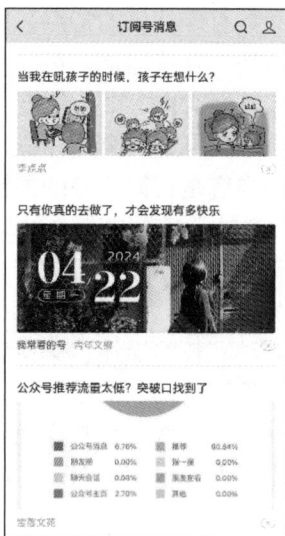

图 4-3　"在看"推荐内容

总结一下，公众号推荐的内容包括：你关注的公众号、你看过的公众号、朋友关注的公众号、朋友看过的文章/短视频、朋友分享的文章/短视频、阅读量特别大的文章/短视频、官方认为你感兴趣的文章/短视频。

从现在的公众号来看，官方有了流量分发的能力，打破了私域订阅的呈现方式。而提升公众号推荐流量是运营人员进行内容策划的核心方向；从更底层的逻辑看，推荐的逻辑体现在账号维度、内容维度和运营维度上，运营人员在进行内容策划时要从这3个维度着手。

1. 账号维度

账号维度主要是指账号定位，一个没有清晰定位的公众号注定会在运营过程中迷失方向。账号定位要想清楚4个问题：我是谁？我的目标用户是谁？我能提供什么垂直内容？这些内容可以提供什么独特价值？如果是运营企业公众号，运营人员还要对公司现状、需求及可利用资源深入了解。如创业邦是专注中国创新经济的媒体和服务平台，可以为创业者提供一站式解决方案，其公众号"创业邦"发布的内容涉及各行各业的发展前沿，为有创业意向的用户提供帮助。

运营人员还要做好竞品分析，了解行业现状，包括竞品目标用户、服务类型、定位、功能介绍、菜单栏设置、内容规划、内容特点、用户互动、活动类型、更新频率、"涨粉"渠道等。

账号维度还包括账号的注册时间和账号认证。公众号推荐算法调整之后对很多没有粉丝的新账号是非常友好的，在新号期间发布的文章更容易得到推荐。

获得账号认证的账号会有认证标识，更容易获得用户的信任，当用户搜索公众号时，获得认证的公众号更容易排到前面。同时，获得认证的账号有更丰富的高级接口，可以向用户提供更有价值的个性化服务。

2. 内容维度

从内容维度来讲，运营人员可以从以下方面来提高公众号内容的质量与独特性，打造出差异化的内容。

（1）内容栏目化

运营人员要做好栏目规划，形成有特定风格的内容集合。运营人员在规划内容时，要有意识地把主题类似的内容归为一类，并策划栏目名称和选题方向。

运营人员在进行内容规划时可以用产品思维来做栏目。要确定栏目主题、风格调性、对应选题、视觉呈现，明确栏目的内容形式是文字、图片、视频还是音频，栏目内容来源是原创、整合、约稿还是转载，还要确定栏目发文数量、推送频率和更新时间。

运营人员要精心设计栏目的呈现形式，有的公众号栏目把栏目名称放在封面图上，用户一看便知；有的公众号栏目会把栏目名称放在标题中，然后加上"【 】"或者用"|"等来做隔断。

（2）打造内容专属人格

公众号内容同质化现象日益严重，打造出差异化账号是十分重要的事情。同样的类别和选题，为何用户选择看你的公众号文章，而不是别人的？其中最重要的是公众号人格化。

很多用户在浏览公众号内容时，除了要求内容对口外，还特别重视内容是否为自己喜欢的风格类型，就像结交朋友一样，他们会找自己谈得来、对脾气的人。因此，运营人员不能只是进行内容输出，还要使内容形成特定的人格属性，让用户从内容中感受到背后的运营人员是一个有趣、鲜活的人。

网易云音乐的公众号推送有一个固定的原创板块，其内容的标题往往是引导用户思考的引子，当用户点击进去想要查看内容时，内容往往令人捧腹，这就塑造了该账号的搞怪人格形象，十分吸引用户的关注，如图4-4所示。

图4-4　网易云音乐的搞怪人格形象

（3）统一内容视觉呈现

一个公众号就是一个品牌，视觉上的风格化就相当于品牌视觉设计。在用户浏览公众号内容时，文字需要转化成语言进入大脑，而图片则是直接传达，能够更迅速地占领用户的心智。

头图、内容排版、色彩搭配等每一个方面都要努力形成自己特有的风格，如正文内容的不同字体、字号、间距；整体呈现给用户的主要色调；头图、关注引导、在看引导、文末配置二维码的统一设计等。总之，要符合一个原则：一切围绕优化阅读体验出发。

（4）提供专业干货

为用户提供专业干货是提升公众号专业性的强有力的证明和体现，也是提升用户关注度的有效途径。用户通过平台推送的专业干货可以学到一些有实用性的生活常识或技巧，从而解决生活中的疑难问题。

（5）挖掘热点话题

挖掘热点话题是吸引用户注意力的重要方式之一。运营人员可以通过关注时事热点、行业动态等方式，及时挖掘出热点话题，并从独到的角度进行解读，从而吸引用户的关注和讨论。

（6）多样化的内容形式

除了文字内容外，运营人员还可以结合图片、视频、音频等多种形式进行内容创作。这样不仅可以增加内容的多样性，还能吸引不同类型的用户。如运营人员可以尝试制作一些有趣的短视频或音频节目，吸引更多年轻用户的关注。

（7）持续输出

虽然"看一看"能够带来大量的公域流量，但这些流量的精准度不够，公域流量能转化为私域流量的比例不一定很高，"涨粉"难度较大。因此，运营人员要进行持续的内容输出，任何平台对持续输出优质内容的运营人员都是非常友好的，不要因为流量而焦虑，要不断地优化内容，让用户感受到对应的价值。

素养课堂

运营人员在挖掘热点话题时，要注重培养媒介素养，包括信息筛选、批判性思维和舆论引导等能力。这有助于运营人员在面对海量信息时保持头脑清醒，做出正确的判断。通过在热点话题中正面引导舆论，传递正能量的价值观，可以让用户树立正确的世界观、人生观和价值观，提高思想道德素质和综合素质。

3. 运营维度

从运营维度来讲，运营人员可以通过以下方式来提升内容的引流能力，强化内容的运营效果。

（1）搜索关键词优化

"搜一搜"是微信生态中一个庞大的公域流量池，做好搜索关键词优化能够获得更多潜在用户的关注。

运营人员在植入关键词时，密度要控制在 1%～3%，如 800 字的文章可以使用 8～24 个关键词，这对搜索的流量推荐是非常有帮助的。

（2）提升私域流量

公众号的流量分发是基于微信通讯录的用户行为来进行的。这种基于社交关系链的流量推送方式可以为运营人员带来高效获取用户的机会，同时也让用户能够更精准地找到自己所需要的内容。

对于运营人员而言，要想增加流量，就要提升私域通讯录中目标用户的数量，不断将粉丝精准导流到个人微信。运营人员可以增加内容在朋友圈和相关社群的曝光量，内容要垂直，越细分越好。

（3）精炼编辑摘要

在编辑图文消息时，页面最下方有一个撰写摘要的部分，这一部分对图文类内容至关重要，因为发布消息之后，摘要内容会直接出现在推送信息中。如果运营人员不撰写摘要，系统会默认抓取正文的前 54 个字作为文章摘要。

运营人员在编辑摘要时要确保摘要简洁明了，一个出彩的文章摘要不仅可以激发用户对文章的兴趣，还能激发用户二次点击阅读的兴趣。

二、小红书内容策划

小红书具有社区化程度高、转化率高和用户黏性强的特点。在社区化的环境中，用户可以分享自己的生活经验和对产品的评价，形成一个交流平台。在这种氛围下，小红书的产品曝光率很高，用户也愿意购买和使用其产品。此外，小红书的用户群体相对年轻，且注重品质生活，这使平台的转化率也很高。

小红书偏向轻松的泛生活内容，真实、美好、多元的生活气息浓厚；美食、时尚等生活方式类主题内容更容易吸引用户关注。小红书平台的准入门槛较低，UGC 占比较大，腰部账号创作活跃度高。粉丝量多的账号和粉丝量少的账号在粉丝互动质量上差异较小，粉丝量少的账号也会有质量较高的互动。

目前，小红书内容营销的逻辑比较简单，就是让用户在这里发现他们喜欢的内容，并在用户参与互动时完成转化。小红书通过图文或视频的形式创作"种草"内容、标记生活、打造人设，进而集合成口碑传播，引起相关话题讨论，被"种草"的用户就可以通过链接直接购买产品；或者将"种草"内容集成在品牌定制的专区里，通过发现页、定制话题页等将目标用户导流到购买流程中，让用户进入企业旗舰店。

1. 小红书的流量分发机制

小红书平台会对用户发布的笔记进行审核，审核方式为"机器审核+人工审核"，审核时长在 1 小时之内。首先由平台进行机器审核，如果未检测到违规，则发布成功；如果检测到疑似违规，则进行人工审核；如果仍然判定违规，则发布失败，若没有违规，则发布成功。

在没有违规的情况下，小红书的流量推送呈阶梯式。笔记发布成功后会获得初始曝光量，系统会根据用户的一系列交互行为（点赞、收藏、评论、转发、关注、完播等）给笔记打一个内部分数，如果分数高，笔记就会被推送给更多用户，进入下一个流量池，形成阶梯式算法推荐。

在流量分发机制上，小红书的流量分发分为以下3种。

（1）内容标签匹配

笔记在发布后，首先会被系统打上一系列标签，系统会尝试将笔记推荐给对这些标签感兴趣的用户，使笔记获得初始曝光。

（2）用户主动搜索

用户通过搜索关键词，在搜索结果页查看被推荐的笔记。这就要求创作者撰写的笔记的标题、内容与用户输入的关键词一致。

（3）用户关注流量

当用户被笔记吸引后，可以关注创作者的小红书账号，当创作者再发布笔记时，系统会将笔记推送给用户。

小红书笔记是否被收录，影响因素主要有标题、正文、关键词、首图等。添加的标签要精准，不要总是更改，建议使用与账号笔记紧密相关的几个固定标签，这有利于系统识别账号标签。图片和文案存在违规或者广告推销内容、账号有违规行为等都会触发系统限制，导致笔记不被收录。

2. 小红书内容策划

根据小红书的流量分发机制，运营人员在进行内容策划时需要考虑以下几点。

（1）设定目标

在开始制订内容计划之前，运营人员要先确定目标，如吸引更多的粉丝、提高账号的曝光率和流量、增加销售额等，然后根据目标制订相应的内容计划。

（2）用户定位

要想制订成功的内容计划,运营人员必须清楚地了解自己的目标用户群体的需求是什么，可以自己调研，也可以看一看与自己同领域的博主在创作什么内容。

（3）选择主题

运营人员要选择符合目标用户群体的需求的主题进行发布。主题可以涵盖各种领域，如美妆、健康、旅游、摄影等。选择一个特定的主题，可以更容易地展现自己的专业领域。

一个好主题是打造爆款笔记的基础，通过查询最近的热门话题（从小红书的推荐中查看，或者从抖音、微博等的热搜榜单上查看）、热门关键词（在搜索栏搜索关键词，会有很多关键词下拉框）可以找到热度较高的主题。主题的好坏关系着流量的天花板，在好主题的基础上，结合独特的创意更能体现出差异化，更容易脱颖而出。

（4）选择内容类型

除了选择主题之外，运营人员还要确定发布的内容类型，如照片、视频、文章等。不同类型的内容会吸引不同类型的用户，所以运营人员要考虑自己的目标用户群体更喜欢看什么类型的内容。

（5）设计有吸引力的封面

封面是吸引用户的第一视觉要素，决定着用户会不会点进笔记进行浏览，所以运营人员要重视封面这一关键要素。通常来说，笔记的封面要求图片清晰、重点突出、排版美观。

（6）标题突出

爆款笔记的标题瞄准了用户的痛点，能够引起用户的共鸣或者引起争议，包含反问句、数字、悬念等的标题会让用户有想看具体内容的欲望。

（7）笔记字数要适中

小红书笔记的字数应控制在 800 字以内，简洁精练，段落清晰，不要刻意去做文案上的优化，要以真实、自然为主；可以多用各种表情符号，这样更加贴合小红书的社区氛围。

如小红书账号"呀呀饲养员"发布了一篇笔记，标题为"六款早餐饼！营养简单一周不重样"。该标题定位上班用户，这些人中有很大一部分早上赶时间，不知道做什么早餐又快又好吃，"一周不重样"说明早餐做法较多、较丰富，早餐花样多同时能做得快，还能吃得"营养"健康。这样的标题自然会吸引用户浏览。

笔记的封面色调鲜艳，画面丰富，同时呼应标题，是由 6 张不同的早餐饼的图片拼接而成，直接展示早餐饼成品，让人看着十分有食欲，用户自然会好奇这些早餐饼到底是怎么做出来的，如图 4-5 所示。

笔记的内容以图文形式展示，第二张到第七张图是不同早餐饼的做法介绍，具体的食材及克数也标得很清晰，让人一目了然，如图 4-6 所示。

图 4-5　小红书笔记封面　　图 4-6　小红书笔记图文内容

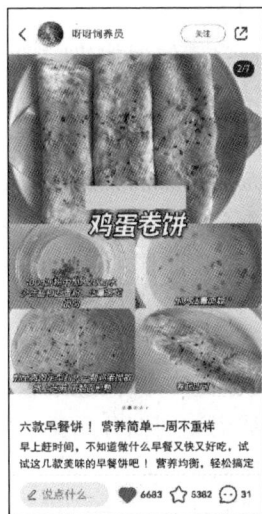

三、知乎内容策划

知乎是中文互联网高质量的问答社区和创作者聚集的原创内容平台，于 2011 年 1 月正式上线，以"让人们更好地分享知识、经验和见解，找到自己的解答"为品牌使命。用户可以在知乎上提问和回答问题，创作文章及发表想法。相较于其他社交网络平台，知乎更加专注于内容的质量和深度，从而成功吸引了众多的优质内容创作者和优质用户。

尽管知乎的广告规模不大，但因为知乎的用户量大，且用户在平台上的搜索习惯很稳定，所以很多非即时决策的产品，即需要权衡和参考他人意见的产品，在知乎上布局就很重要。

知乎的流量主要集中在推荐页、搜索结果和热榜。推荐页的内容类型包括问题回答、视频、专栏文章等。问题回答和视频获得主要流量，专栏文章获得的流量仅为问题回答的 1/10～1/5。浏览问题回答的用户又有查看该问题下其他回答的习惯。

1. 知乎的流量推荐机制

知乎的流量推荐机制主要涉及以下 3 个指标。

（1）打开率

打开率的计算公式为"打开率=阅读数÷曝光量"。内容的打开率非常重要，决定了内容能否获得较高的初始流量，也决定着在内容获得互动后能否获得更高的流量。

（2）赞同数和评论数

赞同数决定了内容能否获得在一个问题下较好的排名，赞同数和评论数决定了内容能否获得更多的推荐流量。

（3）搜索打开率

让自己创作的内容成为用户在搜索结果中最想点击的内容，会让自己的内容获得更好的搜索结果排名。知乎的搜索结果会显示创作内容中关键词附近的约 43 个字。

2. 知乎的内容策划方法

知乎会根据用户搜索过的关键词、关注的话题和问题、浏览或互动过的内容来推荐新内容。因此，内容的布局要聚焦于关键词和一批相关的问题，这会让大量内容形成合力、互相促进引流，从而提高内容营销的效率。

（1）覆盖所有热门老话题

运营人员要根据自身定位寻找热门老话题，对每个热门老话题铺设至少一个回答，对几个重点的热门老话题铺设有爆款潜质回答。

（2）提出新问题

运营人员要提出一些相关的新问题，要求用户在搜索结果中能够看到，并激发用户的阅读欲望或参与欲望。每个问题预先准备 3～5 条不同的内容，并且每个问题准备一条潜在爆款内容。对这些问题定期维护，确保这几个问题的回答能够起到对品牌或产品的宣传推广作用。

（3）锚定大范围关键词

针对几个大范围关键词生产潜在爆款内容，往已经布好局的小范围关键词引流。大范围关键词更容易产生爆款内容，阅读过爆款内容的用户又容易被推荐阅读与该爆款内容相关的内容，最后很有可能被引流到细分品类的内容中。

（4）坚持内容的权威性

知乎上的内容偏"理性"，回答问题、写文章都要有理有据，最好引用一些比较靠谱的资料。因此，运营人员要发布高质量、有深度的回答和文章，确保内容具有准确性、可信度和实用性；使用专业语言清晰地表达，以展示专业知识。在回答问题时，引用权威的资料，如学术研究、行业报告、专家观点等，可以增强内容的权威性。

四、使用 DeepSeek 辅助图文类内容策划

下面以旅游公众号的选题策划为例，介绍使用 DeepSeek 辅助内容策划的方法。

使用 DeepSeek
辅助图文类内容
策划

（1）生成选题

确定合适的选题，可以为公众号吸引更多用户的关注。创作者可以在 DeepSeek 中输入提示词："我是一名公众号创作者，主要撰写旅游攻略类文章。请你为我列举出 2025 年比较具有爆款潜质的旅游公众号文章选题。选题要求新颖、有趣、实用，对公众号文章的撰写有指导作用，能够吸引用户阅读。"图 4-7 所示为 DeepSeek 生成的选题灵感。

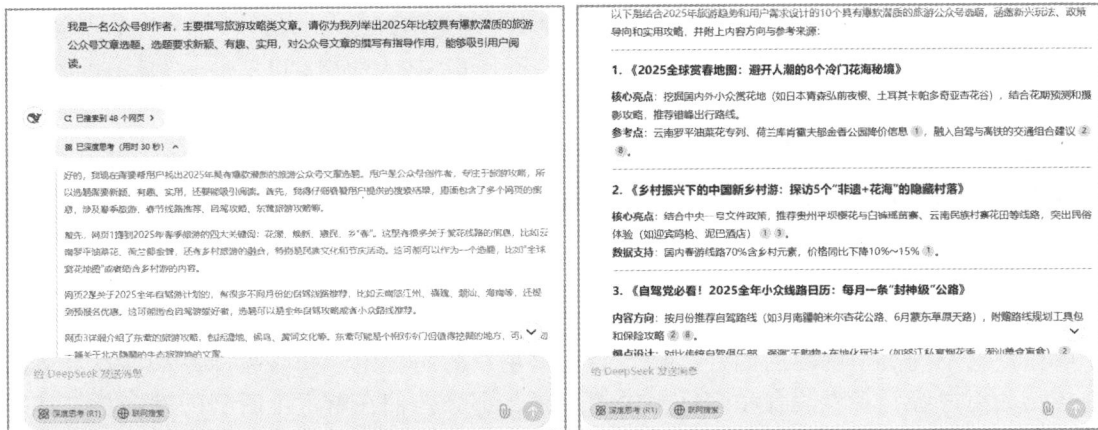

图 4-7 DeepSeek 生成的公众号选题灵感

（2）细化选题策划

创作者可以根据自己的内容定位，让 DeepSeek 结合定位与选题生成更细化的选题策划灵感。例如，在 DeepSeek 中输入提示词："我的公众号定位为'用户的旅游小助手'，不仅提供旅游攻略，还会热心服务用户，提供贴士提醒，让用户在旅游途中少一些麻烦，多一些轻松。请你根据我的定位信息和上述选题灵感，为我生成更细化的选题策划灵感。"图 4-8 所示为 DeepSeek 生成的细化后的选题策划灵感。

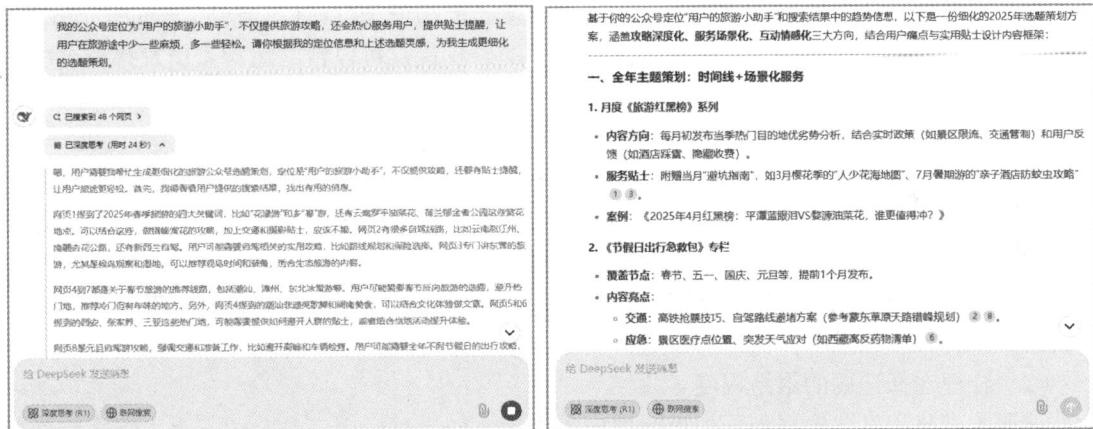

图 4-8 DeepSeek 生成的细化后的选题策划灵感

任务三　短视频类内容策划

在激烈的短视频类内容竞争中，运营人员要想脱颖而出，就必须做好内容策划工作。一个优质的短视频账号应明确目标用户，精准确定用户需求，找到合适的展现形式，并能够源源不断地找到优秀的选题，并在此基础上打造高质量的短视频。

一、抖音短视频内容策划

抖音是一款音乐创意短视频社交软件，上线于 2016 年，随着不断更新与发展，抖音已经成为重要的社交媒体平台。抖音旨在让每个人看见并连接更大的世界，鼓励人们表达、沟通和记录，激发创造力，丰富人们的精神世界，让现实生活更美好。

在这个竞争激烈的社交媒体时代，要想在抖音上获得较大的流量可不是一件容易的事情，运营人员首先要了解抖音的流量分配机制。

1. 抖音的流量分配机制

抖音的流量分配机制是"信息找人，人找信息"。在这个过程中，系统会考虑两个因素，即用户兴趣和内容质量。用户兴趣将决定他们看到的内容类型，而内容质量将决定用户是否愿意停留在该内容页面中。

为了实现这一目标，抖音会通过对用户的点击、观看、点赞、评论等行为的分析，了解用户对不同类型内容的偏好。抖音会根据用户的历史记录和兴趣标签来推荐合适的内容，如用户经常观看美食和烹饪相关的视频，那么他们在首页上看到的就会是与其兴趣相关的短视频。同时，抖音还会对内容的质量进行评估，包括但不限于内容的原创性、吸引力、用户群体等因素。视频的清晰度、流畅度和拍摄角度也是影响推荐效果的因素之一。

在了解了用户兴趣和内容质量后，抖音会将两者结合，将最相关的内容推荐给相应的用户。

2. 抖音短视频内容策划方法

在进行抖音短视频内容策划时，运营人员可以采用以下方法。

（1）进行精准的自我定位

进行精准的自我定位是指运营人员找到自己擅长的领域，然后针对自己擅长的领域拍摄、制作短视频，这样才能在抖音中快速引流。精准的自我定位可以帮助运营人员发挥自己的优势，争夺巨大的流量池。

自我定位的策略有两个：一是对自己进行客观的分析，找到自己的优势和专长。想一想，自己做什么事情的时候更能心无旁骛、全神贯注，甚至是废寝忘食？回忆一下，在自己做过的事情中，哪些事情被人称赞得多？在学习哪些技能时用的时间比别人少、效果比别人好？二是放大品牌文化，加大创新力度。商家运营抖音号与个人运营抖音号还是有区别的，对商家而言，除了找到自己的优势，锁定自己擅长的领域，还需要在品牌文化和创新上下功夫，以自己的品牌文化和品牌价值为基础进行创新，这样才能加深用户对品牌的印象。

（2）合理选择选题的难易程度

选题的难易程度要根据账号的目标用户来确定。如果目标用户是专业人士，那么选题可以稍难一点，但如果针对的是普通大众，就要考虑他们心理上的接受程度。

如教大家制作短视频，可以比较以下两种形式：一是用 Premiere 制作短视频，二是用剪映制作短视频。一般来说，用剪映制作短视频的教学视频比用 Premiere 制作短视频的播放量要高。因为 Premiere 给大家的第一感觉就是专业性太强、比较复杂，门槛比剪映要高。

如果选题是 Premiere 教学，在介绍时也要通俗易懂，直接用步骤化的方式让大家产生兴趣，如"10 步用 Premiere 制作一个短视频"。即使人们不会去操作，但心理上会觉得比较容易、可以试一试，从而吸引他们看完视频，关注账号。

（3）明确视频内容框架

抖音短视频的节奏一般比较快，运营人员可以将短视频内容分为前、中、后 3 段。前段的作用在于留住用户，吸引用户看下去，要能引发用户联想，如把视频的高能段落放在开头；中段的作用在于阐述内容，推进情节；后段的作用在于引导大家点赞、评论，提高互动率。

（4）做系列视频

运营人员可以对较长的视频进行拆分、编号，进行片头片尾的包装，制定视频风格的规范化标准（包括视频中的字体大小，文字在哪里出现等），将视频风格统一化，提高视频的制作效率和质量。

（5）根据关键词开发选题

运营人员可以通过账号定位、产品定位、用户需求、搜索热点拓展很多核心关键词，如账号定位是装修行业，其核心关键词有装修、装修公司、装修设计、装修风格、装修预算、装修流程、装修避坑、装修效果等，然后用核心关键词进行拓展搜索，在百度、抖音、快手、视频号等平台的搜索框输入核心关键词，即可看到常见的关联搜索内容，这些都是可以参考使用的选题，如图 4-9 所示。

图 4-9　根据关键词开发选题

（6）运用结构化思维开发选题

运营人员可以利用思维导图工具将行业知识进行细分与梳理，形成倒状树结构，先确定"树干"，再确定"树枝"，最后确定"树叶"。如美食博主可以使用 XMind 将美食领域的知识细分为以下要点，如图 4-10 所示。

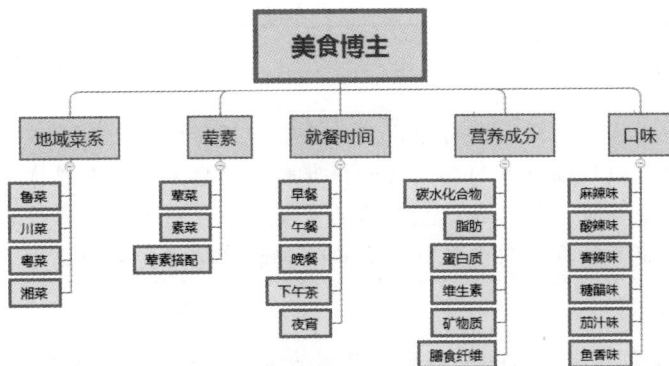

图 4-10　运用结构化思维开发选题

根据自己的特长和兴趣，选择一个垂直领域，然后使用上述方法将垂直领域细分，运用结构化思维开发选题。与同学讨论，这种方法对内容创作有何好处？

二、快手短视频内容策划

快手是北京快手科技有限公司旗下的产品。快手的前身叫"GIF 快手"，诞生于 2011 年 3 月，最初是一款用来制作、分享 GIF 图片的手机应用。2012 年 11 月，快手从纯粹的工具应用转型为短视频社区，成为用户记录和分享生活的平台。快手的宣传语为"在快手，了解真实的世界，认识有趣的人，也可以记录真实而有趣的自己。快手，拥抱每一种生活"。

1. 快手的流量分发机制

基于快手的极简设计与普惠式算法的基本逻辑，快手的流量分发机制已经有了大致的框架，而要在此基础之上对给予用户的流量进行更为细致的划分，则需要遵循快手上三大指数的加权规则，即推荐指数、影响力指数和用户指数。

（1）推荐指数

在快手上，短视频的推荐量由推荐指数决定，当推荐指数提高后，短视频的推荐量自然会得到提高，而影响快手推荐指数的指标有 5 个，分别是原创度、活跃度、喜爱度、垂直度和健康度，如表 4-1 所示。

表 4-1　影响快手推荐指数的指标

指标	说明
原创度	原创度是运营人员创作能力的直接体现，快手也在持续加大对原创内容的保护力度。创新永远是最核心的竞争力，只有注重短视频的质量，创作更多优秀的作品，才能从快手获得更多的推荐机会
活跃度	快手账号的活跃度与其发布视频的数量挂钩，作品数量越多，活跃度就越高。为了保持及提升账号的活跃度，运营人员要积极产出新作品，吸引更多的用户点击观看
喜爱度	喜爱度是短视频内容是否受用户欢迎的直观体现，运营人员提升用户喜爱度的途径之一是增加互动。根据快手的算法机制，快手会以用户与运营人员的互动数据作为判断依据，决定是否将视频推荐给更多用户。互动指数越高，推荐量越高，反之则越低
垂直度	垂直度是快手对同一账号所发布内容专业度的评判，表明运营人员所制作的短视频内容是否专注于某个领域。通常情况下，短视频内容垂直度越高的账号，得到快手推荐的概率也越高
健康度	健康度表现为两个方面，一是合法合规，二是言语恰当。运营人员不能发布涉嫌违法违规、不符合社会主义核心价值观的内容，不能发布不恰当言论，不能故意使用言过其实的标题，避免短视频因内容低俗而引起用户的反感

素养课堂

在全媒体时代，内容是吸引和留住用户的关键。不断创新内容形式，提高内容质量，高质量的内容输出可以增强账号的影响力和提升粉丝的忠诚度。全媒体不仅是信息传播的工具，更是推动产业升级、构建新质生产力的重要力量。通过全媒体平台，企业可以整合资源、优化流程、提高效率，形成独特的竞争优势和可持续发展的能力。

（2）影响力指数

影响力指数是运营人员在试图提高短视频播放量时需要着重考虑的因素。一般情况下，影响力指数具有 3 个维度，即播放维度、互动维度和用户维度，如表 4-2 所示。

表 4-2 影响力指数的 3 个维度

维度	说明
播放维度	播放维度的数据基础是视频播放量，通常视频播放量是评判视频内容质量的重要标准之一，同时也是快手及运营人员分析用户行为的重要参考
互动维度	互动维度的数据基础是用户的评论量、点赞量和分享量，该数据会与视频播放量一起被纳入快手的综合评估。之后快手会根据整合后的数据自动匹配流量池并进行合理推送，而运营人员也可以根据互动维度的数据及时调整自身的运营方式
用户维度	用户对短视频内容的反馈，即用户对短视频内容的喜恶评价等

（3）用户指数

用户指数主要体现在用户黏性与互动积极性上，短视频的点击率通常情况下是依靠用户指数的提高而增长的。因此，为了精准定位忠诚度高的用户群体，运营人员在发布自己的短视频前应该考虑清楚自己的作品要吸引哪类用户，又该如何精准地吸引自己所需要的用户。而快手的用户画像能够准确地为运营人员解决这些问题，所以了解快手的用户画像是运营人员运营账号、提高用户指数的基础。

在构建用户画像时，运营人员可以借助快手的大数据进行分析，得知各类用户群体在全体用户中的占比，明确各类用户群体的喜好，据此确定自身账号对应的用户群体，从而为这部分用户群体定制相应风格与类型的短视频，以达到精准吸引用户的目的。

在成功吸引目标用户后，运营人员应该开始积极思考如何留住用户。在短视频账号运营过程中，运营人员需要与用户多互动、多沟通，以增强用户的黏性，实现短视频点击率的增加，最终实现用户指数的提高。

2. 快手短视频内容策划方法

运营人员在策划快手短视频内容时，可以采用以下方法。

（1）日常收集素材

运营人员要关注账号发展的稳定性，有些运营人员虽然有时可以创作出一两条热门短视频，但后劲不足，无法以稳定的内容输出节奏来推动账号的发展，也很难凭借爆款作品的热度高效"涨粉"。因此，运营人员要在日常运营过程中养成随时随地收集素材的习惯，保障账号发展的稳定性。运营人员在收集素材时要做好素材的分类与管理，以便使用时能迅速查找。

运营人员在建立素材库时，要将其结构合理化，不能让其成为一个杂货摊，收集的素材可以丰富一些，但要有一个大致的范围，运营人员在该范围内可以适当创新或者向周边领域适当延伸。

（2）明确定位并坚持深耕垂直领域

运营人员要走垂直路线，充分挖掘目标用户的需求，了解用户希望看到什么、想从短视频中获得什么，然后通过创作优质内容为用户提供生活上的帮助和情绪上的支持。运营人员在明确定位后，要坚持深耕垂直领域，保障账号定位清晰，内容输出方向稳定，千万不要为了追逐热点流量而脱离特定领域，模糊账号定位，这样账号的竞争力就会下降。

（3）合理设置标签

标签是重要的流量入口，运营人员为短视频设置合理的标签，可以大大增加其播放量。在设置短视频标签时，运营人员要遵循以下原则。

一是标签个数为 3～5 个，标签太少不利于平台推送和分发内容，标签太多则会混淆重点，不利于把内容推送给核心用户群体，如图 4-11 所示。

图 4-11　快手短视频标签

二是标签的核心要点要精准，要切合短视频内容，不能使用与短视频内容无关的标签。例如，明明是美食类短视频，添加的却是"运动""游戏"等毫不相关的标签，这非但不会吸引用户，还会招致用户的反感，甚至影响账号的垂直度和平台的推荐量。

三是标签的范畴要合理，不能过于宽泛，也不能过于细分。如果标签过于宽泛，短视频就容易淹没在诸多竞品之中；如果标签过于细分，短视频的分发范围就会限定在过于狭窄的用户群体中，从而错失大量的用户。如"评测"这一标签就过于宽泛，而"蛋挞"这一标签则过于细分。

（4）选题要注重用户互动性

在短视频创作过程中，选题策划是一个非常关键的环节，只有将这个环节的工作做到位，才能保证后续的工作朝着正确的方向开展。选题是短视频的灵魂，有时哪怕短视频拍摄得不太出色，一个优秀的选题也能为作品增色不少。但如果选题存在问题或者过于常规化，即使运营人员绞尽脑汁构思内容、布置场景，创作出的作品也难以提起用户的观看兴趣。

在策划短视频选题时，运营人员可以选择一些互动性强的选题，尤其是热点话题，其用户关注度高、参与性强。这种互动性强的短视频也会被平台大力推荐，从而增加作品的播放量。

（5）选择合理的拍摄视角

拍摄视角关系到短视频带给用户的感受，对于不同的选题，运营人员要根据实际情况来变换拍摄视角。如拍摄一部旅游 Vlog，以第一人称视角拍摄与以第三人称视角拍摄的 Vlog，其观看体验是完全不一样的。以第一人称视角拍摄的 Vlog 更具有沉浸感，其内容重点在于呈现美景与人文风貌；而以第三人称视角拍摄的 Vlog 比以第一人称视角拍摄的 Vlog 更具趣味性，其内容重点在于呈现拍摄者在旅游过程中的经历。

（6）撰写吸引人的短视频文案

短视频文案的写作方法有很多，下面介绍 3 个非常简单且容易上手的文案写作公式。

公式一：用户痛点+解决方案。

在短视频文案中首先抛出用户的痛点，然后给出解决方案。如美食博主可以这样写"孩子不爱喝牛奶怎么办？把牛奶这样做，好吃又营养"，如图 4-12 所示；数码博主可以这样写

"和朋友出去玩，手机拍出来的照片就是没别人的好看，学会这样调试，朋友都投来羡慕的眼光"，如图4-13所示。

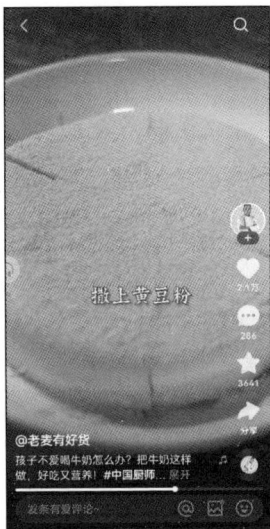

图4-12　美食博主的文案　　　图4-13　数码博主的文案

公式二：抛出问题设置悬念+讲故事或案例+表达个人观点并引导互动。

该公式尤其适合个人分享类短视频。开头抛出问题，设置悬念，会让人有忍不住往下看的欲望，想去寻找答案；中间结合自己的亲身体验讲述故事或案例，用日期和细节增强说服力和感染力；结尾表达自己的观点，引起用户共鸣。在表达观点之后，运营人员可以再抛出一个问题，引导用户发表评论，提高短视频的互动率。

公式三：结果前置+证明结果+结尾给出独特观点或使情节发生反转。

这种文案的开头展示事情的结果，中间讲故事，对开头结果进行证明，最后提出一个独特的观点或使情节发生反转，这种出人意料的反差更能吸引用户，促使用户发表评论，提高互动率。

（7）标题描述要合理

短视频的标题字数要适中，因为超过限制字数的标题会被自动折叠隐藏。短视频的格式要标准，多用阿拉伯数字，尽量用中文表述，避免使用生僻字，方便机器算法识别。标题的句式要合理，以三段式结构为宜，且要表述清晰，避免出现夸大性词组。

三、视频号短视频内容策划

视频号是腾讯公司2020年1月22日推出的短视频平台，它不同于订阅号、服务号，是一个全新的内容记录与创作平台，也是一个了解他人、了解世界的窗口。视频号被放在微信的"发现"页内，就在"朋友圈"入口的下方。

视频号内容以视频为主，用户可以发布长度不超过1分钟的视频，或者不超过9张的图片，还能附上文字和公众号文章链接，而且不需要通过PC端，可以直接在手机上发布。视频号支持点赞、评论等，用户也可以将视频内容转发到朋友圈、聊天场景，与好友分享。

1. 视频号的流量分发机制

视频号的流量分发机制基于社交推荐和个性化推荐。

社交推荐类似公众号的"在看"和"点赞"的逻辑，微信好友的点赞、收藏、互动对提升作品权重有很大的影响。因此，在发布视频后，运营人员可以将视频分享给好友或分享到微信群聊和微信朋友圈，增加曝光及点赞机会。

个性化推荐采用"兴趣标签+定位+热点+随机推荐"的方式对作品推流，添加话题和定位更有助于流量推荐。视频号通常会根据用户的兴趣、观看历史、互动行为等信息，个性化推荐视频给不同的用户。因此，运营人员可以添加相关的话题和标签，这有助于提高视频被官方推荐的概率。通过这种方式，可以更精准地触达潜在用户，提高曝光率和关注度。

2. 视频号短视频的内容策划方法

运营人员在策划视频号短视频内容时，可以采用以下方法。

（1）准备评论库

视频号的点赞、评论、转发、收藏都属于互动，其中评论所占的权重最高，评论数量在很大程度上决定视频能否成为爆款。因此，运营人员要提前准备评论库，在拍摄和剪辑视频时就要想好这条视频设置几个评论点。一条视频一般要设置2~5个评论点，在发布视频前准备好高赞评论，引导用户在评论区发表观点。

（2）确定选题方向

视频号有社交推荐机制，与抖音、快手等个性化推荐平台不同。推荐方式的不同也会导致爆款内容的不同。视频号更偏向于知识类内容，因为人们需要在好友圈展现自己的品位，所以这些内容的点赞量较高。运营人员要根据自己的定位选择合理的选题，最好选择知识类的选题。

（3）关注高赞评论

运营人员可以在竞品短视频账号的评论区寻找选题灵感，关注竞品账号的热门短视频，从高赞评论中了解该短视频成为爆款的真正原因，从而确定爆款选题。运营人员要从评论区感知用户需求，进而找到表达自我和满足用户需求的交集，甚至可以依据评论区中的用户反馈来策划选题，将点赞量高的用户评论作为视频文案。

（4）搭建爆款选题分级库

运营人员要多关注视频号上的爆款视频，在浏览这些视频后搭建爆款选题分级库，将选题分为S级、A级、B级。

S级选题是指在各个平台都是爆款、被翻拍3次以上，且作品点赞数全部上万的选题，这类选题有变现、个人成长、观点输出类。S级选题的特点是极易引起争议、覆盖人群广，大家都可以对此内容发表观点和看法，而互动率本身是影响视频能否成为爆款的关键因素。

A级选题是指在视频号被翻拍3次以上，作品点赞数全部上万的选题，这类选题有认知、可爱事物、搞笑等类型。

B级选题是指在视频号被翻拍3次以上，至少有1个作品点赞数上万、一个作品点赞数上千的选题。这类选题能引起用户的一些共鸣，有成为爆款视频的潜力，运营人员可以参考评论区对其进行优化。这类选题有科普、视觉艺术等类型。

（5）规划视频时长

如果视频太长，中间没有足够多的爆点，就会过度消耗用户的耐心，导致完播率下降。越短的短视频，其完播率越高，一般来说，视频时长控制在25秒之内最合适。因此，运营人员要在有限的时间里充分利用每一秒，如果纠结一个镜头要不要出现在视频中，就说明这个镜头不是很重要，应当直接舍弃。

如果是观点输出、学习类视频，运营人员可以适当延长时长，也可以将视频分为上下集或一个系列来发布。

（6）短视频内容要有价值

运营人员发布的短视频内容要能够为用户提供独特的价值，至少要有以下价值中的一个。

一是有用。运营人员发布的短视频对用户有用，用户才会关注、转发和分享。很多实用技能、知识分享的短视频属于这一类型。

二是有料。运营人员可以在短视频中展示才艺，如唱歌、跳舞、绘画、魔术、手工等，通过才艺吸引用户。

如"麦麦老师教唱歌"主要是为用户提供逐字逐句教唱歌的服务，帮助用户掌握唱歌技巧，提升唱歌水平，这对于业余唱歌爱好者来说十分有用，而麦麦老师也会亲自示范，其歌声动听，这也是在展示自己的才艺，因此其短视频内容既有用又有料，如图4-14所示。

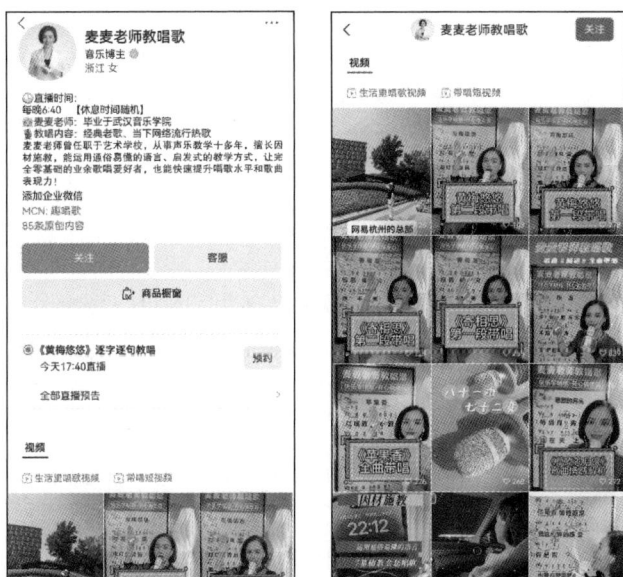

图4-14 有用、有料的视频号短视频

三是有趣。短视频的趣味性强，可以使用户放松身心、减轻压力，如笑话段子、剧情类短视频等。

四是有爱。当用户看到能够戳中自己内心的短视频时，感动会充满内心，体会到强烈的共鸣感和治愈感，自然会关注这个使其感到"温暖"的账号。

（7）设定吸引人的开头

运营人员要在短时间内讲清、讲好一件事，有两个非常好用的方法，一是一开始就提问，二是一开始就给答案。

一开始就提问的内容展开形式为"提问+答案+引导+预告"，类似于自问自答，第一句话是问题，第二句话是答案，答案最好逐条罗列出来，这样条理更清晰。直接提问并给出答案可能会让人觉得视频内容简单粗暴，但如果内容中有干货、有独到的观点，用户点赞的可能性很大。如果运营人员要带货、卖课，最后可以加上引导文案，如"这样的职场干货，我整理了一门课程，点击屏幕下方链接，加入我的社群，我们一起快速成长"。运营人员也可以加上下期预告，如"下一期我将分享：从3个细节判断你的上司对你的态度"。

一开始就给答案的内容展开形式为"结论+阐述+引导+预告"，类似于倒装句，先下结论，再阐述论据。

即使选择热点话题，运营人员也要一上来就提问或给答案，不能像平时写文章那样先陈述新闻，再提出问题、分析问题、解决问题，这太考验用户的耐心。由于选择的是热点话题，运营人员没必要复述它，应直接发表观点、直接提问。

（8）精炼主题，只讲一件事

运营人员在发布短视频时要精炼主题，只讲一件事，只讲一个观点，这首先是因为短视频时长不允许讲太多的内容，其次是因为讲得太多会导致用户难以消化。如果一件事有多个观点，就选择最重要的观点来讲，实在难以割舍就分期讲述，形成系列视频。

（9）内容浅显，通俗易懂

运营人员发布的短视频内容要符合浅显化原则，即让视频内容更容易被用户理解。视频号上的用户构成非常复杂，不仅有潮流前卫的"90后""00后"，也有传统出新的"70后""80后"，还有闲暇较多的"60后""50后"。要想让自己的内容符合所有人的口味，显然是不现实的，这时就要把内容做得通俗易懂，减少用户的深度思考，让用户通过观看短视频放松心情。因此，对于那些不容易理解的内容，运营人员可以采取一种故事化的方式将其简化，这样的呈现方式既有趣味性，又浅显易懂。

四、哔哩哔哩短视频内容策划

哔哩哔哩（bilibili）简称 B 站，创建于 2009 年 6 月 26 日，是一个 ACG 弹幕视频分享网站。经过十几年的发展，现在的哔哩哔哩已经成为一个以泛二次元视频为核心，以专业用户生成内容（Professional User Generated Content，PUGC）为辅助的综合视频社区平台。

1. 哔哩哔哩的流量分发机制

哔哩哔哩的流量分发机制是指哔哩哔哩如何根据用户的需求和平台资源来进行有针对性的流量分配。这不是简单地将视频推送给用户，而是通过专业的算法和智能化的系统，根据用户的行为和兴趣进行个性化推荐。下面从 3 个方面来介绍哔哩哔哩的流量分发机制。

（1）用户行为分析

哔哩哔哩通过用户行为分析来进行个性化推荐。哔哩哔哩拥有全面而精确的用户数据，能够对用户的点击、观看和评论等行为进行细致的分析。通过这些数据，哔哩哔哩可以了解用户的兴趣和偏好，进而将相关的视频推荐给用户，优化用户的观看体验并提高用户的黏性。如当用户观看一部动漫作品后，哔哩哔哩会根据用户的浏览历史和评价给出类似的推荐，增强用户对平台的黏性和提高用户的留存率。

（2）协同过滤算法

哔哩哔哩采用协同过滤算法来识别相似内容。协同过滤是一种被广泛应用于推荐系统中的推荐算法，其主要原理是通过分析用户之间的相似性和兴趣交集，将喜好相似的用户聚集在一起，然后将一个用户对某一内容的评价推荐给其他有相似评价的用户。哔哩哔哩通过协同过滤算法能够找到具有相同兴趣的用户群体，将他们的喜好推荐给其他用户，从而提高推荐的准确性和用户的满意度。

（3）视频质量评估

哔哩哔哩的视频内容非常丰富，但质量良莠不齐。为了保证用户获得更好的观看体验，哔哩哔哩引入了专业的质量评估机制。该机制由一支由资深编辑组成的团队负责，他们根据热度、点赞量、评论量等指标对视频进行评分和排序。这样一来，用户更容易发现高质量的视频，同时也增强了创作者创作优质内容的意愿和动力。

2. 哔哩哔哩短视频内容策划

运营人员在策划哔哩哔哩短视频内容时，可以采用以下方法。

（1）标题要突出重点

一个标题的好坏很大程度上决定了短视频点击量、完播率的高低，因此运营人员在撰写标题时要突出重点，语言简洁明了，标题字数不要太多，标题要朗朗上口，让用户在短时间内就能知道短视频的主题。

运营人员在撰写标题时，不能只站在自己的角度思考要展现什么，还要站在用户的角度思考用户需要什么。运营人员可以将自己当做用户，扪心自问：想知道这个问题的答案，自己会用什么搜索词。这样写出来的标题更接近用户的想法。

运营人员在撰写标题之前可以先在哔哩哔哩搜索相关的关键词，筛选出排名靠前或播放量大的视频，找出其标题写作规律，最后将这些规律灵活应用于自己要撰写的视频标题中。

（2）在标题中添加关键词

获得高流量的视频的标题一般拥有多个关键词并且是由多个关键词组合而成的。如如果仅在标题中嵌入"面膜"这一个关键词，那么只有在用户搜索"面膜"这个关键词时，视频才会被搜索出来；而标题如果含有"面膜""变美""年轻"等多个关键词，则用户在搜索其中任意关键词时，视频都会被搜索出来。

在标题中添加关键词时，要考虑关键词中是否含有词根。词根指的是词语的组成根本，只要有词根，就可以组成不同的词。运营人员只有在标题中加入有词根的关键词，才能将视频的搜索度提高。如一个标题为"创意爆棚！五个手机摄影的小技巧，学会马上拍大片。"的视频（见图4-15），其中"手机摄影"就是关键词，而"摄影"就是词根。

对运营人员而言，其根据词根可以写出更多与摄影相关的标题；而对用户而言，他们一般会根据词根去搜索视频，只要视频标题中包含该词根，那么视频就更容易被用户搜索到。

图 4-15 在标题中添加关键词

（3）利用弹幕进行内容优化

哔哩哔哩是典型的弹幕式视频网站。弹幕是指用户在观看视频时，视频界面中实时滚动或弹出的评论性字幕，如翻译弹幕、玩梗弹幕、解说弹幕及预警弹幕。

弹幕的发布量可以直观地反映出用户对视频内容的反馈度，视频中某些片段弹幕量较大，说明这部分的内容更有讨论度。运营人员可以重点分析弹幕量较多的片段的弹幕内容，深入了解用户的内容取向，从而继续优化视频内容。

运营人员也可以根据用户发送的弹幕，选取一些高频词汇作为文案关键词，创作用户感兴趣的内容。这样用户能看到更多符合口味的视频内容，运营人员也能提高用户的留存率和视频的影响力。

（4）借助热点话题吸引用户

热点话题是在当下比较受大众关注的话题，借助热点话题制作视频内容，是创作短视频时常用且非常有效的方法。哔哩哔哩作为视频网站巨头，是流量制胜的平台，哔哩哔哩上被推荐的视频也都是流量大的视频。要想获得流量，运营人员就要适当地通过热点话题进行引流，在标题中加上有流量的话题，视频的曝光量也会随之增加。

在创作短视频时，运营人员要对社会上的各类新闻事件保持高敏感度，善于捕捉并及时跟进热点，这样就可以使视频在短时间内获得足够多的流量。

（5）强化内容的互动性

哔哩哔哩带有一定的社交属性，因此运营人员在做内容策划时，要注意和用户进行互动，可以选择一些比较新颖、能产生较好互动效果的话题，这样往往更容易获得用户的认可和推荐。如给用户分享生活中的一些经历，并给出自己的建议等。

除了在短视频内容中设计互动话题之外，运营人员还可以设计一些能够引发用户讨论的点，抛出问题，让用户在弹幕、评论区留言，这种互动性强的短视频会被平台大力推荐，从而进一步增加短视频的播放量。

五、使用豆包进行短视频内容策划

下面以手机评测领域的短视频选题策划和短视频脚本撰写为例，介绍使用豆包进行短视频内容策划的方法。

使用豆包进行
短视频内容策划

1. 短视频选题策划

在进行短视频策划时，创作者首先要确定使用的短视频平台，每个短视频平台的特点不同，热门选题的范围也有所不同。

（1）生成抖音平台热门选题

创作者可以在豆包中输入提示词："我是一名手机评测短视频博主，除了对新品手机进行性能评测以外，在抖音平台，还有哪些热门的手机评测选题？生成的选题一定要符合抖音平台特征。"图4-16所示为豆包生成的抖音平台手机评测短视频选题灵感。

图 4-16　豆包生成的抖音平台手机评测短视频选题灵感

（2）生成系列化选题

创作者可以选择适合自己的选题，然后对选题进行细化，采用结构化思维制作选题灵感思维导图，以指导自己的选题策划。创作者可以在豆包中输入提示词："上述选题都挺适合我的，接下来请你采用结构化思维，以表格的形式将上述 5 个选题进行细分，生成系列化选题，这样我可以按照细分后的选题进行短视频创作，为用户创作系列作品。"图 4-17 所示为豆包生成的系列化选题。

主选题	细分选题
不同价位手机抖音拍摄效果横评	百元机在光线充足 / 暗光环境下抖音拍摄效果 千元机拍摄风景 / 人物视频的优势与短板 3000 元档手机拍摄抖音慢动作 / 快动作视频表现 5000 元以上旗舰机拍摄抖音 4K 视频对比
手机直播带货最佳机型评测	苹果手机直播带货的对焦速度与稳定性 华为手机直播带货的美颜效果及色彩还原度 小米手机直播带货续航及多平台适配特色功能 vivo 手机直播带货时的网络稳定性与散热能力
适合抖音特效拍摄的手机推荐	骁龙 8 Gen3 处理器手机运行复杂抖音特效的流畅度 联发科天玑 9300 处理器手机特效加载速度 三星手机拍摄 AR 抖音特效的优势展示 国产小众品牌手机拍摄抖音美妆特效的潜力挖掘
抖音热门场景下的手机拍摄体验	旅行场景中手机拍摄日出日落 / 海景的效果评测 美食场景下手机拍摄甜品 / 肉类食物的技巧与机型推荐 夜景场景手机拍摄城市灯光 / 星空的能力对比 人像场景手机拍摄特写 / 全身照的效果大赏
手机抖音游戏直播性能评测	《王者荣耀》高帧率模式下手机直播性能实测 《原神》直播时手机对复杂场景渲染的适配情况分析 游戏手机与常规手机直播《和平精英》的帧率对比 手机直播游戏时内置话筒与外接话筒音频效果评测

图 4-17　豆包生成的系列化选题

2. 短视频脚本撰写

短视频脚本是短视频制作的重要环节，它为拍摄和后期制作提供了详细的指导。创作者在确定选题后，可以根据选题的特点和策划的方向选择短视频脚本类型。例如，创作者选择了"旅行场景中手机拍摄日出日落/海景的效果评测"这一选题，一般来说，手机评测短视频使用文学脚本，将出镜者的台词、拍摄手机的画面、每个画面的时长等列出即可，创作者也可采用分镜头脚本形式，以剧情短视频介绍手机拍摄旅行路途中日出日落和海景的效果。

创作者可以在豆包中输入提示词："我想采纳'旅行场景中手机拍摄日出日落/海景的效果评测'这一选题，创作一个剧情短视频，用温馨、柔情的小故事带出某款手机拍摄日出日落和海景的效果，要让剧情中的角色对拍摄效果有一个态度上的转变，一开始对拍摄效果感到不满，而换成某款品牌手机后，拍摄的效果令人惊喜，剧中角色也因为美丽的照片为幸福留下一个注脚。请你根据我的剧情简介，为我生成一个简短的分镜头脚本，以指导后期拍摄。"图 4-18 所示为豆包生成的分镜头脚本（只截取部分内容）。

镜号	景别	画面内容	台词	时长	音乐及音效
1	全景	海边清晨，太阳初升，海浪轻拍沙滩。情侣站在沙滩上，男生拿着手机对着日出拍摄，女生在一旁期待。	女生："今天日出好美，快拍下来。"	5s	轻柔海浪声、海鸥叫声，舒缓的背景音乐起
2	近景	男生看着手机屏幕，皱眉，将手机递给女生。	男生："拍出来怎么这么模糊，一点都不好看。"	4s	轻微的叹息声
3	特写	女生看着手机里模糊的日出照片，露出失望的表情。	女生："哎，这也太让人失望了。"	3s	音乐节奏稍缓
4	中景	这时，路过一位摄影爱好者，他用某品牌手机对着日出拍摄，画面清晰且色彩绚丽。	无	5s	海浪声持续
5	特写	情侣被吸引，看着摄影爱好者手机里的照片，露出惊讶的表情。	男生："哇，这效果也差太多了。"女生："我们也换这个手机试试。"	6s	音乐节奏稍变，带点期待感
6	中景	情侣拿到借来的某品牌手机，再次对着日出拍摄。	女生："这次一定要拍出美美的照片。"	4s	轻柔的海浪声
7	特写	手机屏幕上显示出清晰、色彩饱满的日出照片，情侣开心地笑了。	男生："太好看了，这个手机太棒了。"	5s	音乐节奏欢快起来

图 4-18　豆包生成的分镜头脚本

任务四　全媒体内容运营案例分析

近年来，茶饮市场异军突起，各种品牌层出不穷，在这个竞争激烈的市场中，有一个品牌始终屹立不倒，甚至其门店一度成为"网红"打卡的必备之地，那就是茶颜悦色。茶颜悦色以其独特的口味、包装和富有创意的营销策略，赢得了广大用户的喜爱和追捧。

茶颜悦色是长沙一个知名的奶茶加盟品牌，独创中国传统风格，是以中国风为主题的奶茶品牌，创立于2014年。茶颜悦色的成功首先得益于其独特的产品定位，品牌主打健康、美味、时尚，成功地吸引了追求健康生活方式和时尚文化的年轻人。在这个注重品质生活的时代，茶颜悦色准确把握了用户的需求，提供了优质的产品和服务。

茶颜悦色在营销推广方面进行了大量的投入，采取线上线下相结合的推广方式。在社交媒体上，茶颜悦色积极与用户互动，通过微博、微信等平台发布新品信息、优惠活动等内容，增强用户黏性。同时，茶颜悦色还与各大博主合作，让博主进行产品体验和推荐，借助他们的影响力提升品牌曝光度。茶颜悦色善于运用短视频、直播等新媒体形式进行内容营销，以吸引更多潜在用户。

下面以小红书和抖音为例，介绍茶颜悦色的全媒体内容运营策略。

一、小红书

茶颜悦色在小红书的官方账号定位为"用户的朋友"，以"茶颜二公主"自居，行文风格风趣、活泼，可以很快拉近与用户之间的距离。官方账号主要分享品牌的活动、新品信息，还经常介绍城市文化与旅游攻略，如图4-19所示。如官方账号在宣传重庆城市限定礼时，在小红书发布笔记，以高清晰、具有视觉冲击力的场景图片吸引用户注意力，并在文案中介绍"不止山城系列"礼盒的具体构成，同时分享运营人员在重庆的经历和感受，最后引导用户互动，推荐重庆的美食、人文景点、自然景区或商业街区等，如图 4-20 所示。

图 4-19　茶颜悦色发布在小红书上的内容　　　　图 4-20　重庆城市限定礼

茶颜悦色发布在小红书的笔记封面都是色彩丰富、视觉效果很好的图片，搭配主题文案，可以快速吸引对内容感兴趣的用户。

二、抖音

茶颜悦色在抖音上的官方账号也打造了一个风趣幽默、年轻化的人格形象，向用户展示职场生活和职场文化，以旅游攻略的形式和探店的形式向用户介绍新店或新品，短视频的配音和音效也十分"魔性"，受到年轻用户的喜爱。

仍以"不止山城系列"礼盒为例，茶颜悦色在抖音短视频中以快节奏的画面和音乐展现了"茶颜悦色"携带礼盒前往重庆各地标的画面，然后详细展示了礼盒的具体构成，以及概念店的具体位置，生动地向用户传达了新店、新品的相关信息，如图 4-21 所示。

图 4-21　茶颜悦色在抖音上发布的内容

项目实训：金龙鱼内容运营策略分析

1. 实训背景

"人间烟火气，最抚凡人心"，金龙鱼通过一套从线上到线下、从站内到站外的内容营销组合拳，将全链路打通，实现了品牌声量从线上传递至线下，将中高端粮油食品从线下回流至线上，自然而然地道出"好大米源自金龙鱼生态基地"的主题，使产品核心利益点深入人心，成为目标用户人群"认知—购买—复购"链路上的强引导标识。

其中，在线上部分的内容运营中，金龙鱼携手"小蓝与他的朋友们"进行跨界 IP 联名，趣味打造产品亮点，加上微博、微信等平台上的矩阵传播，环形触达用户视野，打造营销亮点，让金龙鱼活力"出圈"。

金龙鱼采用开拓性的视频组合模式——慢直播+达人短视频，多角度、全方位展示金龙鱼生态基地，挖掘关于新米的故事，让用户沉浸式体验新米收成，进一步刺激用户的购买欲。金龙鱼邀请有着"中国药膳大师"之称的夏天大厨为其背书宣传，同时还有亲子 KOL 畅游生态基地，实力"种草"营养美味。

除了视频内容引发的 UGC，金龙鱼在"种草"的过程中，继续深化内容营销。在"新米节"基础上，打造出"抢新米小游戏"的 H5 互动。金龙鱼将"新米知识+沉浸直播+游戏互动"三大模块融合在 H5 中，并以"乐分一千斤"新米作为活动奖励，进一步提升消费者的参与度，让广大用户同享新米尝鲜。

2. 实训要求

请同学们总结金龙鱼的内容运营策略。

3. 实训思路

（1）分析案例

请指出案例中金龙鱼是如何进行内容运营的，其内容运营涉及哪些内容类型。

（2）搜集资料总结内容运营策略

在网络上搜集金龙鱼的其他内容运营信息，参考相关案例，总结其内容运营策略。

全媒体用户运营

知识目标

➤ 了解用户运营的思路。
➤ 掌握用户画像的类型与构建方法。
➤ 掌握社群运营管理的流程与方法。

能力目标

➤ 能够根据需要构建用户画像。
➤ 能够按照用户运营流程进行用户运营。
➤ 能够根据需要进行社群运营管理。

素养目标

➤ 培养用户思维，树立"用户至上"的理念，提高用户需求感知力。
➤ 树立诚信意识，用真诚和专业构建交流环境，真诚服务用户。

知识导图

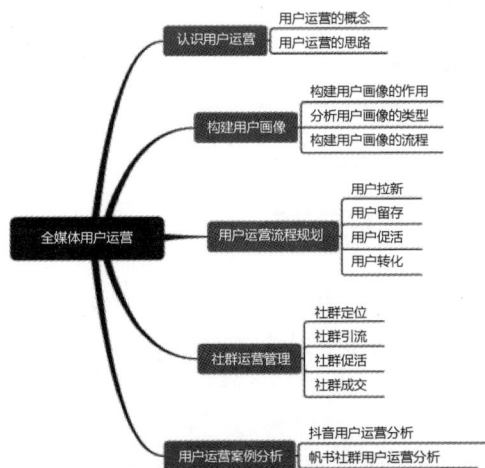

樊登读书：全媒体融合下的用户深度运营策略

"你想过你的孩子一边喝着六个核桃一边听樊登读书吗？樊登读书和六个核桃设计的售价429元的联名套餐可以为你实现。你想过在你的办公场所为员工设置一个便捷的读书角吗？樊登读书推出的数字阅读空间可以为你实现，员工一键扫码即可轻松阅读学习。"樊登读书会是社群运营的典范。

樊登读书是樊登于2013年创办的知识付费品牌。樊登读书会是樊登读书的起点，2015年樊登读书App正式上线，经过十几年的发展，樊登读书已成为知识付费行业的佼佼者，App会员数已突破6200万，年营收超过10亿元，全国线下樊登读书运营中心超过2000家。

樊登读书的价值主张是"以读书点亮生活"，致力于帮助3亿人养成阅读习惯。2023年，樊登读书正式启用新品牌名称"帆书"。帆书引领听书新模式，通过精选好书与深入浅出的解读方式，为用户带来实用新知与智慧启发，努力实现"让每一人、每一组织，都从阅读中受益"的美好愿景。

在阅读形式方面，帆书App内除原有的音视频解读外，还有思维导图、画线笔记等模块从多角度帮助用户内化知识，使其在听书中得到智慧启发。另外，围绕书籍，帆书还提供课程、训练营等服务，并拓展出版、电商、书店等业务领域，如图5-1所示。

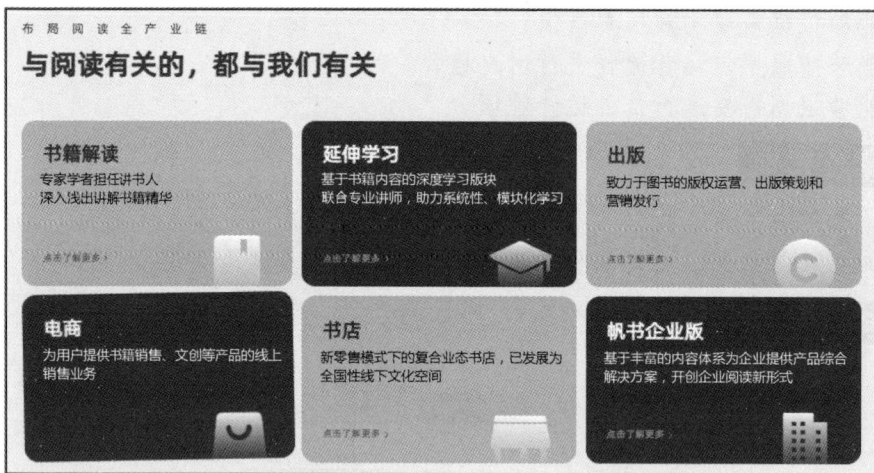

图5-1　帆书业务领域

任务一　认识用户运营

用户运营旨在深度挖掘用户需求，提升用户体验，形成良好的口碑效应，从而吸引更多的新用户，同时留住老用户，打造稳定的用户群体。

一、用户运营的概念

用户运营是一种以用户为核心的运营方式，通过一系列运营手段（直播、活动等），提升用户活跃度，实现用户留存、用户转化等目标，让用户为品牌或产品创造价值，为企业创造收益。简言之，用户运营就是通过对用户行为的观察和研究来设计和实施一系列策略，以提升产品的使用体验，提升用户的活跃度和增强用户黏性，最终提升产品的价值。

用户运营是一个比较宽泛的概念，围绕用户做运营的方法很多，但用户运营的核心理念是相通的，运营人员只有掌握用户运营的核心理念，才能更灵活地策划用户运营的具体方法。

用户运营的核心理念主要包括以下几点。

（1）与用户做朋友

用户运营的第一原则是站在用户的视角去发现和理解用户需求，站在高于用户的视角去分析和满足用户需求。只有与用户做朋友，与用户真诚地进行沟通，才能全面了解用户，更好地维护与用户的关系，进而有机会长期服务于用户并获得价值，实现双赢。

（2）精细化运营

面对庞大的用户群体，很难通过一种策略服务于所有用户，运营者需要整合资源，对用户群体进行合理的细分，制定差异化的运营策略，进行精细化运营，以满足不同用户的不同需求。用户分类、分层、个性化运营是精细化运营的核心手段。

（3）数据化驱动

随着信息技术的发展，互联网用户的信息化和数字化管理得以实现。虽然互联网用户及其需求和行为都很复杂，运营人员可以利用数据化驱动的方式进行用户运营，通过分析数据发现问题、解决问题，进而提高运营效率。

用户运营的主要任务是拉新、留存、促活。拉新就是通过各种方式和渠道吸引用户，提高产品的用户量；留存就是保持已有用户数量；促活就是提升用户的活跃度，企业可以借助一些激励方式或营销活动来提升用户的活跃度。

> **素养课堂**
>
> 无论是产品设计、服务提供，还是营销推广，都需要以用户需求为出发点，以用户满意度为衡量标准。运营人员要深刻意识到用户思维的重要性，培养自身的用户思维，设身处地为用户考虑，理解他们的情感、需求和体验；站在用户的角度，思考他们可能遇到的问题和困难，预测他们的反应和期望，从而为其提供更加贴心的产品和服务。

二、用户运营的思路

用户运营是一个系统性、持续性的过程，旨在通过一系列策略和活动来增强用户黏性、提升用户价值，并促进用户增长。用户运营的一般思路如下。

1. 以用户为中心，渗透运营服务

用户是企业发展的基础，企业所有部门员工都应以用户为中心，将运营工作渗透到各部门的工作当中。企业最重要的工作内容就是挖掘用户需求，使产品或服务能够满足用户需求，进而获取大量的用户。

在传统营销中，大部分企业都是围绕产品来运营，以产品吸引用户，如果产品上市表现不佳，企业就会对产品进行改进或直接舍弃产品，这种仅仅依靠产品制胜的理念，阻碍了很多企业的发展。进入新媒体时代，企业将运营重点转移到用户服务上，运营人员需要共同努力，协调各部门工作内容，利用数据分析技术进行方案执行和评价监督，以用户为核心，根据用户的各项指标对营销方案进行改进与优化。

2. 进行用户分层，分析用户需求

在做用户运营时，运营者一定要清楚什么样的用户才是目标用户、这些用户的共性是什么、通过什么样的方式和渠道来获取这些用户等问题。这些问题可以通过市场调研、资料收集等方式来解决。

用户分层的目的是对目标用户进行精细化运营管理。企业通过用户分层可以区分不同用户群体的不同问题或需求，进而为他们提供个性化、差异化服务。当用户规模较小时，运营人员可以通过感性的手段来维护这批用户。但是，随着用户规模的不断扩大，运营人员的精力和时间有限，这时就需要进行用户分层，以提高运营效率。

当产品发展得越来越好时，不同时间段注册的用户区分也越来越明显，这时就需要对不同用户群体进行针对性运营，以满足差异化的用户需求。

3. 搭建完整的用户体系

一个完整的用户体系有助于促进用户运营的高效执行，因为完整的用户体系能够帮助用户快速接受产品、熟练掌握产品功能，进一步给用户带来成就感；同时，还能使用户获得更多的额外收益，享受更多、更实惠的特权，如享受价格优惠、获取某种荣誉等。

对企业来讲，搭建完善的用户体系，有利于了解用户对产品的使用情况；搭建会员等级体系，有助于对用户进行分层管理，促进精细化运营。同时，完整的用户体系有利于提高用户的黏性、提升用户忠诚度及活跃度。用户的评论信息或晒单分享行为，有利于促进用户拉新及促进产品消费。

运营人员可以依据一定的标准对用户进行科学的划分，促进对用户的科学管理和有效运营。如当用户达到了一定数量，形成庞大的用户群时，运营人员就要筛选出核心用户，并对核心用户进行重点服务与维护。

4. 引导用户生成内容

UGC 即用户原创内容，是指以个人为主体生产和发布内容，由普通用户来一起创造内容。如微博、知乎、抖音、小红书这些平台上的绝大部分内容都是用户自发分享发布的。

随着互联网技术的发展，特别是智能设备的普及，在全媒体融合的背景下，用户也在逐渐发挥自己的主观能动性，积极生产优质、有个性的原创内容，然后将自己原创的内容通过互联网平台展示或分享给其他用户。

针对企业提供的不同类型的产品，UGC 也不一样。如对于 3C 类产品，UGC 多为产品开箱测评、KOL 的发布的报告或演讲等。在一些垂直领域，有话语权的达人的 UGC 更具专业性、市场影响力更强。因此，在新媒体时代，引导用户产生优质内容能够引发目标用户的广泛参与及互动，从而引爆话题量，促进产品的宣传、传播与销售，使企业最终获得丰厚的利润。

5. 提高产品的附加值

产品附加值一般是指去除原材料成本、劳动力成本及其他成本后的价值。产品的附加值越高，企业的利润越大。要想进一步提高产品附加值，可以从两个方面来考虑，一是降低生产成本；二是提升产品的美感、质量与实际效果。具体来说，可以从以下角度入手。

（1）利用科学技术，提高产品工艺水平

科学技术的发展，无疑会推动企业生产效率的提高；利用先进的技术，提高产品工艺水平，会使产品的外观更加简洁、大气、美观、上档次。优质的产品更容易受到用户的关注与喜爱。以小米汽车为例，小米 SU7 之所以如此受用户欢迎，一是因为其硬件好，二是因为其有独特的外观设计及丰富的功能，让用户感觉物超所值。

（2）注重产品质量提高与品牌建设

任何企业要想长久发展，就必须注重产品质量提高与品牌建设。只有产品质量过关，才能吸引更多的用户。产品品牌建设也是提高产品附加值的方法之一。

如特仑苏的广告语——"不是所有的牛奶都叫特仑苏"，其高明之处就在于，它把牛奶分为两类，一类是优质的特仑苏，另一类是普通的非特仑苏。特仑苏注重全面营销，通过各种方式和渠道进行推广，使用户印象深刻。特仑苏品牌从此家喻户晓，其产品成为逢年过节时礼尚往来的重要礼品。

（3）注重产品的知识产权保护

注重产品的知识产权保护是现代企业发展中不可或缺的一环。知识产权，包括专利权、商标权、著作权、商业秘密等，是企业创新成果的重要体现，也是企业在市场上保持竞争优势和持续发展的关键。注重保护产品的知识产权，也是提高产品附加值的一个方面。

注重产品知识产权保护体现在以下几个方面。

① 增强知识产权意识。

② 建立健全知识产权管理制度。

③ 及时申请知识产权。

④ 加强知识产权监控。

⑤ 积极维权。

任务二　构建用户画像

用户画像又称用户角色，作为一种勾画目标用户形象、联系用户诉求与产品设计方向的有效工具，用户画像在各领域得到了广泛的应用。在全媒体运营中，用户画像扮演着至关重要的角色。用户画像是通过收集、整理和分析用户的基本信息、行为数据、偏好设置、交易记录等多种数据，构建出的一个关于用户特征、需求、行为模式的虚拟模型。

一、构建用户画像的作用

构建用户画像不仅可以清楚目标用户具有哪些属性、特点、偏好、行为特征等，还可以研究不同画像用户之间的区别、各种用户画像的行为和需求是什么、画像对业务有哪些影响等。构建用户画像在全媒体运营中起着重要的作用，主要体现在以下几个方面。

1. 精准营销

用户画像能够帮助企业更准确地识别目标用户群体，掌握他们的属性、特征如年龄、性别、职业、兴趣、购买力等。通过了解用户的属性、特征，企业可以推送更符合用户需求的产品或服务信息，提升营销效果和用户转化率。

2. 产品优化

用户画像反映了用户对产品的真实需求和反馈。企业可以通过分析用户画像的相关数据，了解哪些产品功能受欢迎，哪些产品需要改进或创新。这有助于企业不断优化现有产品，同时推动新产品的研发和创新，以满足不断变化的市场需求。

3. 提升体验

构建用户画像有助于企业深入了解用户的行为模式和需求特点，从而在产品设计、界面布局、交互流程等方面做出更加符合用户习惯的改变。这些改变能够显著提升用户体验，提升用户满意度和忠诚度，进而促进企业的长期发展。

4. 客户服务

用户画像有助于提高服务的质量和效率。通过了解用户的背景信息和历史交互记录，客服人员可以更快速地识别用户问题，为用户提供更贴心的个性化服务。同时，用户画像还可以帮助企业预测潜在问题，提前采取措施避免服务纠纷。

5. 市场洞察

用户画像能够帮助运营人员进行深入的市场洞察。通过对用户画像的分析，运营人员可以了解市场的整体趋势、竞争格局，以及用户需求的变化，从而制定更加科学、合理的市场战略和业务规划。

6. 留存用户

用户画像有助于企业识别潜在用户群体，制定针对性的增长策略，吸引更多用户加入。同时，通过了解用户流失的原因，企业可以采取措施降低流失率，提高用户留存率，实现可持续的用户增长。

7. 风险防控

在电商、金融、保险等领域，用户画像还可以用于风险防控。通过分析用户的信用记录、消费习惯等数据，企业可以评估用户的信用风险，从而制定合理的付款政策、保险费率等，降低经营风险。

二、分析用户画像的类型

根据不同的内容维度及目的，用户画像可以分为不同的类型，常见的用户画像类型有以下几种。

1. 行业用户画像

行业用户画像是指对整个行业的用户进行概括性描述，运营人员对行业中头部品牌的用户进行画像分析，从大局出发，掌握全局态势，做到心中有数。

2. 产品用户画像

产品用户画像是指对使用企业产品的所有用户进行画像分析，弄清企业用户的整体情况，为企业提供更准确的产品定位和产品设计方向。产品用户画像主要包括用户基本信息、消费习惯与偏好、使用行为与场景、价值观与生活方式等，通过对用户多维度、多层次的数据挖掘与整合，刻画出真实、立体的用户形象，为产品设计、全媒体营销提供基础与依据。

3. 生命周期用户画像

生命周期用户画像是指根据用户与产品或服务的关系发展阶段对用户进行画像分析，用户生命周期的不同阶段对应用户不同程度的参与和互动，包括新手用户、活跃用户、成熟用户、衰退用户或休眠用户，以及流失用户等。

处于不同生命周期阶段的用户，其价值是不同的，针对用户生命周期进行精细化运营管理，可以实现用户价值最大化，降低企业运营成本，提升营销效果。

4. 核心用户画像

一个产品通常拥有多种类型的用户，这些用户虽然使用了同一产品，但在某些属性或喜好等方面存在巨大的差异。对用户进行群体细分，应重点关注数量比较多的和价值比较高的用户群体，挑选出最典型的用户，构建核心用户画像。

通过对核心用户画像进行分析，能够挖掘核心用户的需求，加深对核心用户的理解，从而提高用户服务质量，指导企业进行整体用户运营。

5. 社交用户画像

在内容运营中，了解用户的社交表现情况非常重要。关注用户在社交媒体上的表现，如社交关系、影响力、活跃度等信息，可以精准地构建社交用户画像。社交用户画像有助于企业了解用户的社交圈子和传播能力，为口碑营销和病毒式传播提供策略支持。

三、构建用户画像的流程

运营人员可以根据市场调研信息构建并完善用户画像，并对用户画像进行优先级排序，找到产品最核心的用户画像，以此指导产品设计。构建用户画像通常分为 5 步，分别是收集用户数据、整合用户画像、完善用户画像、确定核心用户画像，以及分享用户画像。

1. 收集用户数据

虽然用户画像是虚构的，但它是根据真实用户的数据而创建的。假设企业在做市场细分时已经构建了用户画像，通过用户画像对目标用户群体有了初步的了解。接下来，就要寻找具备目标用户群体特征的人，并通过调研问卷、访谈、日志记录及焦点小组等方式展开更深入的用户研究工作，使用户画像更加丰满。在此过程中，高质量的用户研究具有重要意义，切记不要虚构目标用户的特征。

为了构建详尽的用户画像，运营人员需要设置多种类型的问题。关键问题可能涉及性别、年龄、城市、职业、收入、购物习惯、兴趣及生活习惯等，还可根据实际情况增加一些匹配产品目标的问题，重点是要基于产品类型和使用场景来设置有针对性的问题。

经常会涉及的问题如下。

- "你通常在什么情况下会遇到问题？"
- "你目前通过什么方式来解决问题？"
- "你觉得目前这个解决方案怎么样？"
- "你期望的结果或者目标是怎样的？"
- "你（或家庭、企业）的收入水平怎么样？"
- "你了解这类产品的途径有哪些？"
- "你在购买这类产品时主要考虑哪些因素？"

2. 整合用户画像

做完调研之后，就可以得到初步的用户画像。通过数据分析，可以找出各个目标用户群体的共性，如通过分析他们面临的问题、解决问题的方案、目标和动机、期望的结果、关注点等，可能会发现有些用户极度相似——他们面临着同样的问题，具备同样的目标和动机，甚至使用同样的词汇来描述问题，这些数据极具价值。

在此阶段，运营人员的关键任务是对具备相似特征的用户画像进行合并，通常最有效的方法是优先考虑对具有同样目标和动机的用户画像进行合并。如对于一款燕麦片产品，A 和 B 都把它当作早餐，而 C 把它当作零食，那么 C 就不能和 A、B 归为一类。这个步骤简化了逐个对比分析初步用户画像的过程。但即便如此，仍无法根据当前所有用户画像设计产品，所以要完善用户画像，并对其进行优先级排序。

3. 完善用户画像

一旦完成了对用户画像的整合，运营人员就可以进一步完善用户画像，确保每个用户画像都有一个名称和详细描述，使用户画像更加真实。用户特征列表不能代表用户画像，用户画像是对某类用户群体的真实描述。如小李是一名孕妇，她既是孕期用品的目标用户，也是婴儿用品的潜在用户。小李代表了孕妇这类真实的用户群体，便于运营人员将用户画像想象成一个真实的人来思考和设计产品。

一般来说，用户画像主要涉及的内容要素如下。

（1）名称。用户名称既可以是真实的，也可以是虚构的。但每个角色都应拥有唯一的名称。

（2）画像。要为用户画像中的角色上传其代表画像。同名字一样，画像既可以是真实的，也可以是虚构的，它不仅使用户画像更加真实和贴近生活，还可以被运营人员轻松地识别出来。

（3）人口统计信息。人口统计信息包括年龄、性别、职业、收入、地理位置等信息。考虑到产品本身的属性和价格，职业和收入是十分值得关注的。

（4）个性特征。理论上讲，这类信息应使用 MBTI（Myers-Briggs Type Indicator，迈尔斯–布里格斯人格类型量表）人格理论或大五人格理论来描述，但因为运营人员很难有时间和精力去做这方面的工作，所以一般基于用户访谈进行主观描述。

（5）动机。动机可以帮助运营人员理解用户的想法。如用户是否愿意购买能够记录其健康信息的相关产品？问题的答案往往取决于用户是否具备某些动机。因此，运营人员要写清楚用户使用同类产品的主要动机是什么。

（6）使用习惯和场景。描述用户的使用习惯和使用场景，如用户习惯于使用某类产品或App，他们的操作习惯是怎样的，他们在什么地点或情况下会使用该产品或 App 等。

（7）目标和挫折。了解用户的目标和挫折可以帮助运营人员更好地以用户为中心设计产品。

（8）当前问题。运营人员需要了解用户为了实现目标目前都在使用哪些产品，以及在使用这些产品时遇到了哪些问题。

（9）了解产品的途径。如果运营人员知道用户是通过哪些途径接触到同类产品的，如社交媒体、电视广告、搜索引擎、朋友推荐等，就可以知道通过哪些渠道可以更有效地触达目标用户。

（10）对产品的关注点。不同用户对产品的关注点有所不同，但总会有很多重叠的部分，如外观、价格、安全、质量等。了解用户对产品的关注点，有助于运营人员在设计中更好地权衡各方面因素并有所侧重。

4. 确定核心用户画像

同一产品会有很多用户使用，但运营人员需要找到核心用户，将其当作企业的重要服务对象。运营人员要针对核心用户设计产品，因为不可能针对所有类型的用户设计产品。因此，要对所有用户画像的关键特征进行分析，找到一个具备绝大多数用户特征的用户画像，并将其作为核心用户画像。

针对核心用户画像而设计的产品，通常应满足用户的大部分需求。需求没有得到完全满足的用户画像可以进一步整合，得出若干个具备代表性的次要用户画像。

每一个用户画像（每一类用户）都对产品有一些特定的需求，不同的用户画像对产品的需求可能存在一些重叠。有时，可以选择忽略某些次要用户画像，虽然他们也会使用产品，但是设计方案不必特意迎合他们。

需要注意的是，如果需要针对次要用户画像设计产品，采用的设计方案要避免对核心用户画像所采用的设计方案产生干扰，避免由于为次要用户画像的用户提供便利而影响到核心用户画像的用户的使用体验。

5. 分享用户画像

分享用户画像是构建用户画像的最后一步，即将用户画像分享给相关运营人员，包括未来将参与进来的人及外部合作伙伴，目的是让创作团队成员就目标用户是谁、用户目标是什么等达成一致，时刻提醒自己从目标用户的角度来思考问题。

需要注意的是，用户画像并不是一成不变的，可以随着对用户了解的深入而不断进行调整。如新手用户一开始关注的是产品的易用性，如操作界面是否简洁美观、是否具备足够的新手引导、每个功能的交互是否清晰易懂等。但是，随着新手用户不断地使用产品，逐渐从新手用户变为成熟用户，这时他们关注的可能是产品的工作效率，如常用功能是否都有快捷键、操作步骤是否精简等。因此，用户画像需要不断地进行调整与优化。

特别需要注意的是，用户画像的应用不限于用户调研阶段，而是贯穿整个产品研发过程，应当成为企业做出所有决策的出发点。

任务三 用户运营流程规划

用户运营流程是一个系统而全面的过程，旨在通过一系列策略和活动来吸引新用户、留存忠诚用户、激活现有用户、促进用户转化。用户运营流程一般分 4 个阶段，即用户拉新、用户留存、用户促活与用户转化。

一、用户拉新

用户拉新是指通过一系列营销和推广方式，吸引并促使潜在用户成为真实用户，最直接的指标是新增用户数。用户是产品的生命源泉，不断为产品带来新的用户，才能提高产品销量与企业效益。

1. 用户拉新的渠道

获取新用户的渠道包括线上渠道和线下渠道，线上渠道又分为固定渠道、平台渠道和专项渠道；线下渠道主要有灯箱广告、聚屏广告、地铁广告、地推广告等。与线下渠道相比，线上渠道更容易获取新用户的统计数据，种类更多，应用也更便捷，更广泛，如图 5-2 所示。

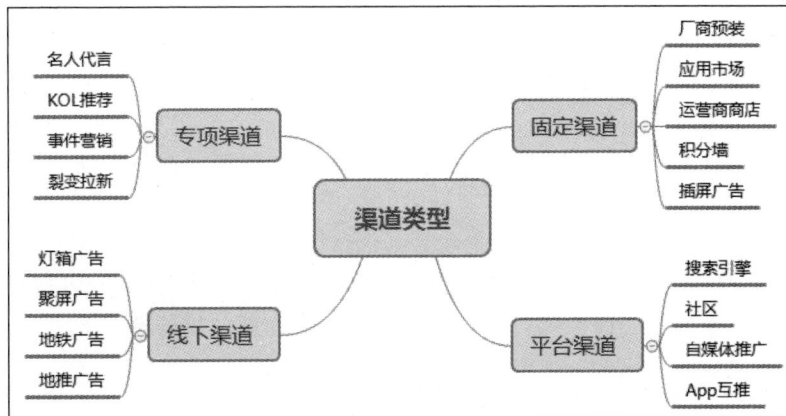

图 5-2 获取新用户的渠道

（1）固定渠道

固定渠道主要包括厂商预装、应用市场、运营商商店、积分墙、插屏广告等。

（2）平台渠道

平台渠道主要包括搜索引擎、社区、自媒体推广、App 互推等。

（3）专项渠道

固定渠道和平台渠道属于比较常规的渠道，而专项渠道属于非常规渠道。专项渠道包括名人代言、KOL 推荐、事件营销、裂变拉新等。

（4）线下渠道

线下渠道指的是布局在线下实体场景中的销售渠道，这些渠道通常依赖于实体门店、面对面交流、实体媒介等形式来触达目标用户。运营人员可以策划线下营销事件，引发话题，再通过线上平台渠道发酵，进行二次传播，从而引发新用户关注。

2. 用户拉新的方法

用户拉新的方法有很多种，常见的方法有以下几种。

（1）活动

通过举办活动来拉新是运营初期转化率较高的方式。在活动营销中，比较常见的拉新方法是"扫码免费送礼品""注册有优惠"等；比较高级的拉新方式是运营人员策划出让目标用户感兴趣的话题或事件，吸引其了解产品的特性与价值，使用户主动下载注册、使用产品并自发传播。

（2）地推

线下地推是较早的、传统的用户拉新方式。在互联网普及之前，企业常用的用户拉新方式就是线下地推，这也是人们熟知的、宣传范围广泛的一种用户拉新方式。如在客流量较大的商业区或大学城附近进行线下推广，发放宣传单、招校园代理等。

（3）广告

企业还可以通过广告的方式，借助平台让更多的人知道自身品牌或产品。广告可以是地铁上的线下广告，也可以是门户网站、网络视频、搜索引擎上的线上广告，但依据实践经验来看，新媒体平台的付费广告推广效果更佳。

（4）互推

寻找与企业的用户重合或用户数量相差不多的平台合作，通过商业互推的方式进行资源整合与互换，如微博互转、微信互推等。

（5）发帖

发帖是指企业在各种论坛上发布一些软文等来推广自己的产品，并联系论坛的管理者，与其进行广告合作，以吸引更多的用户关注企业的品牌与产品。

（6）合作

企业可以邀请行业内比较有影响力及号召力的意见领袖或"网红"达人，与他们合作，进行产品的宣传推广。

（7）口碑

企业不仅要保证产品的质量，塑造良好的品牌形象，还要专门为产品设计出能够广为流传的卖点，使其产生好的口碑，通过用户的口口相传，实现口碑传播。

二、用户留存

留存是指通过各种方法将拉来的用户留下来，并且让他们愿意与企业长期合作交流。用户留存是指用户在首次使用产品或服务后，在一段时间内继续使用该产品或服务，用户留存率是衡量产品或服务质量和用户满意度的重要指标之一。

1. 用户留存的步骤

用户拉新环节过后，新用户不再使用企业的产品，可能是因为运营人员没有找准目标用户，也有可能是因为新用户觉得产品体验并不好，选择放弃使用。无论是哪种原因，运营人员都要从企业角度出发寻找问题，通过数据分析，将企业产品与其他相似产品进行对比，通过一对一访谈等方式，了解用户的使用障碍，找出用户离开的原因并想办法解决问题，还要做好后期的观测工作。

（1）发现问题

运营人员要根据产品定位及营销目标，及时发现需要解决的问题。如一个生产净水器的企业确立的目标是提升自己的知名度，那么接下来就要分析目前阻碍该目标实现的最重要的问题是什么，是产品质量不过关，还是产品的外观不够吸引人，或是用户定位不精准，找错了目标用户。在此过程中，运营人员可以通过各种数据工具分析与确定问题所在。

（2）分析数据

明确了主要问题后，接下来就要找出与问题有直接关联的数据指标。如当用户重复购买率很低时，运营人员要进一步分析用户第一次购买产品到第二次购买产品之间的时间差是多少、哪类人群的重复购买率较高、哪类人群的重复购买率最低，分析维度要精确且全面，如针对重复购买率问题要考虑购买的人群、购买的渠道、购买的时间等。

（3）得出原因

找出问题并分析相关数据指标后，运营人员应对这些问题和数据指标所圈定的群体进行深入的分析，找出问题的潜在原因。如对复购产品最多的人群进行分析，将这类人群的具体特征与其他人群进行对比，找出所有的不同之处，分析这些不同之处与这类人群重复购买之间的关系，从而得到问题出现的原因。

（4）优化改进

找到可能影响用户增长的原因后，接下来就要对所有可能性进行分析并解决暴露出的问题，如产品功能不够齐全、有地域习惯的差异等。企业要不断改进产品，优化运营模式。

（5）监控效果

优化改进产品之后，运营人员还要持续地对问题相关人群进行跟踪观察，看一看企业的优化改进是否取得了成效。如果取得了想要的成效，就可以按照之前的步骤继续分析接下来可能发生的问题并及时解决；如果没有取得想要的成效，可以试着换个角度来思考、分析问题。

总之，明显的用户增长不是一朝一夕就能实现的，因为用户增长是一个长期积累的过程。企业要做好眼前的事情，提高产品质量、改进运营模式，只有抓住主要矛盾，才能尽早地完成用户快速增长的目标。

2. 用户留存的方法

运营人员要对不同层级的用户分别进行分析，找出问题产生的根源，这样才能解决问题。用户按层级不同大致分为活跃用户、不活跃用户、忠诚用户和流失用户4种，对于不同层级的用户，可以采用不同的留存方法。

（1）活跃用户

这类用户往往是浏览量最大的用户群，通常来讲，他们喜欢在多个产品之间进行多次比较，再决定是否要购买。对于这类用户，运营人员要做的是利用大数据跟踪他们的浏览记录，了解他们的兴趣爱好，并推送他们感兴趣的内容，引导他们参与互动。

通过与活跃用户的互动，运营人员可以总结出一份关于他们的兴趣爱好的报告，让他们感受到自己是被重视的。如微信读书在每年年末会针对一整年的使用数据，为每一位用户量身制作一份使用清单。时间久了，用户对平台的感情就会变深，忠诚度也会因此而提升。

（2）不活跃用户

通常将近一个月没有互动的用户称为不活跃用户。他们不是很需要企业的产品或服务，但又不是完全不需要，不活跃的原因可能是他们对产品或服务不满意。对于此类用户，运营人员要与他们适时地进行沟通，了解他们的需求，尽可能依照他们的喜好进行互动，调动他们的积极性，同时发现企业产品或服务的问题所在，努力让他们成为企业的活跃用户，甚至是忠诚用户。

（3）忠诚用户

忠诚用户是企业的留存用户，他们对企业的黏性较强，他们的存在对企业来说是一种莫大的鼓励和支持。运营人员不要因为他们忠诚就忽视他们，不与他们互动。相反，这类用户更需要运营人员热情和真诚地与他们交流互动。运营人员要让这些用户的忠诚转化为企业前进的动力，让他们为企业带来新的用户。忠诚用户往往会把自己喜欢的产品介绍给亲朋好友，这些就是企业的潜在用户。

（4）流失用户

对于那些已经流失的用户，运营人员要仔细分析问题所在，看看是不是因为服务态度出现了问题，或者哪里让他们感到不满意，是否还有挽回的余地。若流失用户是产品的目标用户，那么企业可以通过分析这部分用户流失的原因，重新调整定位。

三、用户促活

用户促活是指通过一系列营销策略和活动，使新用户在一定时间内完成注册、登录并执行特定操作，从而增加网站或应用程序的活跃用户数量，提高用户留存率。用户促活是提高用户满意度、增强用户黏性和推动业务增长的关键环节。通过用户促活，企业可以吸引更多的新用户，提高用户的参与度和留存率，提升用户生命周期价值。

1. 活跃用户的界定

活跃用户的界定通常依赖于业务定位、具体的应用场景与平台，一般可以从以下几个维度来界定。

（1）时间维度

界定活跃用户，可以从时间维度来考虑。根据时间长短，活跃用户可分为日活跃用户、周活跃用户和月活跃用户。

- 日活跃用户（Daily Active User，DAU）：在过去24小时内登录或使用了某个应用或服务的用户。
- 周活跃用户（Weekly Active User，WAU）：在过去7天内登录或使用了某个应用或服务的用户。
- 月活跃用户（Monthly Active User，MAU）：在过去30天内登录或使用了某个应用或服务的用户。

（2）行为维度

从行为维度界定活跃用户，主要体现在登录、交互、贡献等方面。

- 登录：用户登录某个应用或平台。
- 交互：用户与应用或平台进行了某种形式的交互，如点击、浏览、搜索、购买等。
- 贡献：用户在应用或平台上发布了内容或做出了其他有价值的贡献。

（3）频次维度

运营人员还可以根据应用或服务的使用频次界定活跃用户，一般根据用户在一定时间内使用某应用或服务的频次，用户可以分为高频用户、中频用户和低频用户。

（4）质量维度

运营人员也可以根据用户在使用某应用或服务时的行为、消费能力、留存率等质量指标来界定活跃用户。

在实际应用中，活跃用户的界定可能会根据具体的业务需求和市场环境进行调整。如对于某些应用来说，仅有登录行为的用户可能并不足以被视为活跃用户，用户还需要进行一定的交互或贡献。同时，不同时间维度的活跃用户数量也是衡量应用或平台健康状况的重要指标。

2. 用户促活的方法

运营产品、网站、应用的目的是通过优质的产品与服务获得用户的认可，最终创造收益。将用户吸引过来后，如何增强用户与产品之间的黏性、如何提升用户的活跃度就显得尤为重要。

常见的用户促活方法主要有以下几种。

（1）建立奖励机制

建立奖励机制是提升用户活跃度的常用方式，主要包括注册奖励、邀请奖励、推荐奖励等。

① 注册奖励：新用户注册后，通过发送优惠券、积分、赠品等方式给予新用户一定的奖励，以吸引新用户使用产品或服务，如新用户注册成功后可以获得积分，用于兑换产品或服务。

② 邀请奖励：用户可以通过分享链接、二维码等方式邀请好友注册或购买，当好友完成相应操作后，邀请人将获得相应的奖励，这种方式有助于快速扩大用户基础。

③ 推荐奖励：允许用户通过推荐应用或服务给其他人来获得奖励，从而吸引更多的新用户，这种方式可以激发用户的口碑传播动力，扩大用户基础。

（2）开展促销活动

开展促销活动也是提升用户活跃度的重要方式。活动的类型主要有促销优惠、会员优惠、免费试用等。

① 促销优惠：在特定时间，如节假日、周年纪念日等，提供丰厚的优惠券和礼品，以吸引用户购买。

② 会员优惠：设置会员制度，用户可以通过成为会员获得更多的优惠和专享服务，会员优惠通常包括折扣活动、免费试用等，有助于提升用户的黏性和忠诚度。

③ 免费试用：提供免费试用期，让用户在试用期内充分了解产品或服务，并决定是否购买，免费试用可以降低用户尝试新产品的门槛，提高用户转化率。

（3）打造优质内容

运营人员还可以通过打造优质内容，激发用户分享传播的动力，从而提升其活跃度。有趣、有用的内容更容易吸引用户，有趣的内容能够愉悦身心，将有用的内容分享给别人，会增强分享者助人为乐的自豪感。内容营销可以提升用户对产品或服务的兴趣和认知。

在全媒体运营中，如果内容平台能够满足用户的消费需求、社交需求、求知需求等，就会提升用户主动分享的积极性。如充满正能量的微博内容更容易激发用户做出转发、评论和点赞等互动分享行为。

（4）构建垂直社群

运营人员还可以构建垂直社群，增强粉丝的凝聚力。社群运营一般是指将社群成员以情感或价值纽带联系起来，使社群成员有共同的目标并持续相互交往。

成熟的垂直社群必然对应着一个稳定的细分目标市场，社群成员有着共同的兴趣爱好与消费习惯，对社群运营者的个人 IP 或产品品牌有较高的认同度，能够形成强大的凝聚力。

（5）优化用户体验

运营人员还可以从优化产品或服务的用户体验入手，提升用户满意度和活跃度，如简化注册流程、优化界面设计、提供个性化推荐等，使用户能够更顺畅地使用产品或服务。同时，完善售前、售中、售后服务，提供高质量的服务，解决用户在使用过程中遇到的问题，也可以提升用户满意度和提高用户留存率。优质的服务能够提升用户的信任度，促进用户继续使用产品或服务。

🎓 课堂讨论

根据自己参与社群的体验，说一说在用户拉新、留存、促活环节中，你最喜欢哪种方式？在这些环节中，你认为存在哪些不合理或不适宜的地方？

四、用户转化

用户转化是指将潜在用户或访客转变为实际使用产品或服务的用户，或者进一步将这些用户转化为付费用户或忠诚用户的过程。也就是说用户为了满足自身需求，对产品或服务产生兴趣，并发生了相应的行为转变，如从浏览到注册、从注册到付费、从普通用户到忠诚用户等。这一转变过程涉及用户的认知、决策、行动等多个环节。

企业进行用户运营的最终目的，就是提高用户转化率。可以这样说，用户转化率是衡量用户运营是否有效的重要指标。

1. 用户转化的关键环节

用户转化的关键环节包括用户认知、决策过程、行动转化、反馈与复购。

（1）用户认知

用户首先需要对产品或服务有一定的了解，这主要通过广告、口碑、社交媒体等多种渠道实现。在这一阶段，产品或服务的品牌形象、功能特点、用户评价等因素都会影响用户的认知。

（2）决策过程

用户在了解产品或服务后，会根据自身需求和期望效用最大化原则进行决策。在决策过程中，用户会考虑产品或服务的性价比、产品或服务是否符合自身需求、是否有更好的备选方案等因素。

（3）行动转化

当用户心理上认可产品或服务后，就会采取行动，即行动转化。这一行动可以是注册账号、下载应用、购买产品等。用户的行动转化受到多种因素的影响，包括产品的易用性、购买流程的便捷性、支付方式的多样性等。

（4）反馈与复购

用户在使用产品或服务后，会根据使用体验产生反馈。良好的使用体验会提升用户的满意度和忠诚度，增强用户的黏性与获得感，进而促进用户的复购和口碑传播；反之，则可能导致用户流失。

2. 用户转化的方法

用户转化的方法多种多样，但都旨在将用户的关注点、兴趣点、行为及忠诚度转化为实际的经济收益，即实现用户变现。

（1）广告变现

广告变现是指通过展示或播放广告来获得经济收益的一种商业模式。这种模式被广泛应用于互联网、移动应用、视频内容等多个领域。当运营人员通过全媒体运营积累一定的流量后，就可以考虑通过广告的形式来实现变现。

在互联网环境中，有些中小型网站、应用、个人 IP 虽然流量不大，但是质量很高，有广告展示的能力和需求，有些广告主广告体量比较小、投入资源有限，但也想进行广告推广，他们之间就可以通过广告商达成广告合作。

广告变现的方式主要有以下几种。

① 投放原生广告：将广告内容与平台内容相融合，以更自然的方式呈现给用户，提高用户点击率和转化率。

② 进行精准投放：利用数据分析技术，根据用户的兴趣、行为等特征进行精准的广告投放，提升广告效果。

③ 加入广告联盟：加入广告联盟，与其他平台共享广告资源，扩大广告展示范围。

（2）电商变现

电商变现是企业或个人利用电子商务平台（如网站、移动应用、社交媒体等）的优势，向用户展示产品或服务，并通过各种营销手段吸引用户购买，从而实现盈利的过程。

电商变现的方式主要有以下几种。

① 自营电商：建立自营电商平台，直接销售产品或服务。

② 电商导流：在平台或内容中引导用户跳转到电商平台进行购物，通过佣金或分成方式获得收益。

③ 直播带货：利用直播形式展示产品，与用户实时互动，提高用户转化率。

（3）内容付费

内容付费是指用户在享受媒体、教育等领域的内容服务时需要支付一定费用的变现模式。内容付费是一种高价值的变现方式，适用于能够提供独特、有价值的内容或服务的企业。

内容付费主要有以下几种方式。

① 提供知识付费服务：提供专业知识讲授、技能培训、咨询等付费服务。

② 设立会员制度：用户支付一定的费用后成为会员，可以享受专属内容、优惠等增值服务。

③ 提供定制化服务：根据用户需求提供定制化服务，如设计、翻译、法律咨询等。

（4）跨界合作

跨界合作是指与其他行业或企业进行合作，共同开发新产品或服务，实现资源共享和优势互补。跨界合作的主要形式如下。

① 品牌合作：与知名品牌合作推出联名产品或服务。

② 渠道合作：利用其他企业的渠道资源推广自己的产品或服务。

③ 技术合作：与其他企业在技术上进行合作，共同研发新产品或研究解决方案。

在用户转化过程中，运营人员要注意以下几点。

① 确保变现行为符合相关法律法规和平台规定，避免法律风险。

② 在变现过程中要始终关注用户体验，避免过度商业化影响用户满意度。

知识链接

在用户运营中，无论是拉新、留存还是促活环节，在设计活动时都要遵循"轻、短、高频"的原则。

"轻"意味着成本相对较低的活动，成本包括人力、物力等成本和用户参与的成本。

"短"意味着单个活动尽可能占用较短的时间。

"高频"意味着活动的频率要得到保证，要定期、定点举办活动。

任务四 社群运营管理

社群运营管理是指通过在线社交平台（如微信、微博、抖音、知乎等）维护和管理一个社群，包括内容的发布、成员的互动、活动的组织等，以达到品牌推广、用户增长、口碑传播等目的的一种运营方式。运营人员通过有效的社群运营管理，能够增强用户的黏性，提升品牌的影响力，进而提高产品销量，实现良好的营销效果。

一、社群定位

社群定位是社群运营管理的第一步，也是社群建设和运营的基础，它决定了社群的发展方向、目标用户群体，以及后续的运营策略。

1. 社群定位的要素

进行社群定位涉及以下要素。

（1）社群目的

社群目的就是要让用户知道这个社群能够让用户得到哪些服务，享受到哪些便利。明确运营社群的目的是用户增长、品牌推广、知识分享，还是兴趣交流等，有助于吸引目标用户加入，并让他们在社群中找到归属感和认同感。

如好物分享群就是为了将好用且实惠的产品分享给各位用户，而进群的用户也是为了知道有哪些好物。因此，运营社群的目的越具体，内容越详细，就越能精准地积累用户。

（2）社群目标用户

明确社群的目的之后，就需要思考本社群的目标用户，包括他们的年龄、性别、职业、兴趣爱好、消费习惯、价值观等方面的特征。了解目标用户的痛点，有助于为他们提供有价值的内容和服务，增强他们的黏性和提高他们的忠诚度。

如定位美妆的社群，其目标用户为女白领、女大学生等年轻女性，她们追求潮流、时尚，在不同的场合需要搭配不同的妆容、服饰等。

（3）社群内容

社群内容和社群目的相辅相成，社群成员在了解社群目的之后会进入群聊，因此群聊中要匹配相应的社群内容。如新品推广群就要定时发送新品上架信息、新品折扣等；福利群要发送福利优惠、拼团、折现等信息内容。只有匹配的"社群内容+社群目的"才能吸引目标用户，并将其从潜在用户转化为真实用户。

社群内容主要包括社群主题、社群愿景、社群文化、社群特色等。明确社群主题，有助于吸引目标用户加入，培养他们的归属感和认同感；设定社群愿景，有助于激发社群成员的积极性和创造力，推动社群不断发展壮大；确立社群文化，能够体现社群的特色和个性，有助于增强社群成员的凝聚力和向心力；社群特色有助于吸引更多的目标用户加入，并让他们在社群中获得独特的体验和价值。

2. 社群定位的方法

精准的社群定位能够有效提高社群运营管理的效率。如某个社群定位为读书群，其所有成员都围绕读书做整体的共创，那么在读书的过程中，社群运营管理会精细到每个人每天的打卡、复盘、输出，同时给予成员正向的奖励和反馈，如读书币等。这样下来，这个社群会因为有精准的读书定位而更容易运营。

运营人员可以从以下几个维度进行社群定位。

（1）目标用户的维度

自己的目标用户是谁、想给他们提供什么样的价值、要换取他们什么样的回报行为，这些是从用户维度进行社群定位需要明确的内容。进行精准社群定位的步骤为：构建用户画像、掌握用户需求、匹配社群价值、明确社群定位。

（2）用户与产品的互动维度

运营人员可以从用户与产品的互动维度进行社群定位。

① 高频高客单价的社群。如纸尿裤、奶粉等母婴用品都是高频且高客单价的产品，属于用户的刚需用品。这类产品根据用户的决策周期，可以采用 KOL 带货推荐、微信社群、小程序互动、直播等方式进行销售。

② 高频低客单价的社群。如零食、生鲜、部分服饰类都属于高频低客单价的产品。这类产品因为用户购买频次高，所以只需做好互动，设计好具有吸引力的活动即可。

③ 低频高客单价的社群。如奢侈品类和数码类都是用户决策周期比较长，购买频次比较低的产品。销售这类产品一般需要先建立人设，如超级导购员人设等，然后基于信任，由线下的实体门店进行赋能，通过微信与用户进行私聊，以打造朋友圈人设的方式进行产品的销售，这样成功的概率会更高。

④ 低频低客单价的社群。低频低客单价的产品一般不适合私域销售，因此不在私域范围内体现。

在社群运营中，运营人员要设计好引流产品、主打（常规高复购系列）产品及增值（周边）产品。这样的产品定位能够快速、有效地获得私域流量的增长和转化。

（3）市场维度

进行社群定位时，运营人员还可以从消费市场的角度来考虑，将社群定位为教育培训社群、情感交流社群、社会流量社群、区域社群、行业社群等。

① 教育培训社群。这类社群通常出现在知识付费领域，以内容价值输出为主进行运营方式，同时有一些社群会进行低客单价到高客单价的转化。这一定位的社群多数需要进行强运营，并且要给用户输出很多的内容和干货，才能让用户产生学习兴趣或下单的欲望。

② 情感交流社群。情感交流几乎是所有人的需求。这类社群的定位比较简单，运营也偏

向更轻便的方式，群内成员自发活跃的居多，同时很少出现广告，更多的是基于情感信任和情感交流来运营社群的。

③ 社会流量社群。这类社群的成员往往是因为不同的活动、裂变等被拉入社群的。这类社群一般用于精准筛选粉丝，所以在运营初期可以采用偏泛流量的运营方式。

④ 区域社群。区域社群定位通常是按照区域进行划分的，如二手闲置群、同城交流群、同城团购群、门店社群，社群成员基于区域范围进行社群交互。

⑤ 行业社群。行业社群是指根据不同行业来明确社群定位，如运营交流群、财经交流群、卡车司机群、商业对接群等，这些社群都会根据行业来筛选用户，群内成员大多数是这个行业的从业者，在交流的过程中会更多地基于行业相关内容相互探讨，是比较常见的一种社群定位。

（4）运营时长维度

运营人员可以从社群运营时长维度进行社群定位。如果是通过一场活动建立的新群，运营人员需要考虑活动后社群的运营管理与解散方式等。如果该社群在活动过后作为常规社群，就需要提升活动的筛选门槛，对社群进行精细化运营，以提高复购率；如果作为活动快闪群，则可以降低门槛，主要用于裂变，活跃群内的气氛，为成交做准备，并且在成交后解散社群。

二、社群引流

社群引流是一种通过社交媒体或社群平台吸引用户和增加目标用户数量的营销方式与策略。社群引流的主要方法如下。

1. 内容引流

在这个内容为王的时代，高质量的原创内容更容易吸引用户的关注。运营人员应发布高质量、有价值的原创内容，包括文章、视频、音频等，以吸引用户关注和分享。另外，运营人员还要经常在社群中发起话题互动，鼓励社群成员参与讨论，增强社群成员的黏性和提升其活跃度。

2. 活动引流

举办活动是社群引流的最佳方式之一。运营人员可以组织线上或线下、娱乐或学习性质的活动，通过活动吸引用户参与并分享给更多人，达到为社群引流的目的。活动设计包含的内容很多，有主题设计、流程设计、文案编写和场景选择等。

3. 与 KOL 合作

运营人员可以与 KOL 合作以达到为社群引流的目的。一方面，要寻找合适的 KOL，最好选择与品牌特点和市场需求相符合的 KOL 进行合作，利用其影响力和粉丝基础进行引流。另一方面，要确定与 KOL 的合作形式，可以采用直播、短视频、图文等多种形式，通过 KOL 的推荐和分享吸引更多用户关注。

4. 多平台推广

运营人员可以选择合适的社群平台进行多平台推广。各大平台都有自己强大的内容分发能力，如社交媒体平台微信、微博、抖音、快手等，这些平台拥有庞大的用户基础，运营人员可以根据目标用户的兴趣和习惯选择合适的平台进行引流；专业社群平台知乎、豆瓣、贴吧等，这些平台上的用户往往对特定领域有浓厚兴趣，适合进行精准引流。

5. 裂变引流

运营人员可以采用裂变的方式进行引流，设计裂变机制，鼓励社群成员邀请更多的人加入社群；同时设置奖励制度，对成功邀请新用户的社群成员给予一定的奖励，提高社群成员邀请他人的积极性。

三、社群促活

社群前期的活跃度在很大程度上会影响社群后期的转化。因此，社群活跃度高对社群转化有正向的促进作用，运营人员在社群日常运营中要有意识地促进社群活跃，为后续社群成交做好铺垫。

社群促活的方法主要有以下几种。

1. 话题讨论法

定期发起话题讨论是保持社群活跃的有效方法之一。如在知乎、百度、微博等平台找到合适的热点话题，然后将话题发到社群里，吸引社群成员进行讨论和话题分享。还可以在群内由社群成员共创话题，进行讨论；或者社群成员提出问题，由群主或 KOL 解答问题，社群成员得到满足，从而使社群活跃起来。

2. 内容输出法

进行价值内容输出是促进社群活跃非常重要的方式。当社群里有社群成员需要的内容和资料时，整个社群的活跃度会非常高，同时社群也会产生相应的价值。运营人员要制定内容策略，包括确定内容类型（如文章、视频、图片等）、发布频率、内容形式等。

社群需要不断提供有价值的内容或服务，以维持社群成员的兴趣和活跃度。提供的内容或服务应具有实用性、趣味性和知识性，能够满足社群成员的需求和期望。

3. 游戏活动法

游戏活动法作为一种有效的社群促活方式，能够通过趣味性和互动性强的活动，激发社群成员的参与热情，提升社群的活跃度和凝聚力。游戏活动主要有以下类型。

（1）红包活动：在群内发放红包雨、手气最佳红包、特定条件红包等。

（2）趣味问答：运营人员设置与品牌、产品相关的问题，或知识竞答、脑筋急转弯等。

（3）打卡/签到：通过每日或连续签到获取积分，积分可用于兑换商品或优惠券。

（4）成语接龙/接歌词：群主发起成语接龙或接歌词活动，社群成员依次接龙。

（5）寻宝小游戏：在社群聊天记录中寻找特定商品或信息，或猜测商品价格等。

（6）朋友圈集赞：让社群成员转发特定内容至朋友圈并集赞，截图发至群内领取奖品。

（7）社群暗号：群主发布特定暗号，社群成员在购买商品时提供暗号可享受额外优惠。

（8）颁奖典礼：定期举办颁奖典礼，表彰社群内的活跃分子和内容贡献者。

四、社群成交

社群成交与客单价、用户质量、销售情况、用户信任度有着很大的关系，并不是与用户建立好关系就可以实现社群成交的。用户对产品、品牌的信任感来自前期品牌方对产品的包装宣传、对用户的维护，以及品牌的知名度等多种因素。

在社群运营中，促进社群成交的主要方法如下。

1. 重视互动

对社群成员提出的问题或存在的疑惑要及时解答，在社群成员提出需求时第一时间满足，这样能够增强社群成员的信任感，提高社群成交的转化率。

2. 建立信任

运营人员要在社群传播有价值的信息，如分享专业知识、经验心得等，建立社群成员对品牌或产品的信任，还可以在社群成员的朋友圈点赞、评论，以及与社群成员聊天等，这些互动形式对建立信任关系有很大帮助。和社群成员成为朋友是促进社群成交的有效方法之一。

3. 展示产品

在群内要经常展示产品，可以展示产品的功能及使用效果，比较好的方式是对比和相关见证。还可以传播产品的实际价值，罗列出能够带给社群成员的便捷与好处，促使他们对产品产生更高的期待。

4. 构建场景

社群成员在做购买决策时，往往很在意购买后的使用场景。运营人员根据产品特性，可以为社群成员提供一种特定身份，让其在某种场景下使用产品，这也是促进社群成交很重要的方法。如为社群成员提供专属名称，如高级 VIP、铁粉、首席体验官等，让他们感受到企业对他们的重视，然后为他们营造使用场景，从而激发社群成员产生购买行为。

5. 口碑传播

运营人员可以鼓励社群成员分享使用心得和购买体验，塑造品牌形象，注重口碑传播，吸引社群成员关注，进而促进社群成交。

课堂讨论

你有没有参加过社群？如果有，你参加过哪些社群？你有没有在社群中购买过产品或服务？请结合实际情况说一说作为用户，你更喜欢哪种引流、促活及成交方式？

任务五 用户运营案例分析

用户运营案例分析可以从多个维度进行，针对不同产品或服务的用户运营也存在差异，一般从用户获取、用户激活、用户留存、用户转化及用户传播等方面进行分析。

一、抖音用户运营分析

抖音拥有庞大且活跃的用户群体，是用户运营成功的典型代表。

1. 抖音用户画像的特征

抖音用户画像可以从多个维度进行描述，包括性别、年龄、地域、兴趣偏好等方面。

（1）性别

根据抖音官方数据，目前抖音用户的男女比例约为 4∶6，且女性用户更为活跃。

（2）年龄

抖音用户年龄分布较为广泛，主要集中在 18～35 岁之间。其中，18～24 岁用户占比最高，为 35%，25～30 岁用户占比为 27%，31～35 岁用户占比约 16%。

具体年龄段偏好如下。

- 男性中，19～24 岁、41～45 岁用户偏好度高。
- 女性中，19～30 岁用户偏好度高。

一二线城市中，19～30 岁用户偏好度高；三四线城市中，19～35 岁用户偏好度高。

（3）地域

抖音用户主要集中在一二线城市，如北京、上海、广州、深圳等地，其中北京、上海、广州的用户占比较高，分别为 7.9%、6.7%、6.3%。此外，江苏、浙江、河南等省份的用户也较为活跃。

（4）兴趣偏好

抖音的内容涵盖了美食、旅游、音乐、时尚、健身、母婴、萌宠等多个领域，满足了不同用户的兴趣需求。

具体偏好如下。

- 男性用户对军事、游戏、汽车类视频偏好度较高。
- 女性用户对美妆、母婴、穿搭类视频偏好度高。
- "80 后"对汽车、母婴、美食类视频偏好度高。
- "90 后"对影视、母婴、美食类视频偏好度高。
- "95 后"对游戏、电子产品、穿搭类视频偏好度高。
- "00 后"对游戏、电子产品、穿搭类视频偏好度高。

（5）用户需求

对绝大部分抖音用户来说，观看视频的主要目的是娱乐、放松心情，从总体上看需求性不强。但是，随着抖音内容的多样化，用户观看视频的需求也逐步由以休闲为主的弱需求向了解更多信息、获取知识等强需求转变。

从视频主题分类来看，大部分的抖音用户更倾向于观看搞笑类视频，可见用户使用抖音更多是为了放松、娱乐；其次是知识技巧分享类视频，用户在娱乐的同时也能学到知识。

近年来，抖音上海量的知识内容广受用户欢迎。知识类短视频的平均播放量、点赞量、作者粉丝数等，都远高于站内平均水平，知识类大 V 正在成为新的"网红"。

2. 用户分层

针对不同层次的用户，抖音的运营策略也有所不同。抖音的用户可分为路人粉、铁粉、内容粉和线下粉丝。

（1）路人粉运营

对于"路人"，运营人员的工作是实现"路转粉"。路人粉可能是观看了某个爆款视频，而这个视频刚好满足了他们的某项需求，从而产生关注行为的粉丝；也可能是通过某种线上活动引导而来关注的粉丝。这类粉丝带有一定的偶然性，他们更容易流失。吸引这类粉丝也存在偶然性，运营人员可以通过观察粉丝互动区的互动情况来筛选目标用户，提高视频质量，留住用户，完成"路转粉"。

（2）铁粉运营

铁粉是与路人粉截然不同的用户，他们对短视频账号或短视频博主在情感上有较强的依赖感和归属感。在他们眼里内容不是最重要的，账号的调性和与博主的互动方式才是他们关注的重点。

这类粉丝的价值最高，其忠诚度高、黏性强，所以他们也是在引流过程中最难以获得的。运营人员要吸引这类粉丝关注，一方面要有自己鲜明的账号设定和特点，另一方面则要通过提高粉丝对短视频的参与度来留住粉丝。

在运营过程中，需要建立社群及沟通机制，多与粉丝进行日常交流，建立情感纽带，强化粉丝对账号的情感，同时也为他们提供反馈的有效渠道。还可以邀请他们参与短视频的选题、创意、文案当中，提升他们的参与度和被重视程度，增强粉丝黏性。

（3）内容粉运营

抖音平台上还有大量的内容粉，内容粉是被短视频内容所吸引，从而产生关注行为的粉丝。这类粉丝也是短视频输出的主要粉丝群体，他们更注重从短视频中获得想要的东西，因为他们对短视频内容有不同的诉求。

运营这类粉丝群体就要通过引导来帮助他们形成短视频使用习惯，进而深入挖掘其存在价值。因此，要想吸引内容粉，一方面要有稳定且持续输出 UGC 的能力和资源；另一方面，最好能够形成流程化的内容生产机制，通过这种规律来培养用户习惯，留住粉丝。

（4）线下粉丝运营

线下粉丝也是抖音用户运营不可忽视的一类粉丝群体。这些粉丝虽然也看线上内容，但对于线下的活动更为青睐。

① 全民参与的线下活动。短视频的一个特点是参与门槛低，而全民参与的线下活动进入门槛也很低，参与度却很高。全民参与的线下活动在囊括各行各业的用户的同时，还能输出有趣的内容。运营人员可以通过这样的活动来加强与粉丝的互动，这在一定程度上能够提升粉丝的活跃度、留存率并使粉丝数量增加。

② 举办主题活动。主题活动针对的是垂直范围的用户，如果是做垂直短视频内容运营，这类粉丝运营方式就比较合适，通过这种方式不仅可以提升品牌知名度，还能增强粉丝黏性。

③ 定期举办见面会。这种活动方式很适合有影响力、个人魅力强的内容创作团队。通过这类活动可以驱动粉丝的购买力，强化与粉丝之间的联系。

3. 用户引流

以短视频为主体的抖音主要通过以下方式进行用户引流。

（1）用户引流转粉

个人进行引流，在微博、微信这些社交平台比较常见。如果有一定数量的粉丝，可以尝试为用户制造利益点，如转发抽奖，从而实现裂变式传播。

（2）优质内容引流

抖音的核心内容是有趣、有料的短视频，这些优质视频汇聚成抖音这款 App 的凝聚力，这也是吸引年轻人的地方。抖音以独特简易的内容创作模式激发了大量年轻人的创作天赋，也因其独特的算法推荐而迅速火爆，成为人们手机上必备的 App，占据了人们的碎片化时间，也聚集了流量。

因此，要想做好抖音短视频，必须坚持创作、输出优质的内容，给用户带来实际价值体验，这样才能激发用户点赞与分享，进而留住用户，把握住流量。

（3）智能推荐机制

抖音系统根据用户发布的短视频的特点，自动把视频推荐给对此内容感兴趣的人群。即使在账号运营初期，账号没有多少粉丝，依靠系统智能推荐功能，短视频也可以被更多的人看到。抖音的成功一方面源于优质的视频内容，另一方面源于独特的智能推荐机制。

抖音智能推荐机制又称算法推荐机制，这个算法推荐机制对于用户上传的每一个新视频都会给予一定的流量分发，然后根据这个初始的流量分发推算出这个视频是否值得被推荐，分别从播放量、点赞量、评论量、转发量、涨粉量 5 个维度进行核算。

从以上 5 个维度进行判断，算法推荐机制会根据每个视频的类型为其贴上不同的标签，然后推送给具有相同兴趣的用户，这样就能紧紧抓住用户的眼球，牢牢把握住用户心理，这就是抖音算法推荐机制的核心内容。

（4）引导性评论

做抖音短视频，除了结合背景音乐（Background Music，BGM）、@抖音小助手、善用热门话题这些辅助内容外，还有一个很重要的涨粉小技巧，即善用评论区。在热门视频的评论区与达人进行互动，会吸引更多用户的注意，如某"网红"和知名演员在评论区互动，吸粉无数。

（5）巧借热门话题

无论是做短视频运营，还是公众号运营，借助时事热点，在吸粉引流方面总能收到立竿见影的效果。当然，在抖音上也可以借助热门话题吸引用户的关注，运营人员可以参照以下方法借助热门话题实现引流。

① 查看抖音热榜，寻找热门话题。抖音热榜又分为热点榜、种草榜、娱乐榜等。

② 判断热门话题是否适用。一个事件是否有借助的价值，要看其是否具有重要性、相关性、知名度等相关特征，其具有的特征越多，则价值越大，借助后产生的晕轮效应也越大。

③ 参与热门话题，创作短视频。如果在热门话题出现的第一时间，运营人员就能制作出追逐热门话题的短视频，就有很大的概率快速"涨粉"。抖音会根据热门话题的热度，以及视频与热门话题的关联度，为视频分配流量。

4. 用户促活与留存

当短视频账号拥有了粉丝之后，需要对粉丝进行维护，与粉丝建立更加亲密的联系，增强用户黏性，提升用户的活跃度。

（1）提升用户活跃度

文案和内容要能吸引用户积极评论，这样用户就会活跃起来。视频主题可以是某些产品的深度评测，吸引用户发表观点，如美妆产品评测、电子产品测评等；也可以是有争议的社会舆论话题，激发用户情绪，引发互动，如不遵守交通规则的案例等；或者是利用用户同理心引起用户共鸣的事件，如情感故事、职场故事等；也可以是重要节日，如国庆节、春节等。

优质、有趣的内容能够吸引用户参与互动。有的用户可能会提起兴致写很多评论，或是给运营人员发私信，运营人员要积极与这些用户进行互动，促使用户对运营人员保持好感，吸引用户持续关注。

（2）留住用户

用户在看完短视频后，运营人员要想办法留住用户，激发用户进行互动，如点赞、评论、转发和关注。用户进入账号主页并关注此账号，就相当于留存下来。用户愿意一直关注某账号的短视频，往往是因为此账号的短视频具有独特风格、内容垂直于某个领域且有实用价值。因此，运营人员持续输出优质、符合个人形象设定、能表现自己个性的视频内容，让视频内容具有独特性、观赏性与价值性，才是留下用户的关键。

（3）让用户主动推荐

用户觉得好的内容才能激发用户做出主动分享的行为。抖音会先给一小部分人推送内容，监测他们的反馈，如果他们停留时间长、点赞了、评论了，说明这个视频的质量不错，系统会将其推送给更多人。依此类推，如果一路下去反响特别好，就很容易上热门。

一定时间内的点赞数、完播率、评论数、收藏数等数据，决定了这个视频是否会被抖音主动推广给更多用户。当然，除了以上这些方法外，视频质量要保持、视频数量要持续、视频互动要坚持，只有保持长期输出目标用户喜欢的优质视频，经常与用户互动，树立个人形象和领域权威，这一套运营的闭环才能长期、健康地循环下去。

二、帆书社群用户运营分析

帆书用户运营策略是其在知识付费领域取得成功的关键要素之一。帆书是由樊登创立的一个以推广阅读为目的的社交平台，它通过线上线下相结合的方式，鼓励人们阅读好书、分享知识、共同成长。在这里，每个人都可以成为知识的传递者，也是学习的受益者。

帆书社群运营的成功不是一蹴而就的，它背后蕴含着对社群运营核心要素的深刻理解和对内容的精心策划。通过高质量的内容生产、用户参与模式的构建、互动交流的平台打造及持续的价值输出，帆书社群成为一个知识分享和终身学习的典范。

帆书社群的用户运营策略如下。

1. 市场调研，了解需求

帆书社群运营人员通过市场调研，了解到的用户的实际情况与需求如下。

（1）没时间读书：现代人生活节奏快，时间碎片化，难以抽出大量时间阅读。

（2）不知道读哪些书：面对浩如烟海的书籍，用户往往难以选择适合自己的读物。

（3）读书效率低：即使有时间阅读，也可能因缺乏有效方法而导致效率低下。

2. 针对需求，提供解决方案

帆书社群运营人员经过市场调研，深入研究分析用户实际情况与需求，总结出以下解决方案。

（1）音频+文稿形式：帆书将每本书拆解后录成音频，并配以文稿，以便用户随时随地听书，提高阅读效率。

（2）精华解读：每年为付费会员提供50本书的精华解读。

3. 构建用户画像与会员体系

帆书社群运营人员构建了以下用户画像与会员体系。

（1）用户画像：帆书的用户群体男女比例均衡，年龄主要集中在24～35岁之间，消费能力较强，中等以上消费者占比71.09%。用户地域分布广泛，三线城市最多，占比23.20%。

（2）会员体系：帆书的用户分为普通用户和VIP会员两大类，每类用户的权益不同。VIP会员享受更多专属服务和内容。

4. 用户拉新策略

一个成功的社群离不开用户的积极参与。帆书通过分销策略，构建积分体系等多种形式，让每一位社群成员都有机会参与到社群活动中来。

帆书社群用户拉新策略如下。

（1）分销策略：通过线下各地分会、樊登书店及线上老带新等方式进行拉新。线下各地分会和书店不仅提供阅读空间，还通过举办活动、沙龙等方式促进用户付费。

（2）积分体系：用户通过签到、邀请好友等方式获取积分，积分可以在积分商城兑换商品，包括年卡等高价值商品，激励用户持续活跃和拉新。

（3）传播推广：通过营销活动、跨界合作、节目拉新等方式扩大品牌影响力。如与荔枝微课等平台合作，举办"我是讲书人"比赛等。

（4）社交媒体：利用抖音、小红书等平台发布短视频、直播等内容，吸引新用户。

5. 用户运营流程

（1）留存：通过持续上新内容、举办线下主题活动、提升用户体验等方式提高用户留存率。

（2）活跃：通过每日任务、有奖话题、社群互动等方式提升用户活跃度。

（3）付费：通过增加付费项目、活动促销等方式提高用户付费率。

6. 提供的内容与服务

帆书提供的内容与服务如下。

（1）核心服务

• 读书服务：以"樊登讲书"为火车头，辅以"李蕾讲经典"和"非凡精读"等栏目，满足用户多样化的阅读需求。

• 课程与书城：提供丰富的知识付费课程、职业培训课程，以及有声书和实体书销售等业务。

（2）企业服务

面向企业提供企业共读营、线下翻转课堂和数字阅读空间等综合性读书方案，助力企业建立学习型组织。

帆书通过市场调研，精准定位目标用户群体，构建完善的会员体系，实施有效的拉新策略和用户运营措施，成功地在知识付费领域脱颖而出。帆书社群运营的成功，不仅在于它提供了优质的阅读材料，更在于它创造了一个积极向上、互帮互助的社群学习环境。在这里，每个人都可以找到志同道合的朋友，共同成长。正如樊登所说："一个人走得快，一群人走得远。"在未来，帆书社群还将继续探索和创新，为更多的阅读爱好者提供温暖的精神家园。

项目实训：知乎用户运营策略分析

1. 实训背景

知乎是一个集问答、知识分享、内容创作于一体的综合性平台，在我国互联网领域具有较高的知名度和影响力。自 2011 年 1 月正式上线以来，知乎凭借其认真、专业、友善的社区氛围，独特的产品机制，以及结构化和易获得的优质内容，吸引了大量用户和内容创作者。

2. 实训要求

请同学们搜集知乎的相关资料，包括知乎的发展历程、知乎的功能与服务、知乎用户与内容创作者等，深入了解知乎的平台与用户特性，并进一步分析总结其用户运营策略。

3. 实训思路

（1）阅读实训背景

请同学们阅读实训背景，通过相关资料了解知乎的发展历程及用户特征等。

（2）搜集资料，分析其用户运营策略

在网络上搜集知乎的相关资料，分析并总结概括其用户运营策略，包括用户拉新渠道、用户促活与留存的方法等。

（3）注册账号进行体验

站在用户的角度，注册账号亲自体验知乎，可以提出问题或回答他人问题，了解并体会用户的需求。

（4）提出有效的策略与建议

通过实践运用，充分发挥创新思维，分析知乎的优势与需要改进的地方。

项目六 短视频运营

项目六

知识目标

➤ 掌握短视频账号设置的方法。
➤ 掌握短视频内容策划、拍摄与后期剪辑的方法。
➤ 掌握短视频引流策略和用户运营策略。
➤ 掌握短视频数据分析的常用指标和工具。

能力目标

➤ 能够根据短视频账号定位为账号设置合适的名称、头像和简介。
➤ 能够根据营销方案策划具有吸引力的营销短视频。
➤ 能够根据营销目标制定并实施短视频引流方案，并做好用户运营。

素养目标

➤ 坚持原创，善于运用创新思维创作高质量的原创性短视频。
➤ 坚持弘扬正能量，在短视频中宣传真、善、美。

知识导图

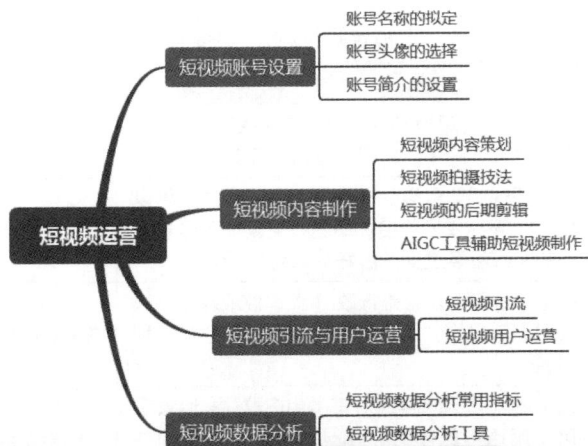

引导案例

甄磨坊：以"点阵式账号+多卖点输出"推动长效发展

中式传统糕点多以果仁、杂粮谷物为主要材料，是老少皆宜的食物。甄磨坊就是一个以中式传统糕点为主营商品的品牌。

甄磨坊在抖音平台创建了大量品牌账号，且很多账号以特定的商品名称作为账号名称。这些以商品名称作为账号名称的品牌账号，多以相应的商品作为账号主推商品。如账号"甄磨坊五黑紫米麻薯面包"发布的短视频内容就围绕五黑紫米麻薯面包这款商品展开，在该账号的直播中，也以讲解五黑紫米麻薯面包为主，并在直播间中上架多款同品牌的其他商品作为组品。通过这种策略，甄磨坊的多款商品都获得了比较充分的曝光，让品牌实现了私域流量的沉淀。

甄磨坊一系列品牌账号发布的带货短视频通常会对商品的原料进行重点展示，以增强用户对品牌商品真材实料的感知，同时运营者还会在短视频中强调商品便于携带的特点。此外，在带货短视频中，运营者通常会将各类糕点的特性与不同用户群体的生活习惯相结合，以突出各款糕点的食用场景。如在一条介绍八珍糕的带货短视频中，运营者强调这款八珍糕适合早晨空腹吃，适合早晨上班来不及准备早饭的人群，让用户在浏览短视频时能够根据自身感受结合实际情况做出购买决策。

任务一　短视频账号设置

短视频账号设置就是为短视频账号"做装修"，"漂亮"的账号设置不仅能够体现账号的特点，还能增强账号对用户的吸引力，提高用户对账号的关注度。

一、账号名称的拟定

账号名称是账号资料的核心，运营者设置账号名称要遵循简洁、易记的原则，账号名称中不要有生僻的字词。此外，账号名称不宜过长、过于烦琐，以免增加用户记忆和传播账号名称的难度。

运营者拟定账号名称时，可以采取如表6-1所示的方法。

表6-1　拟定短视频账号名称的方法

拟定名称的方法	说明	示例
以姓名、昵称命名	以运营者或短视频中主人公的姓名或昵称命名，真实、简单、易记，有利于打造个人IP	"彭传明""多肉小朋友""潘姥姥"等
以企业简称命名	如果短视频账号以企业为主体进行运营，可以用企业简称或品牌名称命名，但要注意账号名称的字数不要过多，最好不要用企业全称	"格力电器""华为"等
以组织的名称或简称命名	如果短视频运营者是行政/事业单位或媒体、社会组织等机构，可以直接以组织的名称或简称命名	"央视新闻""清华大学""新华网"等
根据用户群体特征命名	如果短视频的内容针对某类用户群体，运营者可以用用户群体的称呼或用户群体具有的共同特征命名	"大学那点事儿""小个子女鞋铺"等

续表

拟定名称的方法	说明	示例
根据内容定位命名	从短视频账号的内容定位出发进行命名，让用户看到账号名称就知道这个账号发布的短视频在讲什么，如"××（IP 名称）+说/聊/谈+××（领域、定位）""××（领域、定位）+××（IP 名字）""××（IP 名字）+的××日记/笔记/课堂（领域）"	"学浩聊求职""小白的运营笔记""卡卡的时尚笔记"等
根据功能性命名	从账号的功能性出发进行命名，让用户看到账号名称就能联想到该账号发布的内容能够满足他的某种需求	"一分钟说电影""居家好物种草"等

二、账号头像的选择

头像是构成短视频账号视觉符号的要素之一，运营者选择短视频账号的头像时要遵循两个原则，一是头像与账号定位要相符，二是头像要清晰、美观。

运营者可以使用以下内容作为短视频账号头像。

1. 使用短视频中的角色形象作为账号头像

运营者可以使用短视频中的角色形象作为账号头像，角色形象可以是短视频中主人公的真人形象，也可以是主人公的卡通形象、漫画形象等，这样有利于强化短视频内容中的角色形象、打造人物 IP，如图 6-1 所示。

2. 使用品牌名称、Logo 作为账号头像

对企业号来说，运营者可以将品牌名称、Logo 作为账号头像，这样有利于强化品牌形象，并以品牌做背书，提升用户对账号的信任度，如图 6-2 所示。

图 6-1　使用短视频中的角色形象作为账号头像

图 6-2　使用品牌名称、Logo 作为账号头像

3. 使用账号名称作为账号头像

运营者可以直接将账号名称作为账号头像。使用账号名称作为账号头像时，运营者可以对账号名称进行适当的美化，头像的背景最好为纯色，以突出文字，更直观地呈现账号，进而强化 IP 形象，如图 6-3 所示。

4. 使用卡通形象作为账号头像

运营者可以选取一个与自己账号定位相符的卡通形象作为账号头像，如图 6-4 所示。

图 6-3 使用账号名称作为账号头像

图 6-4 使用卡通形象作为账号头像

三、账号简介的设置

账号简介又称个性签名，即对账号进行简单介绍，能让用户更全面地认识账号。运营者设置短视频账号简介时，可以采用以下方法。

（1）表明账号定位，在账号简介中表明你是谁、是干什么的、能为用户提供什么，用户通过关注账号能获得什么。如某短视频账号简介为："记录 66 岁姥姥的农村美食生活，不定期全国巡煮上门做饭，姥姥带你一起了解平凡人的故事，利他向善分享感动。""记录 66 岁姥姥的农村美食生活，不定期全国巡煮上门做饭"表明了短视频账号是干什么的，"姥姥带你一起了解平凡人的故事，利他向善分享感动"表明了短视频账号能为用户提供什么、用户通过关注账号能获得什么。

（2）在账号简介中表明视频的主要内容是什么，视频更新的时间、频次，或者直播的时间等，如某短视频账号简介为："记录'全能宝藏姐妹'和家人的爆笑日常，每周更新！感谢您的关注！"

（3）在账号简介中表明理念和态度，如某短视频账号简介为"提高认知层次，学会清醒思考"。

运营者可以在账号简介中留下联系方式，如微信号、微博号、手机号、邮箱等。这些内容一般与上述账号简介内容同时出现，主要是为了将用户引流到自己的私域流量池，或者开通商业合作的渠道。为了不违背相关平台规则，运营者留联系方式时不要出现"微信""微博"等词语，可以用谐音词或字母代替。

任务二 短视频内容制作

内容是短视频的核心，是决定短视频完播率、评论率、分享率、转化率的关键因素。短视频的内容要有趣、有价值，能够引起用户的共鸣。

一、短视频内容策划

运营者要根据账号定位，在充分分析和掌握目标用户群体诉求和阅读偏好的基础上进行内容策划，确定最终的内容方向。从电商营销的角度出发，常见的短视频有分享类短视频、带货短视频、直播引流短视频。

1. 分享类短视频内容策划

分享类短视频是指账号日常发布的、与账号定位相契合、吸引用户关注账号的短视频内容。分享类短视频的作用是吸引用户关注账号，保持账号的活跃。运营者在策划"种草"短视频的内容时，可以采用如表 6-2 所示的策略。

表 6-2　分享类短视频内容策划策略

内容方向	内容要点
教学/知识分享	分享有价值的干货，如绘画技巧、短视频剪辑技巧、摄影技巧等
剧情演绎	演绎有情感共鸣的剧情
分享好物	向用户分享物美价廉、有良好口碑的各种商品
幕后揭秘	为用户揭秘幕后故事，如影视剧拍摄幕后故事、旅行幕后故事、商品生产幕后故事等，内容要有趣、新颖
顾客互动	向用户展示门店顾客与门店经营者之间真诚、有趣的互动过程
经历分享	分享个人人生经历等
生活随拍	记录、展示日常生活场景，如日常上班的过程、下班后的休闲娱乐等
企业日常随拍	分享企业的日常活动，如企业研发新品的过程、企业生产商品的过程、企业领导开会的场景，以及企业员工的工作环境、工作状态、日常休闲娱乐等
商品展示	展示商品的使用方法、使用效果、用户好评，或者商品的生产过程、生产工艺、生产环境等

2. 带货短视频内容策划

带货短视频是指为了提高商品销量、带有商品链接的短视频，其内容表现方式可以是真人出镜演绎，也可以是图文展示，即以图片切换搭配文案说明的方式进行展示。

（1）真人演绎式带货短视频内容策划

带货短视频的内容核心是展示商品，在策划真人演绎式带货短视频的内容时，运营者可以采用如表 6-3 所示的策略。

表 6-3　真人演绎式带货短视频内容策划策略

内容类型	内容要点	内容结构
专业身份教学	从分享有用的生活技巧、干货知识等角度切入，向用户介绍商品的使用方法、使用效果等	第一段内容：通过口播、背景环境、人物的穿着等明确人物身份，向用户展示人物的专业形象； 第二段内容：展示商品的使用方法、使用过程，在此过程中介绍商品的卖点； 第三段内容：展示商品的使用效果
分享自用好物	从"我"的视角，结合自身使用感受向用户分享好物	第一段内容：从"我"的视角切入，提出"我"在日常生活中存在的痛点或需求，然后引出能够解决这些痛点或满足自身某种需求的商品，或者"我"直接、快速地引出要向用户推荐的商品； 第二段内容：在具体的场景中展示商品的使用过程； 第三段内容：展示商品的使用效果，强调商品的卖点
画面、字幕式展示	通过画面和字幕指出用户的痛点或者商品的卖点，并通过画面展示商品的使用过程、使用效果	第一段内容：使用字幕指出用户的痛点，配合画面展示用户痛点无法解决的痛苦； 第二段内容：展示商品的使用过程； 第三段内容：展示商品的使用效果，突出商品能够帮助用户解决痛点
实验、测试	通过实验、测试展示商品的成分、材质、使用效果等	第一段内容：设计简单的小实验，直接、快速地引出商品； 第二段内容：在实验过程中，介绍商品的卖点，展示商品的使用效果； 第三段内容：号召目标用户尝试商品

（2）图文式带货类短视频内容策划

图文式带货类短视频就是内容由多张图片构成，并附有购物车链接的短视频。运营者也可以为短视频中的图片添加相应的标题、字幕等文案和背景音乐，以让短视频的内容更加丰富和易于理解。用户观看短视频时如果对图片中的商品感兴趣，就可以点击购物车进入商品页面进行购买。

运营者策划图文式带货类短视频时，可以采用以下策略。

① 保证音画质量

运营者策划图文式带货类短视频时，首先要保证其音画质量，图片、文字、背景音乐都要具有较高的质量，具体质量要求如表6-4所示。

表6-4 图文式带货类短视频的音画质量要求

音画质量		具体内容
图片质量	图片视觉效果	① 图片为原创，不能带有他人水印； ② 图片清晰度高，不模糊、不花边； ③ 图片美观、整洁，其中的商品或人物主体比例、形态、大小合理，且显示完整，没有被大面积地遮挡住； ④ 图片中的贴纸、Logo、花字、马赛克等元素不能对图片的美观度、信息的传递造成影响； ⑤ 图片色彩美观，亮度、饱和度适中，滤镜适度，画面不失真； ⑥ 抠图与背景融合自然； ⑦ 图片的构图合理，多张图片之间布局合理
	图片内容	① 图片中不存在博眼球、低俗、恶趣味等不雅或消极的内容； ② 图片中不含有大卖场风格的促销信息
	图片丰富度	① 图片数量不少于3张； ② 不同图片的内容不能重复，多张小图拼接的单图中的商品图不能重复，如商品展示角度相同、商品款式相同等
文字质量		① 文字清晰，没有裁剪、模糊的情况； ② 文字大小合适； ③ 文字排版合理，没有PPT式的内容； ④ 文字表达易于理解，其中没有错别字、生僻字
背景音乐		① 声音清晰、流畅，没有杂音、爆音，不存在卡顿； ② 音量正常，不存在音量过大或过小的问题、时有时无的问题； ③ 音乐风格、节奏与图文的主题搭配和谐

② 保证图文内容的可读性、价值性

运营者设计图文内容时，要保证其可读性、价值性。具体来说，运营者可以采用以下策略来设计图文内容。

• 直接展示商品

直接展示商品包括展示商品外观和展示商品卖点两种方式。展示商品外观就是借助图文多角度、全面地展示商品的外观、设计细节，如服装的图文式带货类短视频，要在图片中展示服装的正面、背面、侧面，服装的整体效果、细节设计，以及服装的上身效果等，如图6-5所示。

图 6-5　展示商品外观、设计细节

展示商品卖点就是通过图文展示商品的卖点，卖点的介绍要场景化、不空泛，运营者可以从用户群体的核心痛点出发，以场景化的方式介绍商品的卖点。如美妆类商品的图文式带货类短视频可以介绍商品的适用季节、场合、年龄、肤质等，以及商品的便携度、使用感受等；服装的图文式带货类短视频可以介绍商品的适用场合、穿搭方式、面料、款式等；食品的图文式带货类短视频可以介绍商品的口感、成分、产地、吃法等。

- 分享经验干货

分享经验干货就是在图文中分享一些有价值的经验、干货，让用户通过观看短视频有所得。第一种是分享某个行业的专业知识。如服装的图文式带货类短视频分享服装的设计理念、使用的设计元素、服装品牌文化或历史、服装穿搭相关的时尚理念等；美妆类商品的图文式带货类短视频分享妆容设计方法、妆容色系搭配方法、商品的设计理念和元素、商品品牌文化等。

第二种是分享教程、攻略，如菜品制作教程、糕点烘焙教程、拍摄技巧、旅游攻略、穿搭技巧、化妆方法等。这种内容的重点是步骤清晰、说明详细、具有可操作性。

第三种是展示商品测评，通过横向测评和纵向测评的方式，多维度、客观地展示商品的特点。横向测评就是测评同类型中不同品牌、店铺的商品，或者测评相似款式的商品；纵向测评就是针对同一款商品，从不同的维度进行测评，如测评一款连衣裙的材质、上身效果等。

- 主题化展示

主题化展示就是通过图文式带货类短视频展示一些能够体现生活真善美的内容，如展示生活片段，分享生活方式、生活理念。这种内容要具有以下特点。

主题鲜明，结构清晰：内容主题鲜明，如分享职场生活、分享旅行装备、分享探店感受等；此外，内容结构要清晰，不能是简单、随意的叙事。

营销美学氛围：图片具有美感，图片的光影设计、滤镜、构图等能够营造相应的氛围感；背景音乐的风格与图片内容、图片风格相契合，具有氛围感；图片中人物的情绪、表情，人物周围的环境与图片的主题、想要讲述的故事相契合。

相关性：购物车中的商品与图文的内容有关联，如图文展示秋冬季节风衣的多种穿搭效果，购物车中可以添加风衣、围巾之类的商品，而不能添加厨房用具、家用电器类商品。

3. 直播引流短视频内容策划

直播引流短视频是指为了宣传某次直播活动、为直播活动吸引流量而策划的短视频。直播引流短视频的作用是吸引用户观看直播。

运营者在策划直播引流短视频的内容时，可以采用如表 6-5 所示的策略。

表 6-5　直播引流短视频内容策划策略

内容侧重点	内容要点	具体策略
商品展示	从不同的角度展示商品，突出商品的卖点，吸引用户对商品产生好奇心，从而进入直播间	商品展示 + 使用场景：在具体的使用场景中直观地展示商品的使用方法、使用效果等，如采用一镜到底的方式展示一款燕麦片的冲调方法，采用音乐卡点混剪的方式展示开箱、试吃一款饼干的过程等
		商品展示 + 优惠信息：在展示商品使用方法、使用效果的同时，使用话术向用户介绍商品的优惠信息，突出商品的性价比
		剧情场景：设计剧情，在剧情的推进中适时地植入商品，并介绍商品的卖点、利益点，将商品与剧情完美地结合起来，剧情的设计不能过于尴尬，商品卖点、利益点的讲解要自然，不能过于生硬
直播片段	剪辑直播片段，向用户直接展示直播场景	商品讲解片段：主播讲解某款商品的片段，要重点体现商品的卖点或利益点，可以在视频中添加一些有趣的贴纸、花字、音效等，以增强视频的趣味性
		直播侧拍：直播工作人员拍摄记录直播准备过程、直播选品过程、直播中温馨时刻等片段，给用户一种揭秘直播背后故事的感觉，既可以从直播工作人员的视角向用户展示直播活动的过程，又可以提醒用户直播正在进行中
直播间利益点	在短视频中重点强调直播间中的利益点，用优惠吸引用户进入直播间	口播利益点：通过口播的方式介绍直播间中的利益点，如商品量多价优、赠品多等
		剧情对话：顾客与主播或员工与老板进行对话，在对话中引出直播间中商品的数量优势、价格优惠、赠品优惠等，在对话的结尾引导用户观看直播。对话的设置不宜过长，可以开门见山地指出直播间利益点，且人物说话的语速要适当

🎓 课堂讨论

浏览并收集一些点赞量、评论量、转发量、收藏量较高的带有营销性质的短视频和点赞量、评论量、转发量、收藏量较低的带有营销性质的短视频，你认为这些短视频的点赞量、评论量、转发量、收藏量为什么高或低。

二、短视频拍摄技法

要想顺利地完成短视频的拍摄，并提高短视频对用户的吸引力，运营者不仅要选择合适的拍摄设备，还要讲究一定的拍摄技法，如设计景别、合理构图、灵活运镜、选择合适的拍摄方向和高度、合理用光等。

1. 短视频拍摄工具

拍摄工具是拍摄短视频的必备硬件，短视频拍摄常用工具的主要作用与特点如表 6-6 所示。在拍摄短视频时，运营者可以根据具体情况选用合适的工具。

表6-6 短视频拍摄常用工具的主要作用与特点

工具类型	工具名称	主要作用	特点
摄影工具	智能手机	拍摄视频画面	携带方便，也可以现场收音
	单反相机	拍摄视频画面	与智能手机相比，像素更高，摄影功能更加强大，拍摄出来的视频画面质量更高、画面更加细腻
	运动相机	拍摄视频画面	通常具有慢动作和延时拍摄等功能，为拍摄提供了更多的可能性。与传统的数码相机或摄像机相比，它更适合在运动场景下捕捉动态画面
	航拍无人机	拍摄视频画面	可以从高空拍摄一些广阔的场景
稳定工具	三脚架	用于稳定智能手机和单反相机，以保证画面的稳定性	可以帮助拍摄者完成一些诸如推、拉、升、降镜头的操作，可以用于夜景拍摄、微距拍摄
	滑轨	稳定拍摄工具，拍摄运动镜头	可以让视频画面保持匀速移动，提高画面的稳定性
	手持稳定器	稳定拍摄工具	拍摄运动镜头时，可以提高智能手机或单反相机的稳定性，防止因为智能手机或单反相机抖动而导致画面抖动，且拍摄的动态镜头的画面质量较高； 手持稳定器支持运动延时、全景拍摄等，能够满足较高的拍摄要求
补光工具	闪光灯	补充光线	可以在很短时间内发出很强的光线，实现局部快速补光
	LED补光灯	补充光线	与闪光灯相比，灯光亮度更加稳定，一些高端的LED补光灯可以保持稳定的色温
	反光板	通过反射自然光为被摄主体进行补光	多用于拍摄人像和静物
收音工具	枪式话筒	现场收音	只会收录话筒所指方向的声音，可以在一定程度上削弱环境音，提高人声的收音质量
	领夹式话筒	现场收音	体积小、重量轻，方便随身携带

🎓 课堂讨论

在拍摄短视频时，运营者可以选择现场收音，也可以选择后期配音。说一说现场收音和后期配音各有什么优、劣势，如果现场收音，应当注意些什么？

2. 景别的类型及其特点

景别是指由于镜头与被摄对象的距离不同，而造成被摄对象在取景器中所呈现出的范围大小的不同。景别通常以被摄对象在画面中被截取部分的范围大小来划分，一般分为5种，由远及近分别为远景、全景、中景、近景和特写。不同景别的画面如图6-6所示。

远景　　　　全景　　　　中景

近景　　　　特写

图6-6 运用不同景别的画面

不同的景别具有不同的特点，如表 6-7 所示。

表 6-7　不同景别的特点

景别类型	说明	特点
远景	拍摄远离镜头的人物或景物的全貌，展示人物及其周围广阔的空间环境的镜头画面	画面具有整体感，重在渲染气氛，常用于介绍环境、显示人物的处境
全景	表现人物全身形象或场景全貌的画面	能够体现场景和人物形象的完整性，多用于塑造人物形象和交代环境。与远景相比，全景更能阐释人物与环境之间的密切关系，表现人物的行为动作、表情相貌，也能在某种程度上表现人物的内心活动
中景	拍摄人物膝盖以上部分或局部环境的画面	既能表现人物的表情，又能表现人物活动的环境。与全景相比，中景包容的环境范围有所缩小，画面的重点在于表现人物的上身动作，环境处于次要地位
近景	拍摄人物胸部以上部分或物体的局部的画面	重点表现人物的面部表情，传达人物的内心世界。近景的画面内容较为单一，被摄对象占据绝大部分画面，能够较为清楚地展现人物表情，背景与环境特征不明显
特写	拍摄人物脸部或放大物体某个局部的画面	人物充满画面，更加接近观众，能够细微地表现人物面部表情，刻画人物，表现复杂的人物关系

3. 画面构图的方法

画面构图是指画面布局和结构设计的艺术。合理的画面构图有利于增强画面表现力，更好地表达画面内容。在短视频拍摄中，常用的画面构图方法有以下几种。

- 三分构图法。三分构图法就是指将画面等分成 3 份，将拍摄对象放在 1/3 线上，如图 6-7 所示。
- 井字构图法。井字构图法又称九宫格构图法，是指用两条横线与两条竖线将画面等分，这时 4 条线就构成了井字形，并在画面中产生 4 个交点，拍摄者将主体或视觉焦点放置在交点上，如图 6-8 所示。

图 6-7　三分构图法

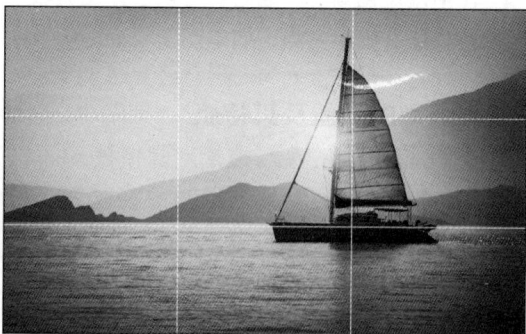

图 6-8　井字构图法

- 对称构图法。对称构图法是指将画面分为两个相等的部分，将主体放置在中心位置，如图 6-9 所示。
- 中心点构图法。中心点构图法就是指将拍摄对象放在画面的中心位置，将观众的视线引向画面中心，从而让主体变得更加突出，如图 6-10 所示。

图 6-9 对称构图法

图 6-10 中心构图法

- 引导线构图法。引导线构图法是指运用画面中天然的或人为强化的线条元素引导人们的视线，让人们的视线最终聚集到画面的焦点，如图 6-11 所示。
- 框架构图法。框架构图法是指在画面中创建一个或多个框架，并将拍摄对象置于框架中，从而让拍摄对象更加突出或创造出一种镜框的效果，如图 6-12 所示。

图 6-11 引导线构图法

图 6-12 框架构图法

- 分层构图法。分层构图法是指在画面中安排前景、中景和背景等不同层次的元素，让画面在视觉上形成一种层次感和空间感，如图 6-13 所示。
- 特写构图法。特写构图法就是指采用特写镜头，让拍摄对象占据画面的大部分空间，如图 6-14 所示。

图 6-13 分层构图法

图 6-14 特写构图法

4. 运镜技法

运镜就是通过移动镜头进行拍摄。运镜的基本要求是平稳、舒适、均匀，这样可以增强画面动感，让画面更加丰富。在短视频拍摄中，基本的镜头运动方式及其特点如表 6-8 所示。

表6-8　短视频拍摄中镜头运动方式及其特点

镜头运动方式	说明	特点
推	镜头向前推进，靠近被摄对象的拍摄手法	推镜头表现细节，突出被摄对象，排除冗余内容
拉	镜头向后拉，逐渐远离被摄对象的拍摄手法	在镜头拉远的过程中，整个画面的内容逐渐丰富，可以表现被摄对象与周围环境之间的关系
摇	镜头位置固定，借助镜头的活动底盘，使镜头上、下、左、右旋转拍摄的拍摄方法	摇镜头能为观众营造身临其境的感觉，左右摇镜头常用于表现大场面，上下摇镜头常用来表现高大物体的雄伟、险峻
移	镜头在水平方向按一定运动轨迹运动进行拍摄的拍摄方法	移镜头具有完整、流畅、富有变化的特点，可用于表现大场面、大纵深、多景物、多层次的复杂场景
跟	镜头跟踪运动着的被摄对象进行拍摄的摄影方法	跟镜头能形成连贯流畅的视觉效果，能表现被摄对象的运动方向、速度，以及被摄对象与环境之间的关系
甩	镜头从一个画面急速转移到另一个画面，从而使中间转移的过程中所拍摄下来的画面变得模糊不清的拍摄方法	甩镜头通常用于表现被摄对象快速移动的视觉效果，使画面具有爆发力

5. 拍摄方向

拍摄方向是指镜头以被摄对象为中心，在同一水平面上选择的摄影点。短视频拍摄常用的拍摄方向有以下4种。

- 正面方向。正面方向即镜头在被摄对象的正前方进行拍摄，观众看到的是被摄对象的正面形象，如图6-15所示。
- 正侧面方向。正侧面方向即镜头在与被摄对象的正面方向呈 90°夹角的方向进行拍摄，如图6-16所示。

图6-15　正面方向

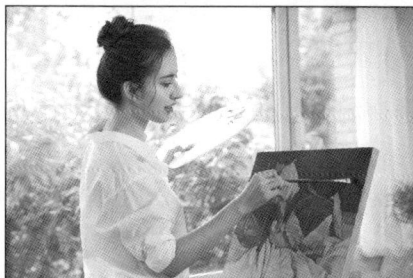

图6-16　正侧面方向

- 斜侧面方向。斜侧面方向即镜头在被摄对象的正面和正侧面之间的位置进行拍摄，如图6-17所示。
- 背面方向。背面方向即镜头在被摄对象的背面进行拍摄，如图6-18所示。

图6-17　斜侧面方向

图6-18　背面方向

6. 拍摄高度

拍摄高度是指镜头与被摄对象在垂直面上的相对位置和高度，包括平拍、仰拍、俯拍和顶拍。

- 平拍。平拍就是镜头与被摄对象处在同一水平线上，以平视的角度进行拍摄，如图6-19所示。
- 仰拍。仰拍就是镜头在低于被摄对象的位置进行拍摄，如图6-20所示。

图6-19　平拍　　　　　　　　　　图6-20　仰拍

- 俯拍。俯拍就是镜头在高于被摄对象的位置进行拍摄，就像人低头俯视一样，如图6-21所示。
- 顶拍。顶拍就是镜头从空中向下大俯角拍摄，如无人机航拍，如图6-22所示。

图6-21　俯拍　　　　　　　　　　图6-22　顶拍

7. 光线的运用

光线也会对短视频画面的视觉效果产生影响。在拍摄短视频时，拍摄者要对光线的运用有全面的了解，从而提升短视频画面的视觉效果。

（1）光质

光质是指拍摄所用光线的软硬性质，光分为硬质光和软质光。

硬质光即强烈的直射光，如晴天的阳光，直接照射在物体上的人造光，如闪光灯的灯光、照明灯的灯光等。在硬质光的照射下，被摄对象的受光面、背光面和影子非常鲜明，明暗反差较大，对比效果明显，有助于表现被摄对象受光面的细节和质感，能够形成有力度、鲜活的艺术效果。

软质光是一种散漫射性质的光，这种性质的光没有明确的方向性，不会让被摄对象产生明显的阴影。大雾中的阳光或添加柔光罩的灯光都属于软质光。软质光的特点是光线柔和、强度均匀、光比较小。

（2）光比

光比是指被摄对象亮面与暗面的受光比例。光比会对画面的明暗反差产生影响，而明暗反差会影响画面的影调、层次感和视觉张力。在短视频画面中，光比大，明暗反差大，影调硬，画面层次单一，视觉张力强；光比小，明暗反差小，影调软，画面层次丰富，视觉张力弱。

（3）光位的选择

光位是指光源相对于被摄对象的位置，即光线的方向与角度。常见的光位有顺光、侧光、逆光、顶光和底光。

- 顺光，又称正面光或前光，相对于被摄对象来说，光源方位与镜头方位一致。顺光拍摄的特点是被摄对象受光均匀，造型效果接近被摄对象原型，更加写实，有利于表现被摄对象的本色。但是，这种光位会让被摄对象缺少明暗反差和阴影衬托，不利于表现被摄对象的立体感和质感。

- 侧光，指从被摄对象的左侧或右侧射来的光。侧光能够使被摄对象形成受光面、阴影和投影，使被摄对象的形象形成明暗反差，画面层次更加丰富。

- 逆光，又称背面光，光源位于被摄对象的后方或侧后方。逆光拍摄有利于勾勒被摄对象的轮廓，将被摄对象从背景中分离出来，让画面更具立体感、层次感。

- 顶光，其光源位于被摄主体顶部。使用这种光位拍摄人物时，会让人物的眼睛、鼻子和下颌形成浓重的阴影，不利于表现人物。因此，一般要避免使用这种光位拍摄人物，但在短视频中营造压抑、紧张的气氛时可以使用顶光。

- 底光，其光源位于被摄对象的下方，它可以填补其他光线在被摄对象下部形成的阴影，用于表现特定的光源特征、环境特点，或者烘托神秘、古怪的气氛。

课堂讨论

选择一个短视频或影视剧片段反复观看，分析短视频或影视剧片段使用了什么拍摄技法，并说一说这些拍摄技法的作用。

三、短视频的后期剪辑

短视频后期剪辑就是剪辑人员将拍摄好的短视频素材整合在一起，使其准确地表达短视频的主题，让短视频结构严谨、风格突出。

1. 短视频后期剪辑的内容

短视频后期剪辑的主要工作就是从素材中减去不重要的内容，而保留其中的关键信息。具体来说，后期剪辑的内容包括3项，如表6-9所示。

表6-9　短视频后期剪辑的内容

后期剪辑内容	说明
剪剧情	以短视频脚本为基础，在确保镜头组接流畅的前提下，将事情的发展经过、人物的动作和台词等连接在一起，使其符合逻辑
剪中心思想	保留能表现短视频主题的素材，删减一些偏离短视频主题或相对来说不重要的素材
剪表演	保留表演最丰富、最贴合剧情和人物设定的素材，删减一些表演不自然的素材

2. 短视频后期剪辑的基本流程

短视频后期剪辑的基本流程如下。

（1）熟悉并整理视频素材

剪辑人员首先要整体浏览一遍视频素材，了解每段视频素材的内容，然后整理视频素材，将视频素材进行筛选分类，最好将不同场景的视频素材分别整理到不同的文件夹中。

（2）整理剪辑思路

熟悉并整理好视频素材后，剪辑人员要在综合分析这些视频素材和短视频脚本的基础上整理出剪辑思路。剪辑人员可以和导演、编剧等人员探讨剪辑思路，以更好地传达短视频的主题。

（3）粗剪

剪辑人员在浏览了原始视频素材后，按照短视频脚本的结构和剪辑思路，从视频素材中选择内容合适的、完成度较高的将其拼接起来，使其组成一个结构完成的短视频。

（4）精剪

精剪就是剪辑人员对粗剪后的短视频进行精心调整，如调整剪接点、调整每个画面的时长、修剪拖沓冗长的段落等，让整个短视频的内容结构更加紧凑、更能体现主题。

（5）添加音乐和音效

音乐和音效是短视频的重要组成部分，它们能使短视频的内容更具层次感和节奏感，更好地营造氛围。

（6）添加字幕和特效

短视频剪辑完成后，剪辑人员可以根据需要为短视频添加字幕和特效，丰富短视频的内容。

（7）输出短视频

完成短视频的剪辑后，剪辑人员可以使用不同的格式输出短视频，然后在短视频平台上发布短视频。

3. 短视频镜头组接的技巧

镜头组接就是将一个个镜头组合、连接起来，使其形成一个完整的故事。为了让镜头的组接流畅、合理，剪辑人员在剪辑短视频素材时可以采用以下技巧。

（1）运动镜头接运动镜头，固定镜头接固定镜头

在镜头的衔接上，一般是运动镜头与运动镜头相衔接，固定镜头与固定镜头相衔接，这样更利于保证画面组接的连贯、流畅。

如果是运动镜头接固定镜头，或固定镜头接运动镜头，则运动镜头和固定镜头之间要添加缓冲因素形成过渡。缓冲因素是指镜头中被摄主体的动静变化、运动方向的变化，或者镜头的起幅、落幅变化等，以形成运动镜头接运动镜头、固定镜头接固定镜头的效果，使镜头的切换更加自然、流畅。

（2）避免"三同镜头"直接组接

在组合衔接表现同一被摄主体的镜头时，前后两个镜头中的景别、拍摄视角要有明显的区别，避免出现同主体、同景别、同视角的"三同镜头"直接组接的情况，否则视频画面无法形成明显的变化，以致形成"跳帧"效果。

（3）前后镜头协调

前后镜头中的画面亮度、色彩、清晰度，画面的情节内容等要保持一致，以免导致前后画面出现"接不上"的情况。

（4）合理分配镜头时长

剪辑人员要在综合考虑镜头表达内容的难易程度、画面构图方式、观众的接受能力等因素的基础上，分配每个镜头的时长。如远景、中景等大景别的镜头中包含的内容较多，观众要看清楚这些镜头中的内容通常需要较长的时长，所以要为这些镜头分配较长的时长；而近景、特写镜头等小景别的镜头所包含的内容较少，通常观众在短时间内就能看清楚这些镜头中的内容，因此可以为这些镜头分配较短的时长。

四、AIGC 工具辅助短视频制作

随着 AIGC 技术的不断发展，AIGC 工具在短视频领域的应用逐步扩展，为短视频运营者提供了新的创作方式和可能性。AIGC 工具在辅助短视频制作中的应用场景如表 6-10 所示。

表 6-10　AIGC 工具在辅助短视频制作中的应用场景

应用场景	说明
创意策划和脚本编写	AIGC 工具根据运营者输入的关键词、主题或情感倾向生成短视频故事大纲或脚本，为后续短视频的拍摄和剪辑提供基础
短视频素材生成	AIGC 工具根据短视频脚本生成视频素材，并为视频素材智能匹配音频素材
配乐	AIGC 工具根据短视频脚本和短视频素材，生成符合短视频素材中氛围的背景音乐、音效和旁白
短视频剪辑	① AIGC 工具根据短视频脚本自动剪辑短视频素材和音频素材，将它们组合成一个内容连贯的短视频； ② AIGC 工具通过插帧技术向前或向后扩展短视频内容，并让扩展的短视频内容的主题、场景风格与原有短视频素材的主题、场景风格保持一致； ③ AIGC 工具可以让用户实现一键更换短视频风格，并在分析原短视频素材主题、场景风格的基础上，扩展更换风格后的短视频的画面边界，使画面更完整、更具冲击性
短视频质量评估与优化	① AIGC 工具对短视频的画面清晰度、内容连贯性、音频质量等进行评估，为运营者优化短视频提供参考； ② AIGC 工具对短视频进行优化与调整，提高短视频的整体质量

任务三　短视频引流与用户运营

流量直接影响着短视频的传播效果和观看人数，有了足够的流量，短视频才能被更多的用户看到，从而实现内容传播范围和影响力的扩大。对运营者来说，除了认真打磨短视频的内容、合理运用多种引流方式外，做好用户运营也是获取流量的有效方式之一。

一、短视频引流

运营者要想让自己的短视频获得更多的流量，除了要保证视频内容的优质，还需要运用各种方法为短视频引流，以不断扩大短视频的传播范围，为短视频吸引更多的流量。

1. 写好作品描述

作品描述是对短视频内容的概括，可以明确传达短视频的核心内容，帮助用户快速理解短视频的内容。运营者撰写作品描述时，可以采用以下技巧。

（1）提问引发互动

运营者可以使用疑问句提出问题，以引起用户的好奇心。如"你知道夏天穿 T 恤的正确方法吗？""我们每天都在吃的蔬菜，你真的懂吗？""把你的一生拍成电影，你想取什么名字？""如果时光可以倒流，你会回去弥补什么遗憾？"。

（2）引入名人的名字

在作品描述中加入名人的名字，借助名人的影响力吸引用户观看短视频。如"如果有一天你忘记了努力，那么我把科比的故事讲给你听吧"。

（3）设置反转或留下悬念

在作品描述中设置反转或留下悬念，给用户带来想象的空间。如"最后一秒颠覆你的认知！""一定要看到结尾，相信我不会让你失望""我猜中了开头，却猜不中结尾"等。

（4）添加热词

运营者可以在作品描述中加入热点事件的关键词等。如"秋天的第一杯奶茶的正确喝法""秋天的第一杯奶茶，姥姥给你们安排一下"这两个作品描述中就加入了"秋天的第一杯奶茶"这个热点话题。

（5）进行盘点

在作品描述中进行总结、盘点，最好能将短视频中最重要、最引人注目的内容以数字的形式呈现，这样更利于快速吸引用户的注意力。如"3天2晚人均500元，适合毕业旅行的景点""上班族的智慧之选，6个理财小技巧，教你摆脱'月光'"等。

（6）呼唤行动

当用户在做某件事情时，总想找一个人或一群人与自己一起尝试、努力，运营者可以在作品描述中呼唤用户采取行动，与自己一起尝试，如"用保鲜袋拓印一幅夏日荷花，简单又好看，快来试试吧！"

2. 添加话题标签

话题标签通常在短视频作品描述中以"#+短语"的形式显示。运营者为短视频添加精准的话题标签，有利于让短视频平台更好地识别短视频的主题，从而将短视频推送给喜欢观看这些内容的用户。而用户在使用关键词搜索短视频时，如果其使用的搜索词与运营者设置的话题标签相关，短视频就可能出现在搜索结果中被用户看到。

添加话题标签是帮助短视频引流的重要方式之一，运营者为短视频添加合适的话题标签，有助于提高短视频的播放量。运营者在为短视频添加话题标签时，需要注意以下几点。

（1）话题标签与短视频内容相关

话题标签要与短视频的内容密切相关。如对讲解使用AIGC工具修复老照片的技巧的短视频来说，运营者为其添加的话题标签要与AIGC、老照片相关，如"AIGC运用""老照片修复"等，而不能为短视频添加"运动""旅游"之类与AIGC毫不相关的话题标签。

（2）话题标签的角度多样化

话题标签不仅能概括短视频的主要内容，还能代表不同的用户群体。运营者可以从多个角度进行思考，为短视频添加多样化的话题标签，让短视频平台对短视频的内容做出多重识别，将短视频推送给不同的用户群体，从而扩大短视频的传播范围。如一条讲解穿汉服拍照的技巧的短视频，运营者为其添加的话题标签为"汉服""拍照姿势""国风古韵""古风汉服"，话题标签覆盖了服装类型、拍照技巧、照片风格等多重维度，当用户使用"汉服""拍照姿势""国风""古韵"等关键词搜索短视频时，这条短视频就可能被平台推送到搜索结果页面中。

（3）合理地追热点

热点通常能够吸引巨大的流量，各个短视频平台也倾向于为热点内容分发较多流量。运营者为短视频添加与热点相关的话题标签，有利于让短视频更容易获得平台推荐，让短视频更容易被关注热点的用户搜索到。

3. @朋友

在发布短视频时，运营者可以在作品描述中@朋友，让平台内其他账号帮助推荐自己的短视频。运营者可以与平台内其他账号进行合作，相互推广作品。合作的账号越多，综合开发利用的价值就越大，账号推广的效果也会越好。

运营者@的朋友应该满足两点要求：一是相关性或互补性，相关性即朋友的账号要与运营者的短视频内容有一定的关联性，互补性即如果运营者发布的短视频主要讲解化妆技巧，那他就可以@发布讲解服装搭配技巧短视频的朋友，也可以@发布讲解盘发、编发技巧短视频的朋友；二是朋友账号的热度，运营者可以选择粉丝比较多的朋友账号，利用优质的内容吸引对方粉丝关注自己账号。

4. 多平台发布

在发布短视频时，运营者可以开启"作品同步"功能，将作品同步到关联平台。如运营者主要在抖音平台发布短视频，可以在发布短视频时开启"作品同步"功能，将作品同步发布到西瓜视频、今日头条等平台，这样有利于帮助运营者提高引流效率，也有利于扩大短视频的传播范围。

5. 添加地理位置

用户在浏览短视频时，有时会发现在短视频左下角的账号名称上方显示有地理位置。对一些以地名为名称进行宣传或具有地域特色的短视频账号来说，运营者为短视频添加地理位置有利于唤起当地用户的归属感，刺激他们主动分享短视频。

课堂讨论

抖音平台的内容推荐机制有什么特点？运营者如何更好地运用抖音平台的推荐机制为短视频引流？

二、短视频用户运营

运营者要做好用户运营，这样才能将普通用户转换为忠诚粉丝，让粉丝自发地转发、传播短视频。

1. 保持稳定的更新频率

运营者要保持稳定的更新频率，让用户能够根据账号的更新频率有规律地观看短视频，从而养成良好的观看习惯。

运营者可以根据自身的创作能力确定更新频率，可以每天更新短视频，也可以间隔一两天更新。总之，运营者要定期更新，保证账号的活跃度。运营者最好确定一个固定的更新短视频的时间点，如每天上午 10:00 更新短视频，每周二、四、六的中午 12:00 更新短视频，让短视频的更新形成规律，这样有利于培养用户定时观看的习惯，让用户对账号更新短视频形成一定的期待。

2. 积极回复用户评论

运营者要与用户互动，积极回复用户评论，这样有利于给用户带来亲切感，让用户感受到运营者对他们的重视。

当然，运营者无须对所有的评论都进行回复，可以从中挑选一些质量较高的评论进行回复，如一些传递真善美、正能量的评论，以及一些讨论作品创作或真心求教问题的评论。运营者还可以将高质量的评论置顶，以扩大用户的互动范围。

短视频刚刚发布后评论量较少，这时运营者可以自评，即自己对短视频发表评论。运营者可以在自评中对短视频的内容、创作背景进行补充说明，也可以采用提问的方式询问用户对短视频中内容的看法与评价。自评的内容不宜太长，运营者也不要在自评中刻意地进行广告宣传，否则可能适得其反。

3. 私信用户

运营者可以运用短视频平台的私信功能与用户进行沟通，通过私信触达用户，向用户推送个性化信息。运营者可以设置自动回复，当用户通过私信进行咨询时，系统即可自动回复。运营者可以按照电商场景、留存资料场景和到店场景等场景设置不同的私信自动回复内容。运营者可以参考表 6-11 所示的内容设置私信自动回复的内容。

表 6-11　私信自动回复内容设置策略

场景类型	自动回复内容示例
电商场景	重磅宠粉福利：点击下方链接领取粉丝专属优惠券！ 店内爆款×××：××××××（商品链接）。 回复关键词"×××"，领取满减优惠券
留存资料场景	亲爱的粉丝，您好，感谢您的关注和支持！客服在线时间——8:00—18:00，解答您的各种问题，点击链接××××预约专属服务，一对一专属客服帮您解答，免费提供指导方案！
到店场景	感谢关注，全国 200 家门店为您提供优质服务！ 点击查看线下门店地址：×××××（线下门店链接） 宠粉福利来袭！点击领取团购优惠，到任一门店消费可享受 8 折优惠！入口：××××××（团购链接）

4. 搭建群聊

群聊是留存用户的重要场所，运营者在搭建群聊时可以从粉丝的地域、购买力、购买偏好、品牌忠诚度等维度对粉丝进行分类，通过是否关注账号、粉丝团等级设立进入群聊的门槛。在群聊中，运营者要不定期地发起活动，增加与群聊中用户的互动，提高用户转化率。群聊活动运营策略如表 6-12 所示。

表 6-12　群聊活动运营策略

活动运营策略	操作要点
群主热场	推出一些破冰游戏，如看图猜词，拉近群聊内成员的距离，并预告群聊内的定期活动
话题互动	利用近期热点、品牌热点、营销节点等制造互动话题，引导群聊成员进行互动
提前购	群聊内的 VIP 成员限时享受提前购买新品的服务
复购福利	老客户复购享受购后返现、满赠福利
购物红包/卡券	定期在群聊内发放购物红包或卡券，提高群聊的打开率，提升成员的活跃度
视频输出	鼓励群聊成员发布与商品、品牌相关的短视频，点赞较多的短视频的发布者可以获得一定的福利
直播	在群聊内发布直播信息，并将直播同步在群聊中

任务四　短视频数据分析

在短视频运营中，数据分析发挥着重要作用。通过专业的数据分析，运营者可以了解短视频账号的运营效果，根据数据分析结果调整、优化自身运营策略。此外，运营者还可以通过数据分析了解竞争对手的运营效果、分析他们的运营策略，为自身运营提供参考。

一、短视频数据分析常用指标

不同的分析指标能够反映不同的内容，短视频运营中常用的数据分析指标如表 6-13 所示。

表 6-13　短视频数据分析常用指标

指标类型	指标名称	说明
账号诊断类数据指标	投稿数	统计周期内，账号发布的作品总数
	粉丝净增量	统计周期内，账号"涨粉"数减去"掉粉"数
	作品搜索量	统计周期内，账号中所有作品被搜索的次数
	主页访问量	统计周期内，用户访问创作者个人主页的次数
作品表现类数据指标	作品播放量	统计周期内，作品被观看的次数
	作品完播率	统计周期内，作品播完的播放量与作品总播放量的比值
	平均播放时长	统计周期内，短视频被播放的平均时长
	作品 2s 跳出率	统计周期内，作品播放后 2s 跳出的播放量与作品总播放量的比值
	作品 5s 完播率	统计周期内，作品播放后超过 5s 的播放量与作品总播放量的比值
	作品评论量	统计周期内，作品获得评论的次数
	作品评论率	统计周期内，作品评论量与作品播放量的比值
	作品点赞量	统计周期内，作品获得点赞的次数
	作品点赞率	统计周期内，作品点赞量与作品播放量的比值
	作品分享量	统计周期内，作品被用户分享的次数
	作品分享率	统计周期内，作品分享量与作品播放量的比值
	作品收藏量	统计周期内，作品获得收藏的次数
	作品收藏率	统计周期内，作品收藏量与作品播放量的比值
	作品下载量	统计周期内，作品被用户下载的次数
	作品"吸粉"量	统计周期内，观看作品后关注账号的用户数量
	作品"脱粉"量	统计周期内，取消关注账号的粉丝数量
	不感兴趣量	统计周期内，用户对作品点击"不感兴趣"按钮的次数
	手动滑图数占比	统计周期内，图文类短视频中，用户手动滑动图片数量与图片滑动总数量的比值
	展开率	统计周期内，图文类短视频中，图文详情页被展开的次数与作品被观看总次数的比值
	展开完读率	统计周期内，图文类短视频中，图文详情页被完整阅读的次数与图文详情页被阅读次数的比值
	平均浏览时长	统计周期内，展开的图文详情页被浏览的平均时长
	作品弹幕量	统计周期内，作品获得弹幕的次数

续表

指标类型	指标名称	说明
观众画像类指标	地区	浏览作品的观众的地区分布
	性别年龄	浏览作品的观众的性别与年龄分布
	职业	浏览作品的观众的职业分布
	新老用户	浏览作品的观众是否为 30 天内新注册用户
	活跃情况	浏览作品的观众在短视频平台上的活跃情况

二、短视频数据分析工具

运营者在进行短视频数据分析时，可以借助数据分析工具，这样有助于达到事半功倍的效果。

1. 第三方数据分析工具

市场上有一些专门为运营者提供数据分析服务的第三方数据工具，如新榜、飞瓜数据、蝉妈妈、百准、达多多等，这些工具通常会提供与短视频运营相关的监测数据、商品销售数据、行业分析等各类内容，运营者可以通过这些工具来收集并分析数据。

2. 短视频平台提供的工具

短视频平台会帮助运营者记录并分析账号运营数据，运营者进入账号后台即可查看。如在抖音，运营者进入"创作者中心"可以查看账号相关运营数据及其分析。运营者要及时关注账号表现，并定期对账号后台的数据进行收集、整理和归档，以便后期应用。

有的短视频平台会为运营者提供功能全面、专业的数据分析工具，如抖音电商的罗盘、快手小店的生意通等，运营者可以充分利用这些工具收集并分析自己的短视频账号的运营数据。

项目实训：vivo 短视频运营策略分析

1. 实训背景

近年来，手机品牌 vivo 推出了多款在拍照功能上颇具竞争力的产品。在发布新机型 vivo S19 后，vivo 在抖音发起话题"vivo S19 定格最美毕业季"，引发了众多用户的参与。同时，vivo 发布了主题为"五个焦段，定格四年"的"种草"短视频，短视频记录了大学入学、奋笔疾书、运动与朋友等青春中值得纪念的场景，引起了毕业生的情感共鸣，并展现了 vivo S19 强大的人像拍摄功能。

2. 实训要求

阅读案例，收集 vivo 短视频运营相关资料，并总结其短视频运营策略。

3. 实训思路

（1）分析案例

在案例中，vivo 的"种草"短视频有什么特点？为什么能引起毕业生的情感共鸣？

（2）搜集、分析相关资料

在抖音搜索账号"vivo"并浏览其短视频作品，分析其短视频运营策略，如短视频账号设置、短视频内容特点、爆款短视频的拍摄技法和剪辑特点等。

直播运营

知识目标

➢ 掌握组建直播团队、策划直播脚本和设计直播间场景的策略。
➢ 掌握直播选品、商品结构规划和直播排品的策略。
➢ 掌握设计直播话术的方法。
➢ 掌握直播间引流和用户运营的策略。
➢ 掌握直播数据分析的思路和常用指标。

能力目标

➢ 能够根据运营目标组建直播团队、撰写直播脚本，并搭建合适的直播场景。
➢ 能够根据直播主题选择合适的上播商品、规划商品结构，并合理安排商品上播顺序。
➢ 能够为各类直播商品设计具有吸引力的直播讲解话术。
➢ 能够制定合理的直播引流方案，并做好用户运营。

素养目标

➢ 在直播带货过程中遵守公序良俗，坚持依法直播、诚信带货。
➢ 提升学习能力，善于通过多种方式学习直播带货技巧，提升直播带货能力。

知识导图

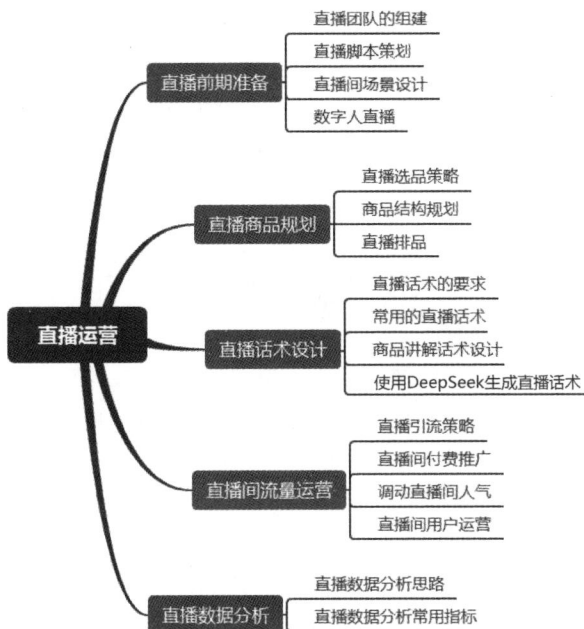

直播运营
- 直播前期准备
  - 直播团队的组建
  - 直播脚本策划
  - 直播间场景设计
  - 数字人直播
- 直播商品规划
  - 直播选品策略
  - 商品结构规划
  - 直播排品
- 直播话术设计
  - 直播话术的要求
  - 常用的直播话术
  - 商品讲解话术设计
  - 使用DeepSeek生成直播话术
- 直播间流量运营
  - 直播引流策略
  - 直播间付费推广
  - 调动直播间人气
  - 直播间用户运营
- 直播数据分析
  - 直播数据分析思路
  - 直播数据分析常用指标

引导案例

PUCO：多账号差异化直播拉升效益

在日益繁荣的内容电商市场，众多国货美妆品牌获得了更多的发展机会和一定的成长空间，美妆品牌 PUCO 就是其中的一个代表。

在抖音平台，PUCO 创建了多个品牌账号，如"PUCO 官方旗舰店""PUCO 官方旗舰店直播间""PUCO 官方旗舰店自播间""PUCO 美容旗舰店"等，这些账号都会进行直播带货。

在直播商品规划方面，各个账号重点推荐的商品有所不同。如账号"PUCO 官方旗舰店""PUCO 官方旗舰店自播间"重点推荐唇泥，账号"PUCO 官方旗舰店直播间""PUCO 美容旗舰店"重点推荐气垫腮红泥。

该品牌的主要受众群体为 18～30 岁的女性，所以在主播的选择上，各个账号的直播间都选用年轻女性主播，以贴合品牌主要受众群体。

在讲解商品时，主播会使用"收缩色""膨胀色""氛围色"等词描述气垫腮红泥的色号，并在手臂上进行直观的试色展示。此外，主播还会详细地讲解不同色号气垫腮红泥的上妆区域，并演示上妆方法。这样不仅有利于减少直播间观众的消费顾虑，优化观众购买商品后的使用体验，还丰富了直播间的内容。

任务一　直播前期准备

在直播开始前，运营者需要做好直播的相关准备工作，包括组建直播团队、策划直播脚本和设计直播间场景，以保障直播活动能够顺畅地进行。

一、直播团队的组建

直播团队常见的岗位包括主播、副播、运营、策划、场控、客服等。运营者可以在综合考虑自身运营能力、资金实力等情况的基础上设置岗位，并为不同岗位的人员设置相应的职责。

1. 3 人直播团队

3 人直播团队的岗位设置为主播、运营和场控，3 人直播团队岗位人员设置及其主要职责如表 7-1 所示。

表 7-1　3 人直播团队岗位人员设置及其主要职责

岗位人员设置	主要职责
主播（1 人）	① 展示与讲解直播商品，引导观众对商品产生兴趣并购买； ② 把控直播节奏，介绍直播福利，与观众进行互动，吸引观众停留在直播间
运营（1 人）	① 规划直播商品，如确定上播商品、规划商品价格、规划商品上播顺序等； ② 策划直播间互动活动，如抽奖活动、红包活动等； ③ 策划直播间引流方案，如直播预热方案、直播间付费引流方案等； ④ 撰写直播脚本和直播话术； ⑤ 搭建直播间场景，筹备直播道具，调试直播软、硬件设备； ⑥ 把控直播节奏； ⑦ 进行直播复盘等
场控（1 人）	① 上架商品链接，管理商品库存； ② 管理直播间评论，如引导观众发表评论、控制负面评论等； ③ 把控直播间氛围，如利用直播互动活动提高观众活跃度，发放红包、优惠券等

2. 4 人直播团队

4 人直播团队的岗位设置为主播、运营、策划、场控，4 人直播团队岗位人员设置及其主要职责如表 7-2 所示。

表 7-2　4 人直播团队岗位人员设置及其主要职责

岗位人员设置	主要职责
主播（1 人）	① 展示与讲解直播商品，引导观众对商品产生兴趣并购买； ② 把控直播节奏，介绍直播福利，与观众进行互动，吸引观众停留在直播间
运营（1 人）	① 规划直播商品，如确定上播商品、规划商品价格、规划商品上播顺序等； ② 进行直播复盘等
策划（1 人）	① 策划直播间互动活动，如抽奖活动、红包活动等； ② 策划直播间引流方案，如直播预热方案、直播间付费引流方案等； ③ 撰写直播脚本和直播话术； ④ 搭建直播间场景，筹备直播道具； ⑤ 设计直播间粉丝管理与运营策略等
场控（1 人）	① 调试直播软、硬件设备； ② 上架商品链接，管理商品库存； ③ 管理直播间评论，如引导观众发表评论、控制负面评论等； ④ 把控直播间氛围，如利用直播互动活动提高观众活跃度，发放红包、优惠券等

3. 10人以上直播团队

10人以上直播团队的岗位设置为主播、副播、助理、策划、编导、场控、运营、拍摄剪辑、客服。10人以上直播团队岗位人员设置及其主要职责如表7-3所示。

表7-3　10人以上直播团队岗位人员设置及其主要职责

岗位人员设置	工作职责
主播（1人）	① 展示与讲解直播商品，引导观众对商品产生兴趣并购买； ② 把控直播节奏，介绍直播福利，与观众进行互动，吸引观众停留在直播间
副播（1人）	① 协助主播讲解直播商品，介绍直播间福利活动； ② 试吃、试穿、试用直播商品
助理（1人）	① 准备直播道具、商品； ② 配合主播展示商品，如试吃、试穿、试用商品； ③ 在镜头外以画外音的方式活跃直播间氛围等
策划（1人）	① 策划直播方案，如直播主题、直播流程、直播前预热方案、直播中互动活动方案、直播中引流方案等； ② 准备直播商品等
编导（1人）	① 撰写直播话术，如商品讲解话术、引导关注话术、引导下单话术等； ② 设计并搭建直播间场景，如直播间布景、直播页面贴片，准备直播道具； ③ 为主播、副播进行妆容、服装设计等
场控（1人）	① 调试摄像头、灯光、直播软件等直播设备； ② 操作直播中控台，如直播推流、上架商品、发放优惠券、实时监测直播数据； ③ 向主播和副播传达信息，如商品库存数量、不发货地区等
运营（2人）	① 规划直播商品，如确定上播商品、规划商品价格、规划商品上播顺序等； ② 实施直播引流方案、粉丝管理与运维方案； ③ 参与直播复盘等
拍摄剪辑（1人）	拍摄与剪辑直播花絮、直播预热短视频、直播商品讲解片段等
客服（2人）	① 配合主播与观众进行互动； ② 在评论区回复观众提出的各种疑问； ③ 解决各类订单问题，如发货问题、售后问题等

二、直播脚本策划

直播脚本是为直播活动或直播商品预先准备和规划好的详细文案。直播脚本能够帮助主播更加自信、流畅地进行直播，提高直播的质量和效果。

1. 整场直播活动脚本的撰写

整场直播活动脚本的重点是规划整场直播活动的内容、流程，帮助直播团队梳理直播流量，把握直播节奏。整场直播活动脚本需要包括直播主题、直播目标、直播时间、直播团队构成、注意事项、直播流程的具体安排、各个环节的参与人员及其具体职责等要素。表7-4为一份整场直播活动脚本示例。

表7-4　直播活动脚本

直播活动概述	
直播主题	冬季穿搭小课堂
直播目标	"吸粉"目标：吸引5万用户观看。销售目标：从直播开始至直播结束，直播中推荐的4款新款服装的销量突破8万件

直播活动概述			
直播时间	2024 年 12 月 5 日，12:00—14:30		
主播、副播	主播：××；副播：××		
注意事项	① 合理把控商品讲解节奏； ② 详细介绍各个新款服装的设计亮点； ③ 穿插介绍穿搭技巧，提高直播内容的价值		

直播流程			
时间段	流程安排	人员分工		

时间段	流程安排	主播	副播	后台/客服
12:00—12:10	开场预热	暖场互动，讲解开场福袋抽奖规则，引导观众关注直播间	① 演示参与福袋抽奖的方法； ② 回复观众的问题	① 向粉丝群推送开播通知； ② 收集中奖信息
12:11—12:15	活动剧透	剧透本场直播的商品，以及直播间优惠力度	补充主播遗漏的内容	向粉丝群推送本场直播活动
12:16—12:30	讲解商品	① 讲解、试穿第一款服装； ② 讲解此款服装的穿搭技巧，如配饰搭配技巧、鞋子搭配技巧等	① 配合主播展示服装设计亮点和上身效果； ② 引导观众下单	① 在直播间添加商品链接； ② 回复观众关于订单的问题
12:31—12:45	技巧讲解	为用户答疑解惑，讲解冬季穿搭的技巧和注意事项	① 配合主播展示具体的操作方法和搭配效果； ② 引导观众参与互动	收集互动信息
12:46—13:10	讲解商品	① 讲解、试穿第二款服装； ② 讲解此款服装的穿搭技巧，如配饰搭配技巧、鞋子搭配技巧等	① 配合主播展示服装设计亮点和穿搭效果； ② 引导观众下单	① 在直播间添加商品链接； ② 回复观众关于订单的问题
13:11—13:15	福利讲解	向观众介绍抽奖规则，引导观众参与抽奖、下单	演示参与抽奖的方法	收集抽奖信息
13:16—13:30	讲解商品	① 讲解、试穿第三款服装； ② 讲解此款服装的穿搭技巧，如配饰搭配技巧、鞋子搭配技巧等	① 配合主播展示服装设计亮点和穿搭效果； ② 引导观众下单	① 在直播间添加商品链接； ② 回复观众关于订单的问题
13:31—13:45	技巧讲解	为用户答疑解惑，讲解冬季围巾和服装搭配的技巧和注意事项	① 配合主播展示具体的操作方法和搭配效果； ② 引导观众参与互动	收集互动信息
13:46—14:00	讲解商品	① 讲解、试穿第四款服装； ② 讲解此款服装的穿搭技巧，如配饰搭配技巧、鞋子搭配技巧等	① 配合主播展示服装设计亮点和穿搭效果； ② 引导观众下单	① 在直播间添加商品链接； ② 回复观众关于订单的问题
14:01—14:05	福利讲解	向观众介绍参与买赠活动的方法	补充主播遗漏的信息，引导观众下单	收集订单信息
14:06—14:25	商品返场	对 4 款商品进行返场讲解	① 配合主播讲解并展示商品； ② 回复观众的问题	回复观众关于订单的问题
14:26—14:30	直播预告	预告下一场直播的时间、福利、直播商品等	引导观众关注直播间	回复观众关于订单的问题

2. 单品脚本的撰写

单品脚本就是针对单个商品的脚本，它能帮助主播更好地把握各个直播商品的卖点，对商品进行更加全面的讲解。表 7-5 所示为某品牌一款垃圾袋的单品脚本。

表 7-5　某品牌一款垃圾袋的单品脚本

商品名称	商品图片	商品卖点	直播利益点
抽绳式垃圾袋		① 抽绳式设计，封口方便，密封性强，减少异味流出； ② 加大加厚，韧性好，承重性好； ③ 底部无缝接，防漏水性更强； ④ PE 新材料，材料无异味，结实不易破； ⑤ 耐高温，不易破	① 买 2 赠 1，买 3 增 2； ② 可领取 2 元优惠券

三、直播间场景设计

优质的直播间场景设计不仅能让直播画面显得更加美观，还能为直播间营造良好的氛围感，让观众获得更好的观看体验。

1. 直播间背景设计

直播间背景是直播画面的重要组成部分，背景的设计要遵循简洁、整齐的原则，常见的直播间背景类型、设计要点及其特点如表 7-6 所示。

表 7-6　直播间背景类型、设计要点及其特点

背景类型	设计要点	特点
室内的墙面、墙角	将室内的墙面、墙角等作为背景，可以在背景中摆放沙发、书架、衣物陈列架或置物架等实物道具作为辅助	可以对背景进行场景化设计，并借助墙角为直播画面营造纵深感
背景布、KT 板	使用纯色或带有场景设计的背景布、KT 板作为直播间背景	① 背景易于更换，且成本较低； ② KT 板的制作较为简单
LED 屏	使用 LED 屏作为直播间背景	① 背景易于更换，通过更换屏幕中的视觉效果图即可完成背景的更换； ② 以更多样化的方式展示商品信息，如使用视频展示商品广告片、使用图片对比展示商品价格、使用视频展示商品的使用方法、使用视频展示商品的生产环境等； ③ 在直播前需要准备好各种背景素材
真实场景	将生活中的真实场景作为直播间的背景，如客厅、卧室、果蔬园、生产车间、线下实体门店、商场、超市等	① 能够给观众营造自然、真实的感受，让观众在观看直播时产生沉浸感； ② 能在一定程度上体现直播间的差异化特点，利于为观众创造记忆点
绿幕	使用绿幕作为直播间的背景，然后通过计算机将绿幕替换成合适的虚拟背景图	① 灵活度高，便于随意更换背景； ② 在直播前需要准备好各种背景素材

知识链接

主播服装、配饰的颜色要避免与直播间背景、商品、字幕、弹幕、道具等的颜色相同

或相近，应形成对比，以突出主播和商品。

在使用绿幕作为直播间背景时，主播不要穿着绿色等颜色与绿幕一样或相近的服装，主播可以穿着黑色、深灰色等与绿色区别较大的颜色的服装。主播最好也不要穿着碎花裙、花衬衫等色彩花哨的服装，或者毛绒材质的服装（毛绒材质的服装在抠像时容易产生毛边，会影响观众的观看体验）。

2. 直播间空间布局

根据主播直播姿势的不同，直播可以分为站姿直播（见图7-1）和坐姿直播（见图7-2）。主播直播姿势不同，直播间的空间布局也有所不同。

图 7-1　站姿直播　　　　图 7-2　坐姿直播

（1）站姿直播间的空间布局

主播采用站姿进行直播通常适用于展示服饰、生活家居用品、箱包等商品。运营者可以参考图7-3所示的方案布置站姿直播间的空间。

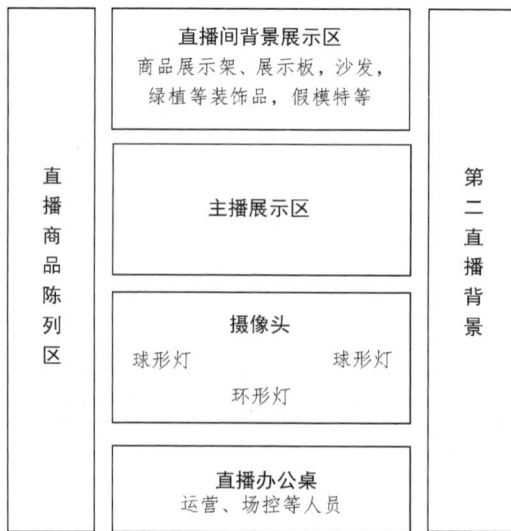

图 7-3　站姿直播间的空间布局方案

有时主播还可以走动着直播，在这种情况下，主播需要做好两点：一是为摄像头配置稳定器，避免在走动的过程中镜头发生抖动，导致视频画面出现抖动；二是配置可以移动的补光灯，在光线不佳的情况下可以随时为主播补光。

（2）坐姿直播间的空间布局

主播采用坐姿进行直播通常适用于展示食品、美妆、珠宝、图书等商品，在布局坐姿直播间的空间时，运营者可以参考如图 7-4 所示的方案。

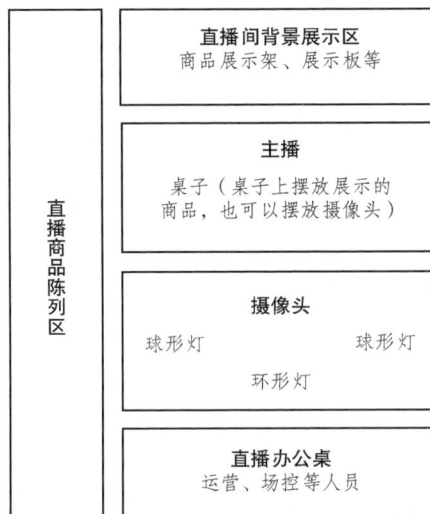

图 7-4 坐姿直播间的空间布局方案

课堂讨论

为了提升直播间场景的美观度，让直播间场景更具沉浸感，我们在设计直播间场景时应当注意些什么？

四、数字人直播

数字人是运用数字技术创造出来的、与人类形象接近的数字化人物形象。数字人可以不受时间和空间的限制，24 小时不间断直播，帮助运营者吸引流量。

1. 数字人直播的模式

目前，数字人直播主要分为"数字人+真人助播"直播和纯数字人直播两种模式，两种模式的对比如表 7-7 所示。

表 7-7 "数字人+真人助播"直播和纯数字人直播模式对比

对比项目	"数字人+真人助播"直播	纯数字人直播
直播方式	数字人和真人助播配合进行直播	由数字人主播进行直播
商品展示方式	由真人助播展示商品	使用视频、图片展示商品
直播节奏	真人助播可以根据实际情况调整数字人的直播节奏	数字人主播根据预先设定的直播脚本进行直播，直播节奏通常不会发生变化
直播互动	真人助播回复观众评论，互动性较强	运用人工智能技术，标准化地对观众发表的评论做出回复，回复效率高

2. 评价数字人能力的标准

运营者可以选择自己开发数字人，也可以选择使用专业机构开发的数字人。如果运营者选择使用专业机构开发的数字人，可以参考表7-8所示的内容来评价数字人的能力。

表7-8 数字人能力评价标准

评价标准	优质数字人的标准
数字人生成速度和可定制性	① 数字人形象生成速度较快； ② 数字人形象可定制； ③ 数字人直播间可定制
数字人的真实度	① 数字人拟真性较高，清晰度较高； ② 数字人的声音、表情、肢体动作自然协调，同步率较高
音唇同步能力	① 声音与口型同步率较高； ② 高帧率声音，口型不卡顿
实时响应能力	① 能够对直播间中的评论做出实时响应； ② 支持实时调整直播脚本； ③ 支持实时切换商品链接； ④ 支持实时调整直播间素材
语种支持	① 能够识别主流外语，并支持使用主流外语进行直播； ② 能够识别部分方言； ③ 识别主流外语和方言的准确率较高

任务二 直播商品规划

商品是影响直播间转化率的关键因素之一，在直播运营中，做好直播间商品规划，如直播选品策略、商品结构规划、直播排品等工作是非常关键的。

一、直播选品策略

直播选品是一项几乎可以决定直播盈亏的重要因素，运营者需要对各种商品进行分析，从中选择适合自己的、符合粉丝需求的商品，这样才有助于获得良好的带货效果。

1. 根据主播特性进行选品

根据主播特性进行选品，就是在充分考虑主播特性的基础上进行选品，主要适用于达人主播账号。达人主播的性别、年龄、形象气质、社会身份不同，其吸引的粉丝群体也会存在一定的差异。如育儿月嫂身份的达人主播更容易吸引新手爸爸、妈妈观看其直播，这种类型的主播在选品时可以重点选择与育儿相关的商品，如幼儿零食、玩具、图书等；美妆博主身份的达人主播更容易吸引追求时尚潮流的人群观看其直播，这种类型的主播可以选择与美妆相关的商品，如口红、化妆刷、眉笔等。

2. 根据粉丝需求进行选品

根据粉丝需求进行选品主要适用于拥有一定粉丝数量的账号，这里所说的粉丝包括自身账号的粉丝和竞争对手账号的粉丝。

运营者可以通过分析粉丝属性和往期爆款商品属性来挖掘直播间粉丝的需求。分析粉丝属性主要是指分析粉丝的性别分布、年龄分布、地域分布、购买行为偏好等。分析往期爆款商品主要是指分析在往期直播中订单量较高、交易总额较高的商品具有什么特征，如外观好看、量大价优、满足粉丝的亲子需求等。

知识链接

差异化选品就是运营者所选的商品要与其他直播间中的同类商品存在不同之处，有与众不同的卖点。差异化选品技巧如表7-9所示。

表7-9 差异化选品技巧

差异点	说明
商品品质	商品的原材料稀缺，商品的制作工艺稀缺，等等
商品价格	与同类商品相比，商品的价格更低、性价比更高
商品外观	商品外观精美，具有独具一格的外观设计、包装设计等
商品功能	商品具有专利设计，商品功能升级，等等
商品服务	赠送赠品，商品售后服务更丰富，等等
商品附加值	商品由知名设计师设计，商品是知名IP联名款，商品由名人代言，等等

二、商品结构规划

运营者可以根据商品的不同作用将商品分为引流款、主推款、利润款、对比款和形象款等不同的类型。不同类型商品的作用、选择技巧如表7-10所示。

表7-10 不同类型商品的作用、选择技巧

商品类型	作用	选择技巧
引流款	吸引观众在直播间内停留，从而提高直播间的人气	① 具有独特优势和卖点的商品，最好是具有"人无我有，人有我优"特点的商品； ② 在整场直播的所有商品中，此类商品的价格不宜太高
主推款	直播间中主要讲解、推荐的商品，承接直播间流量，提高直播间成交转化率	① 性价比较高的商品，如商品的价格合理、性能优越、比较耐用等； ② 受众范围广的商品； ③ 市场需求大的商品
利润款	利润率略高，提高直播间利润率	① 品质较高，通常具有独特卖点的商品； ② 使用人群与主推款一致或比较相似的商品； ③ 与主推款存在互补关系或具有强关联性的商品
对比款	与主推款做对比，凸显主推款的性价比，从而提高主推款对观众的吸引力	与主推款的基础属性比较相似，但价格、利润偏高的商品
形象款	提升直播间整体形象	① 品质、价格较高的商品； ② 具有独特设计、较强潮流性的商品

合理的商品配置比例有利于丰富直播间的内容，让直播间的内容更具观看性。通常来说，在一场直播中，引流款与主推款在本场直播所有商品中的数量占比为10%，利润款在本场直播所有商品中的数量占比为20%，对比款与形象款在本场直播所有商品中的数量占比为70%。

假设一场直播时长为4小时，每款商品的平均介绍时长为5分钟，除去互动环节，运营者需要为直播准备40～50款商品。对新手主播来说，选品难度较大，在直播中可以对每款商品循环介绍2～3遍；对于一场时长为4小时的直播，可以准备15～25款商品。

三、直播排品

在直播中，合理的排品策略有利于延长观众在直播间的停留时长，提高直播间销售额。运营者可以采用表 7-11 所示的直播排品策略。

表 7-11　直播排品策略

策略	操作要点
主推单品循环	在整场直播中循环讲解主推单品，将其他商品的链接直接上架到购物车中但不对这些商品进行重点讲解，只在有观众咨询时对其进行简单介绍。购物车中上架的商品最好能与主推单品存在一定的关联性，如主推单品是一款半身裙，购物车中上架的商品可以是 T 恤、衬衣、打底裤等
循环过款	将直播间中的所有商品按照一定的标准划分为不同的类型，如引流款、主推款、利润款、对比款、形象款等，然后以引流款、主推款、利润款、对比款、形象款为一个循环单位，循环讲解各款商品
依次过款	将直播间中的所有商品按照一定的标准划分为不同的类型，如引流款、主推款、利润款、对比款、形象款等，然后按照引流款→主推款→利润款→对比款→形象款的顺序依次讲解各款商品，即先将所有引流款讲解完，再讲解主推款，然后依次讲解利润款、对比款、形象款

课堂讨论

选择一个国货品牌（如小米、海尔、格力等）并观看该品牌的一场直播，分析并讨论在这场直播中该品牌运营者的选品策略、商品结构、直播排品的特点。

任务三　直播话术设计

在直播中，主播话术对直播效果有着直接影响，专业、真诚的直播话术有利于引起观众的认同感、调动直播间的氛围、激发观众的购买欲望。因此，主播要重视直播话术的设计和运用。

一、直播话术的要求

主播在直播中使用的话术要符合以下要求。

1．内容规范

随着一系列规范直播行业发展的政策、法规相继出台，直播行业的发展逐渐规范化。主播的直播话术在不违反直播平台规则的同时，也要符合相关政策、法规的要求，不使用违禁词，不夸大其词、虚假宣传，避开争议性词语或敏感性话题，注重文明礼貌。

2．用语专业

在直播带货中，主播使用的商品讲解话术要体现出专业性。话术的专业性主要体现在以下两个方面。

第一，主播对商品的讲解详细、真实、准确，能够让观众对商品形成比较全面的认知。在讲解商品本身的同时，还可以介绍一些与商品相关的知识。如主播在讲解一款服装时，还可以讲解一些服装面料识别、服装穿搭技巧等方面的内容。

第二，主播的语言表达方式比较成熟，能够灵活运用各种表达方式让自己的语言通俗易懂、具有说服力。

3. 具有一定的趣味性

直播话术最好具有一定的趣味性，不要让观众感觉枯燥无味。为了提升语言的表现力和说服力，主播在讲解商品时可以搭配上肢体语言、面部表情，让语言更生动形象，这样更容易感染观众的情绪。

二、常用的直播话术

按照直播的流程来划分，直播话术一般分为开场话术、互动话术、商品介绍话术、引导下单话术、结束话术。常用直播话术如表 7-12 所示。

表 7-12　常用直播话术

话术类型		话术示例
开场话术	欢迎语	①"欢迎大家来到我的直播间，我是一名新主播，今天第一次直播，希望大家多多支持，谢谢！" ②"欢迎大家来到直播间，大家评论刷起来，让我看看进入直播间的是新朋友多，还是老朋友多。"
	直播内容介绍	"大家好，这里是×××的直播间，我是主播××。今天我会在直播间和大家分享一些私藏好物，包括口红、腮红、眼线笔、眉笔等，还会和大家分享一些化妆技巧。我从事美妆行业已经十多年了，想要买美妆用品、想要学习化妆知识的朋友都可以关注我的直播间哦！"
	开场福利介绍	①"大家好，欢迎大家来到我的直播间，今天有很多惊喜带给大家，上次直播后厂商给了很多试用装，我打算在本次直播中送给大家，到时我会发口令，然后通过截图的方式送给大家哦！" ②"嗨，大家好，我是××，欢迎大家来到××直播间。今天是"6·18"大促第一天，我为大家带来了×款超值商品，今天直播间的朋友可以享受超优惠直播价哦！" ③"欢迎大家来到我们的直播间，今天我们直播间会为大家推出一款超值商品，大家一定不要错过哦！"
	引导关注	①"刚进直播间的朋友们，记得关注直播间哦！我们的直播间会不定期发放各种福利。" ②"喜欢××直播间的朋友，记得关注一下直播间哦，连续签到 3 天就可以获得一张10 元优惠券，优惠券可以直抵现金购买直播间的任意商品哦！" ③"我们 12 点整就要抽奖啦，没有点关注的朋友记得点左上角关注。" ④"我是×××，欢迎大家来到我的直播间，今天我会和大家分享几个护肤小技巧，学会了以后你也可以有效地护理自己的皮肤，记得关注我，了解更多简单、易上手的护肤技巧。" ⑤"想继续了解服装搭配技巧/美妆技巧的朋友们，可以关注一下主播。"
互动话术	引导点赞、评论、分享	①"欢迎大家点赞，点赞量达到 2 万个，我们将会进行抽奖。" ②"想看 6 号商品的刷 1，想看 10 号商品的刷 2，哪个数字刷得多，我就为大家再试穿哪款。" ③"好东西要分享，喜欢我们直播间的可以将它分享给朋友哦。"
	介绍福利	①"8 点半我们有红包雨，10 点半我们有截屏抽奖活动哦！" ②"今晚在直播间购买超过 3 件商品的朋友可以获得一个收纳箱，而且这款收纳箱是××联名款哦！"
	提出问题	①"大家有什么画眉毛的好方法，欢迎在评论区里留言哦！" ②"大家平时都喜欢用哪种口红？有用过××品牌口红的人吗？"

续表

话术类型		话术示例
商品介绍话术	描述商品的使用场景	①"想象你在海岛上穿着白色的纱裙，戴着墨镜，享受着海风的吹拂。" ②"穿着长裙在海边漫步，温柔的海风轻轻地吹拂着裙摆。"
	强调商品的优点	①"这款破壁机的外观设计和安全性设计都非常好，而且噪声非常小，早晨打豆浆再也不会被嗡嗡的噪声吵醒了。" ②"这款床能折叠，不使用时可以把它收起来，而且床体带收纳箱，一张床既能节省空间，还能收纳物品，一举两得。"
引导下单话术	制造紧迫感	①"今天的优惠力度非常大，而且这款商品今天只有××件。" ②"按福利价购买的名额仅有××个，先到先得！目前还剩×个名额，赶快点击左下角的购物袋按钮下单吧！" ③"如果大家还没想清楚要不要下单、什么时候下单，完全可以先将商品加入购物车，或者先提交订单抢占优惠名额。"
	强调价格优惠	①"这款唇釉真的值得买，一支能用一年，算下来一天不到1元钱。" ②"这个真的很划算，只用花买2包方便面的钱就能买到。"
	引导查看商品详情	"大家如果想要了解更多的优惠信息，一定要点击'关注'按钮关注主播，或者直接点击商品链接查看商品详情。"
结束话术	回顾整场商品	"我们的直播间给大家选择的都是性价比超高的商品，今天的直播商品主要有……，直播间里的所有商品都是经过我们团队严格筛选、经过主播亲自试用的，请大家放心购买。没有下单的朋友请尽快下单，已经下单的朋友请及时付款。好了，今天的直播就到这里了，明天再见！"
	下场预告	①"好了，还有×分钟就要下播了，最后再和大家说一下，下次直播有你们最想要的×××，优惠力度非常大，大家一定要记得来哦！" ②"大家还有什么想要的商品，可以在交流群里留言，我们会非常认真地为大家去选品，在下次直播时推荐给大家。" ③"今天的直播接近尾声了，明天下午同样××点开播，欢迎大家准时观看！" ④ 我发现今天大家非常想要××，我会为大家争取一下，多备一些货，明天晚上大家记得来哦！
	引导关注	①"谢谢大家，希望大家都在我的直播间买到了称心的商品，点击关注，明天我们继续哦！" ②"大家记得关注我们直播间，下次开播就会收到提醒信息，我们下次直播再见哦！" ③"主播最后再给大家上一波很多人没有购买到的福利品，好不好？这次我们把库存加到最大，大家都可以下单，上完这波后，主播今天就要下播了，还没有关注主播的，点一下'关注'按钮，只有关注了主播，才能享受更多福利哦。"

三、商品讲解话术设计

在直播带货中，主播所使用的商品讲解话术会对商品销售结果产生直接影响，所以主播要特别重视商品讲解话术的设计。

1. 商品讲解话术设计法则

主播设计商品讲解话术要遵守 4 个法则，即描绘、承诺、证明、推动，具体如表 7-13 所示。

表7-13　商品讲解话术设计法则

法则名称	作用	实现方法	话术示例
描绘	激发场景需求	① 描绘观众对商品的需求场景； ② 描绘商品的使用体验； ③ 描绘本款商品与其他同类商品的对比情况； ④ 描绘商品的细节； ⑤ 描绘商品成交后的情景	"大家看看这款裤子的上身效果。我是典型的梨形身材，我穿上这条裤子是不是很显瘦，你们是不是看不出我是梨形身材？我全程参与了这款裤子的设计、打版过程，就是希望和我一样是梨形身材的朋友也拥有一条能掩盖身材缺点的裤子。"
承诺	引入主题，强化主播人设	① 承诺商品是官方品牌； ② 承诺主播拥有源头供应链； ③ 承诺商品的品质有保障； ④ 承诺商品价格非常优惠； ⑤ 承诺商品售后服务有保障	"我自己拥有服装工厂，直播间中的所有商品都拥有源头供应链，大家在我的直播间里购买的所有商品都是工厂发货，没有中间商加价，而且我自己是工厂负责人，不是带货主播，不拿佣金，就是想让大家购买到真正物美价廉的商品。"
证明	增强观众对主播的信任感	① 销售数据证明； ② 权威机构证明； ③ 使用效果证明； ④ 名人、"网红"推荐证明； ⑤ 用户使用证明	"我自夸没有说服力，用户评价不会说谎，我给大家看看这款裤子在我的淘宝店铺中的销量和评价情况，看，已售2万条，用户评价1万多条，只有11个差评。很多朋友购买后评价说裤子质量很好。"
推动	用强有力的因素推动观众下单	① 价格优惠推动； ② 商品稀缺性推动； ③ 营销节点推动； ④ 完善的售后服务推动	"这一批货数量有限，大多数都发给我线下的分销商出口了，我自己只留了5000单，为直播间里的用户送福利。和我一样是梨形身材、想要拥有一条穿上显瘦的裤子的朋友们不用看其他款，你只拍这一款就行，我再送你7天无理由退换货运费险，你免费试穿体验，不满意可退货。"

2. 商品讲解话术逻辑的构建

有些主播在直播中会出现话术衔接不流畅、话术逻辑混乱的问题。为了避免这些问题出现，主播可以采用如表7-14所示的策略构建商品讲解话术逻辑。

表7-14　构建商品讲解话术逻辑的策略

话术逻辑	要点	话术示例
引导需求	挖掘观众的需求点，刺激观众对商品产生需求	"今天给大家带来一款××品牌的扫地机。这款扫地机真的能帮助大家节省很多打扫卫生的时间和精力。尤其是对上班族来说，忙完一天的工作回到家后，基本上就没有精力打扫卫生了。"
代入场景	构建商品使用场景，描述使用商品后的效果	"为了让大家下班回到家后看到清洁如新的地面，让大家有更多的时间去休息、放松。"
引出商品	引出要讲解的商品	"很多人都想要有一台扫地机，但不知道选择哪款好。今天我们就为大家找到了一款非常好用的扫地机。"

续表

话术逻辑	要点	话术示例
介绍卖点	充分讲解商品的卖点，吸引观众对商品产生兴趣	"评价扫地机的清洁能力就要看它的吸力大小。市面上大多数扫地机的吸力都在 3000Pa 以下，而我们这款扫地机的吸力达到了 4000Pa，在同价位产品中，它的清洁能力是非常强大的，能够清洁地板缝隙、地毯绒毛里的灰尘！" "有些人在购买扫地机的时候，很容易被产品的外观所迷惑，而忽略了扫地机非常重要的一个能力：避障能力。大家可以想象一下，你盲目地购买了一款避障能力非常弱的扫地机，扫地机工作的时候横冲直撞，不仅把扫地机撞坏了，甚至桌脚、椅脚也被撞得坑坑洼洼，或者垃圾桶被撞翻，垃圾撒了满地，这样的扫地机就没有价值了。我们这款扫地机采用了激光雷达避障算法，即使在黑夜也能实时感应障碍物，甚至能完美避开数据线。"
促单转化	讲解商品的优惠活动、售后服务等利益点，激发观众的购买欲望	"今天直播间里的这款清洁能力强大、避障能力突出的扫地机只要×××元，并且我们为大家争取到了 2 年的保修服务，2 年内只要产品出现质量问题，品牌官方旗舰店提供保修服务。在直播间下单的观众还可以额外获得 2 瓶地板清洁剂，这款地板清洁剂单卖 39 元一瓶。在直播间下单的观众回复'已拍'，客服会现场登记为大家赠送地板清洁剂！"

四、使用 DeepSeek 生成直播话术

主播可以使用 DeepSeek 撰写直播话术，提示词设置公式为"任务背景信息+需求信息+预期结果+具体要求"。下面以直播销售芋头为例，介绍使用 DeepSeek 撰写直播话术的方法。

使用 DeepSeek
生成直播话术

1. 开场话术

开场话术一般包括欢迎语、直播内容介绍、开场福利介绍和引导关注等类型。主播可以在 DeepSeek 中输入提示词："我是一名直播带货主播，我们公司要通过直播推广一款芋头，其特点为：个头均匀，肉质饱满；果肉粉嫩、细腻，入口绵软柔滑，口感软糯；自然成熟，新鲜现挖，香味诱人。生长环境阳光充足，雨水充沛，温度为 16℃～26℃，年均降雨量为 1700 毫米。价格超值，中大果 2 斤，17.5 元。包邮到家，坏果包赔。我即将开启直播，请你为我生成一段开场介绍的话术，要热烈欢迎观众，并为其介绍产品福利，引导大家关注直播账号，话术要语气轻松、热情、口语化，以'朋友们'这一称谓开场，提升直播氛围。"

图 7-5 所示为 DeepSeek 生成的开场话术。

2. 互动话术

互动话术包括引导互动、提出问题和介绍福利等。主播可以在 DeepSeek 中输入提示词："接下来进入正式直播的节奏。为了提升直播氛围，留住观众，作为主播，我要积极引导观众进行互动，让直播间热闹起来，从而提升直播间的权重。请你为我生成互动话术，话术中要包含引导观众互动的内容和提出问题的内容。话术要有衔接性和逻辑性，语句要通顺、口语化、亲切自然。"

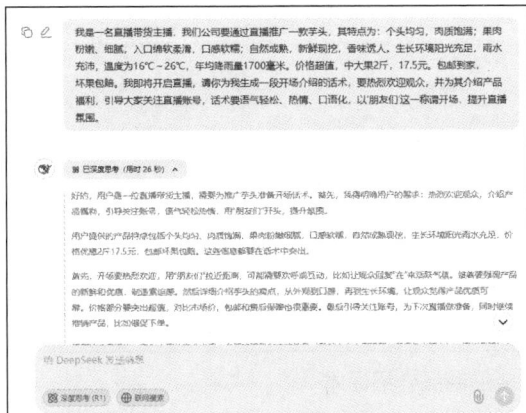

图 7-5　DeepSeek 生成的开场话术

图 7-6 所示为 DeepSeek 生成的互动话术。

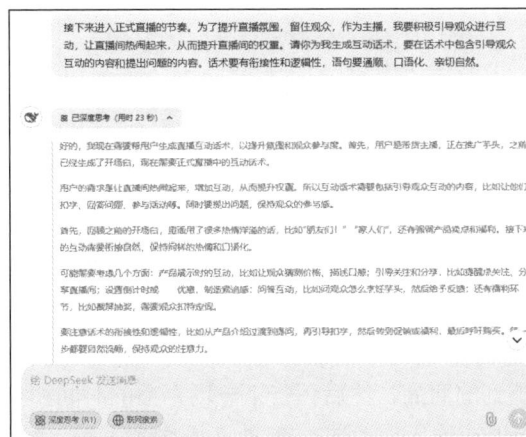

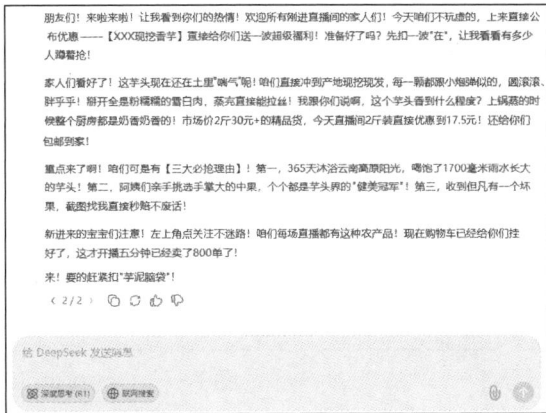

图 7-6　DeepSeek 生成的互动话术

3. 商品介绍话术

商品介绍话术主要用于强调商品的优势和使用商品的场景，旨在使观众感受到商品可以带来的利益。主播可以在 DeepSeek 中输入提示词："在直播过程中介绍芋头这款商品，要用口语化的语言讲述芋头这款商品的优势，并声情并茂地讲述人们食用芋头的场景。请你为我生成符合要求的商品介绍话术。"

图 7-7 所示为 DeepSeek 生成的商品介绍话术。

4. 引导下单话术

在引导观众下单时，主播可以强调价格优惠，以及优惠的时间有限，让观众产生容易错失优惠价格的紧迫感。主播可以在 DeepSeek 中输入提示词："介绍完芋头后，主播要让观众了解到芋头这款商品的优惠价格，并告知优惠时间段，促使观众尽快下单，以免错过福利。请你根据我的提示为我生成引导下单话术，话术的语言要体现出为观众着想，不能显得过于着急，以免观众产生不信任的心理。"

图 7-8 所示为 DeepSeek 生成的引导下单话术。

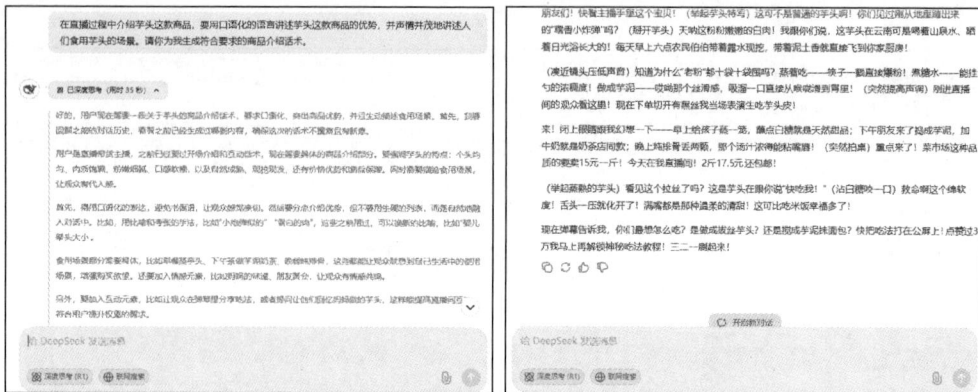

图 7-7　DeepSeek 生成的商品介绍话术

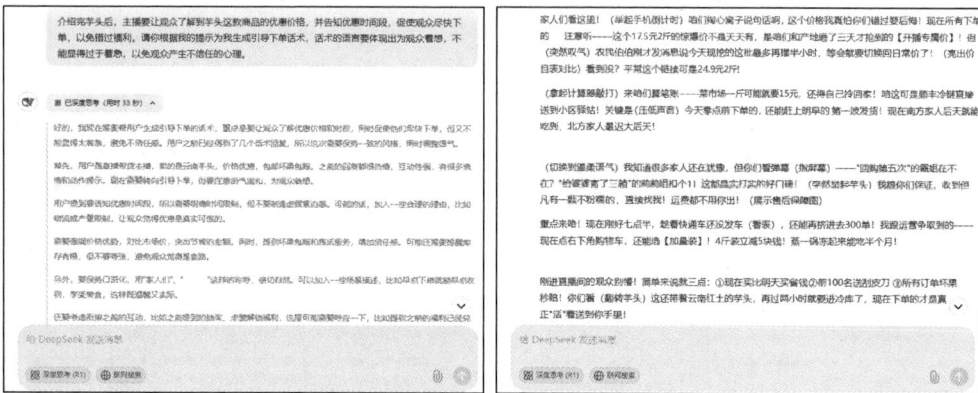

图 7-8　DeepSeek 生成的引导下单话术

5．结束话术

主播在直播临近结束时，可以回顾整场直播提到的商品，然后预告下一场直播的时间和主题，并引导观众关注直播账号。主播可以在 DeepSeek 中输入提示词："随着直播临近结束，主播要和观众们说再见了，这时主播不要忘了和观众回顾整场直播中提到的商品，并提醒观众留意之后的直播，为观众提及下一场直播的主题、时间和福利，最后让观众关注直播间账号。请你根据我的提示为我生成结束话术，要充分表达出对观众的感谢和不舍，强调对观众需求的了解。"

图 7-9 所示为 DeepSeek 生成的结束话术。

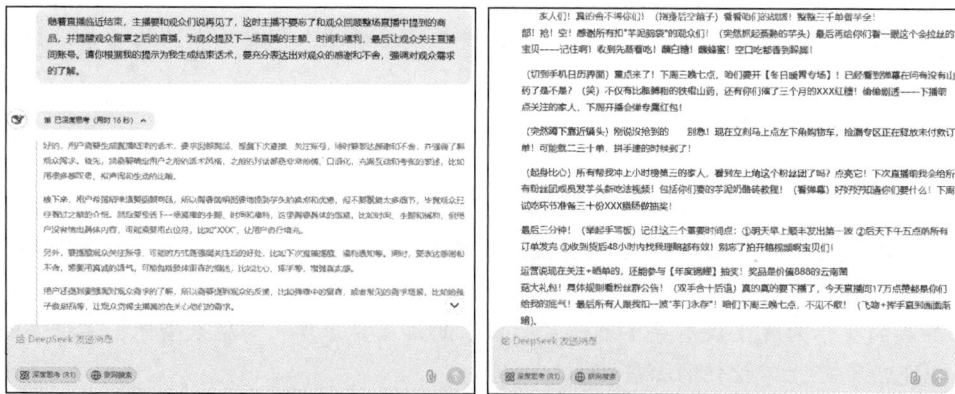

图 7-9　DeepSeek 生成的结束话术

　　选择一款具有地域特色的农产品，为其设计商品讲解话术，然后采用直播的方式向大家推荐这款农产品。

任务四　直播间流量运营

　　直播间流量运营是直播活动中的关键环节之一，它涉及直播间引流策略、直播间付费推广、调动直播间人气和直播间用户运营。

一、直播引流策略

　　为了获得良好的直播效果，运营者需要采用多种方式为直播间引流，扩大直播间的影响范围，吸引更多用户进入直播间。

1. 直播引流渠道及常用引流方式

　　根据引流渠道的不同，可以将直播引流分为站内引流、站外引流和线下引流。不同直播引流渠道及其常用引流方式如表 7-15 所示。

表 7-15　直播引流渠道及其常用引流方式

引流渠道	引流方式
站内引流	① 在直播结束前预告下一场直播的时间、内容； ② 在直播账号中发布直播信息，一是在直播账号昵称、简介中添加直播信息，如将直播账号昵称更新为"×××，今晚 8 点直播"；二是在直播账号简介中添加直播时间，如"每周一、三、五，下午 2 点开始直播"； ③ 在直播账号中发布引流短视频，引流短视频的内容有以下 3 种。第一种，纯直播预告，即在短视频中预告直播时间、直播福利、直播商品；第二种，直播信息，如直播时间、直播利益点等；第三种，直播的精彩片段，如直播中讲解某款商品的片段、直播中某个温馨的时刻等； ④ 有些直播平台具有设置开播通知、预约直播等功能（如视频号直播），运营者可以运用这些功能提醒用户观看直播； ⑤ 对创建有账号矩阵的直播账号来说，运营者可以在矩阵中其他账号中发布引流短视频，并@开直播的账号； ⑥ 在直播平台进行付费推广，如投放"DOU+""快手粉条"等
站外引流	在直播平台以外的平台分享直播信息，如在抖音直播，运营者可以在公众号、微信社群、朋友圈发布直播信息，还可以在社群发布开播通知，提醒用户及时观看直播
线下引流	① 在线下门店展示直播信息，吸引到店用户观看直播； ② 对大型直播活动来说，在资金允许的情况下，运营者可以在线下人流量较多的场所（如电梯、地铁站、地标建筑等）投放广告； ③ 引导进店用户积极分享直播信息； ④ 培训门店员工，鼓励员工积极分享直播信息

2. 直播引流信息的推送

　　如果运营者过于频繁地向用户推送直播引流信息，很可能会引起他们的反感，导致用户屏蔽相关信息。为了避免这种情况的出现，运营者可以采用表 7-16 所示的直播引流信息推送策略。

表 7-16 直播引流信息推送策略

引流渠道		次数	操作要点
站内引流	直播账号昵称	1 次	直播前 3～5 天，在直播账号昵称中添加直播信息，如"时尚节 10 月 12 日下午 2 点特惠直播"
	站内用户群	多次	直播前 3～5 天，在用户群内推送直播信息
	引流短视频	2 次	在直播前一天发布引流短视频，并根据引流短视频的数据表现为其投放"DOU+""快手粉条"进行付费推广，以扩大引流短视频的传播范围
		1 次	在直播当天再次发布引流短视频，并根据引流短视频的数据表现为其投放"DOU+""快手粉条"进行付费推广，以扩大引流短视频的传播范围
	矩阵内其他账号	2 次	在直播前一天发布引流短视频，并@开直播的账号，同时根据引流短视频的数据表现为其投放"DOU+""快手粉条"进行付费推广，以扩大引流短视频的传播范围
		1 次	在直播当天再次发布引流短视频，并@开直播的账号，同时根据引流短视频的数据表现为其投放"DOU+""快手粉条"进行付费推广，以扩大引流短视频的传播范围
站外引流	公众号	2 次	直播前 3～5 天，在公众号中发布直播信息，引导用户预约直播
		1 次	直播当天，在公众号中再次发布直播信息，引导用户准时观看直播
	朋友圈	2 次	直播前一天，管理层相关人员带领员工分别在自己的朋友圈中发布直播信息
		1 次	直播当天，管理层相关人员带领员工再次分别在自己的朋友圈中发布直播信息
	微信社群	2 次	直播前一天，在微信社群中发布直播信息，引导社群成员观看直播
		1 次	直播当天，再次在微信社群中发布直播信息，引导社群成员观看直播
线下引流	门店宣传物料	多次	在门店中设置台卡、桌卡、海报等宣传物料，宣传直播活动
	门店员工引流		培训员工了解直播活动的详情，员工向进店用户宣传直播活动，引导用户在其朋友圈分享直播信息，用户分享直播信息后可以获得礼品、优惠券等奖励

二、直播间付费推广

直播间付费推广的常见方式有两种，一种是投放信息流广告，另一种是投放搜索广告。运营者无论采用哪种付费推广方式为直播间引流，都要讲究一定的技巧，如果盲目投放，无异于浪费资金。

1. 信息流广告投放技巧

信息流广告是位于用户的好友动态或直播平台上的视听媒体内容流中的广告。运营者通过投放信息流广告的方式为直播间引流时，可以采用以下技巧。

（1）把握直播 30 分钟

直播开始后的前 30 分钟非常重要，运营者可以将付费推广的时间段设置为直播开始后的前 30 分钟，通过付费推广快速提高直播间的观看量。

（2）多计划测试

运营者可以创建多个推广计划，实时关注各个推广计划的推广效果，根据推广效果对推广计划进行优化调整，从而找到推广效果最佳的投放计划。

（3）试错投放

有些付费推广允许运营者设置投放时长，在缺乏投放经验的情况下，运营者可以先购买较短的投放时长，并实时监测投放数据，根据投放数据表现及时调整投放计划。

2. 搜索广告投放技巧

搜索广告是用户搜索信息时在搜索结果中展示的相关广告。当用户搜索所使用的关键词是广告主投放的关键词时，广告就会被展示在搜索结果中（关键词有多个广告主购买时，根据关键词的竞价排名展示广告），这种广告通常是按点击量付费（用户点击广告后，系统根据广告主对该关键词的出价收费，无点击量不收费）。对运营者来说，搜索广告的关键是关键词的布局。

（1）选择关键词的策略

运营者在选择关键词时可以从选词维度、关联程度、词性选择 3 个角度来考虑，从自身、竞争对手、用户 3 个维度出发，注重精准匹配、短语匹配和广泛匹配全方位覆盖，以形成包含品牌独有词、品类/商品词、功效/痛点词、标签词、热点词等多类型词的关键词布局，搜索广告选择关键词策略如表 7-17 所示。

表 7-17　搜索广告选择关键词策略

选择关键词策略		操作要点
选词维度	分析自身	从自身商品的详情页、商品卖点中提取关键词
	分析竞争对手	分析竞争对手使用的关键词，从中选择热度较高、用户使用率较高的关键词
	分析用户	分析用户的搜索习惯，在了解用户搜索行为特征的基础上选择关键词
匹配方式	精准匹配	用户搜索时使用的搜索词与运营者投放的关键词相同时，搜索广告才会展现。如运营者投放的关键词为"鲜花饼"，并将其设置为精准匹配，当用户搜索"鲜花饼"时，搜索广告才会展现
	短语匹配	用户搜索时使用的搜索词完全包含运营者投放的关键词或关键词的同义变体时，搜索广告会展现。如运营者投放的关键词为"鲜花饼"，并将其设置为短语匹配，当用户搜索"哪个品牌的鲜花饼比较好""鲜花饼哪里买""鲜花饼制作"等词条时，搜索广告就会展现
	广泛匹配	用户搜索时使用的搜索词是运营者投放的关键词的同义词，搜索广告会展现。如运营者投放的关键词为"鲜花饼"，并将其设置为广泛匹配，当用户使用的搜索词为"鲜花饼"的同义词，或包含"鲜花饼"时，如"玫瑰鲜花饼""鲜花饼榜单"等，搜索广告会展现
关键词的类型	品牌独有词	自身品牌独有的词，如"小羊皮""××旗舰店""××直播间"
	品类/商品词	与商品品类、商品名称相关的词，如"彩妆""腮红""女装""T恤""电器""空调"等
	功效/痛点词	能体现商品功效、用户痛点的词，如"防水""静音"等
	标签词	能体现某类用户人群标签的词，如"××推荐""小个子女生"等
	热点词	体现当前热点的词，如"年货节""6·18大促"等

（2）优化关键词的策略

投放搜索广告后，运营者要根据关键词的转化与消耗情况对关键词进行优化，以提高投资回报率。优化关键词的策略如表 7-18 所示。

表 7-18　优化关键词的策略

关键词表现	关键词评价	优化方法
高转化、低消耗	关键词有较好的转化效果，但是广告的竞争力不足	① 提高关键词与广告素材的关联性； ② 分析相关关键词出价是否较低，可以适当提高相关关键词的出价
高转化、高消耗	关键词的转化效果较差，商业价值较高	① 重新制订投放计划，并投放这些关键词，将关键词设置为短语匹配或精确匹配，适当提高关键词出价； ② 在其他的投放计划中添加此类关键词
低转化、低消耗	关键词的投放成本低、转化效果较差	继续观察这些关键词的后续表现，如果其后续转化效果有所改善，可以适当提高此类关键词的出价；如果其后续转化效果仍未改善，可以选择放弃
低转化、高消耗	关键词的投放成本高、转化效果差	及时剔除此类关键词，以免影响整体投放效果、增加投放成本

三、调动直播间人气

直播间的热烈氛围能够感染用户，引导他们的情绪，并吸引更多的人进入直播间。运营者可以采用各种方法活跃直播间的氛围，以调动直播间的人气。

1. 合理运用营销工具

运营者可以运用各种营销工具引导观众互动，带动直播间氛围。常见的直播间营销工具及其应用策略如表 7-19 所示。

表 7-19　常见的直播间营销工具及其应用策略

营销工具	运用策略
新人券	向新进直播间的用户发放新人券，刺激新用户在直播间下单，并向其他用户分享直播间
抽奖	为抽奖环节设置一定的参与门槛，如分享直播间可参与抽奖、关注直播间可参与抽奖、在直播间下单提高中奖概率等
裂变券	向分享直播间的用户发放裂变券，获得裂变券的用户可以获得相应的购物优惠，刺激用户多多分享直播间，为直播间引入更多的新流量
福利购	为某些商品设置购买条件，如关注直播间可购买、观看直播 10 分钟可购买、达到粉丝团一定等级可购买等
红包	主播在某个关键节点发放红包，激发用户互动的热情，主播在发红包之前要口播告知用户，如"直播间内人数达到×××将发红包"
福袋	通过福袋发放奖品，福袋中设置的奖品要对用户具有吸引力，同时要设置领取福袋的条件，如将领取福袋的条件设置为"仅粉丝"，推动看播用户成为直播间的粉丝

2. 发起互动游戏

互动游戏就是运营者设置的一些具有挑战性的小游戏，如看图猜成语、接歌词、找不同等，引导用户与主播进行互动，用户成功完成游戏任务即可获得相应的奖励。

运营者借助互动游戏调动直播间氛围时，需要注意以下两点。

（1）对互动游戏进行预告

主播可以在直播间公告栏或使用贴片对互动游戏进行预告，如"接歌词挑战赛，晚上 8 点准时开始，接歌词，赢红包！"主播也可以通过口播的形式对互动游戏进行多次预告。

（2）配置权益

运营者要为互动游戏配置一定的权益，可以是大额优惠券、红包或小礼品。运营者可以根据玩互动游戏获得的分值为其设置不同级别的权益，也可以从点赞的用户中抽取几位，额外赠送小礼品。如游戏得分超过 80 分的用户，可以获得免单优惠；游戏得分为 70～79 分的用户，可以获得购物 8 折优惠等。

3."连麦"互动

在直播过程中，主播可以与其他主播或粉丝"连麦"互动，从而提高直播间的人气。

（1）与其他主播"连麦"

主播最好选择与自己领域不同且粉丝量相接近的其他主播作为"连麦"对象，如果双方直播间销售的商品能够互补，则更利于实现最大化的引流；如果主播和"连麦"对象直播间销售的商品类似或互为替代品，就难以满足用户的多重选择需求，甚至两个直播间会形成竞争，无法实现互相引流的目的。

（2）与粉丝"连麦"

主播可以通过与粉丝"连麦"，解答粉丝提出的一些问题。主播与粉丝"连麦"的时间最好控制在 3～5 分钟，有针对性地解决问题即可，不要过于啰唆。

主播可以将与粉丝"连麦"作为一个常态化的活动，形成直播间的固定答疑板块，这样有利于突显主播的专业人设，也有利于通过"连麦"拉近主播与粉丝的心理距离，提高直播间的互动率。

4.与名人合作

名人拥有较高的人气和影响力，在条件允许的情况下，运营者可以邀请名人进入直播间，借助名人的影响力为直播间引流。

名人与主播的直播间互动可以实现双赢，一方面，名人进入直播间能够帮助直播间吸引流量，帮助主播提高粉丝量，提升主播的影响力；另一方面，主播可以利用直播为名人代言的商品进行宣传推广和销售。

5.添加背景音乐

运营者可以根据直播主题、直播内容为直播配上合适的背景音乐，借音乐的节奏营造直播氛围，引导用户的情绪。如在大促活动中超值爆品上架的时间段，运营者可以配上节奏感较强的音乐，为用户营造紧张的氛围，刺激用户快速下单。

四、直播间用户运营

用户是影响直播间人气和销量的关键因素之一，在直播运营中，运营者应重视用户运营，不断提升用户对直播间的信任度，增强用户对直播间的黏性。

1.用户分层运营

运营者可以将直播间的用户分为首次购买用户、复购用户、忠诚用户与流失用户，针对不同类型的用户应采取不同的运营策略，如表 7-20 所示。

表 7-20 直播间用户分层运营策略

用户类型	运营目标	运营要点	营销策略
首次购买用户	引导用户再次购买，成为复购用户	提高用户的留存率、复购率	为用户提供新客优惠福利，如店铺优惠券、专属红包等

用户类型	运营目标	运营要点	营销策略
复购用户	增加用户在直播间下单的次数	缩短用户在直播间下单的时间间隔	为用户提供多倍积分、多购优惠（如 N 件×折、第二件半价等）、特价折扣等福利
忠诚用户	引导用户在直播间进行更多消费	提高连带率和客单价	为用户提供更高价值的商品或服务，提供专享商品、专享服务（如专属客服、极速发货、极速退换货等）、专属优惠等
流失用户	召回流失用户	吸引用户再次在直播间中购物	① 向用户推送新品信息、开播信息等；② 定期向用户推送福利信息，如优惠券、折扣优惠等

2. 用户社群运营

运营者可以组建并运营社群，如粉丝群，在增强用户归属感的同时，打造自己的私域流量池。在运营用户社群时，运营者可以采用以下技巧。

（1）设置专属名称

运营者可以为自己的粉丝团或长期观看自己直播的用户起一个专属名称，如某主播称自己的粉丝为"小火苗"。专属名称有利于让用户产生归属感，与主播建立长期的联系。

（2）输出有价值的内容

社群的内容输出是影响社群生命力的重要因素之一，运营者在社群中持续输出有价值的内容，让用户觉得在社群中有所收获，才有利于吸引用户加入社群，并在社群中保持活跃。运营者可以根据直播间中的商品确定社群内容输出方向。如直播间中的商品主要为女装，就可以在社群中不定期地分享一些服装穿搭技巧、选购技巧等内容。

（3）发放福利

运营者可以在社群中定时或不定时地发放福利，如商品优惠券、小礼品等，从而有效增强社群成员对社群的黏性，提高社群成员的活跃度。运营者发放的小礼品最好与直播间中的商品相关，这样有利于借小礼品强化社群成员对直播间商品的好感。

（4）引导社群成员进行互动

社群具有较强的社交性，社群成员在社群内可以进行讨论与交流，这就要求运营者要能很好地引导社群成员进行话题讨论和互动。运营者在选择互动话题时，要考虑到社群成员的兴趣、直播间商品特点和话题的趣味性。

任务五　直播数据分析

一场直播通常会产生很多数据，如销售额、销量、平均在线人数等，这些数据往往能反映一些问题，在直播结束后，运营者要对直播数据进行分析，以及时发现直播中存在的问题。

一、直播数据分析思路

直播数据分析通常包括 4 个步骤，即明确目的、收集数据、分析数据和做出总结。

1. 明确目的

在开展数据分析之前，运营者应先明确进行数据分析的目的，即自己想要通过数据分析发现并解决哪些问题，如分析本场直播商品销售情况、本场直播中的爆款商品、本场直播流量转化情况等。

2. 收集数据

明确了进行数据分析的目的后，运营者就要针对进行数据分析的目的有针对性地收集数据。运营者可以通过以下 3 个渠道来收集数据。

（1）直播账号后台。直播账号后台会记录直播相关数据，如销售额、销量、观看人数、开播时长等。运营者要及时关注账号表现，并定期对直播账号后台的数据进行收集、整理和归档，以便后期使用。

（2）平台数据工具。一些直播平台会为运营者提供一些数据分析工具，如抖音电商的罗盘、快手小店的生意通等，运营者可以充分利用这些工具来收集自己账号直播方面的数据。

（3）第三方数据工具。市场上有一些专门为运营者提供数据分析服务的第三方数据工具，如飞瓜数据、蝉妈妈、达多多等，这些工具通常会提供与直播相关的监测数据、商品销售数据、行业分析等各类内容，运营者可以通过这些工具来搜集自己需要的数据。

3. 分析数据

分析数据就是运营者使用合适的工具和方法对数据进行分析，从中得到有价值的信息。运营者可以使用 Excel、SPSS Statistics、Python 等工具来分析数据，常用的数据分析方法有直接评判法、对比分析法、漏斗图分析法等。在分析数据的过程中，运营者可以使用表格、图形等形式来展示数据及数据之间的关系和规律。

4. 做出总结

运营者在分析数据之后，要总结数据分析的结果，得出具有指导性的结论，从中发现直播运营中存在的问题，为调整和优化直播运营方案提供有效的参考。

📚 知识链接

运营者可以从以下两个角度来开展数据分析。

一是与自身数据做对比，即将本场直播数据与历史直播数据做对比，分析本场直播的相关数据与历史直播数据相比是提升了，还是下降了。

二是与同行做对比，即将自身直播数据与同行对标账号的直播数据进行对比和归因。一方面，了解自身在行业中的竞争力，深入挖掘自身优势；另一方面，学习对方的优点，取长补短，提升自己。

二、直播数据分析常用指标

在开展直播数据分析时，常用的指标如表 7-21 所示。

表 7-21 直播数据分析常用的指标

数据类型	常用指标
人气数据	观看人数、直播曝光人数、平均在线人数、直播间浏览量、平均停留时长、新增粉丝数、互动率、转粉率、人气峰值、发送弹幕数等
带货数据	销售额、销量、客单价、商品展示次数、商品点击次数、带货转化率、千次观看成交率等
用户数据	性别分布、地域分布、年龄分布、活跃时间分布、来源渠道、购买类目偏好、购买品牌偏好、最感兴趣内容等
流量结构数据	关注页流量占比、推荐页流量占比、个人主页流量占比、短视频引流占比、付费流量占比等
短视频数据	播放量、评论量、点赞量、分享量、短视频点击进入率等

项目实训：白象短视频运营策略和直播运营策略分析

1. 实训背景

近年来，多个国货品牌成功出圈，获得了众多用户的认可和喜爱。白象作为陪伴众多用户成长的老品牌，凭借其亲民的定位和良好的公益形象，激发了众多网友的购买热情。

为了迎合新消费趋势，白象持续推出了香菜面、蟹黄面、小龙虾拌面等产品，这些产品满足了年轻用户对新奇口味的需求，并引起了用户的广泛讨论。白象在抖音发起的一系列创意话题，如"1秒证明你是香菜党""白象大辣娇火锅面真上头"等，引发了众多用户的热议。

白象还与知名博主合作推出创意短视频，展示产品的使用场景和独特卖点。同时，白象在抖音开设直播，通过直播销售产品。通过创意话题+短视频"种草"+直播"拔草"等多种营销方式，白象实现了品牌声量和产品销量的双丰收。

2. 实训要求

阅读案例，搜集白象短视频运营、直播运营的相关资料，总结其短视频运营策略和直播运营策略。

3. 实训思路

（1）搜集资料

在淘宝、抖音、快手、微博、小红书等平台搜索白象的品牌账号，观看这些账号发布的短视频、开设的直播，收集白象在各个新媒体平台发起的话题、挑战赛等营销活动信息。

（2）分析资料并总结运营策略

对搜集到的资料进行分析和总结，如白象品牌短视频账号名称、头像、账号简介的设置特点，白象品牌发布的短视频的内容特点，白象品牌直播的特点（如直播间场景布置的特点、直播间商品类型的特点、直播商品讲解的特点、直播互动活动的特点等），总结白象短视频运营策略和直播运营策略。

全媒体运营管理

知识目标

➤ 掌握全媒体渠道管理的策略。
➤ 掌握全媒体前台、中台和后台的服务支撑与管理方法。
➤ 掌握全媒体服务营销一体化建设策略。
➤ 掌握全媒体数据分析与复盘方法。

能力目标

➤ 能够开展服务营销一体化建设。
➤ 能够进行数据分析和数据可视化。
➤ 能够撰写数据分析报告。

素养目标

➤ 增强危机公关意识，时刻保护企业的声誉。
➤ 培养数据分析思维，提高数据分析与复盘能力。

知识导图

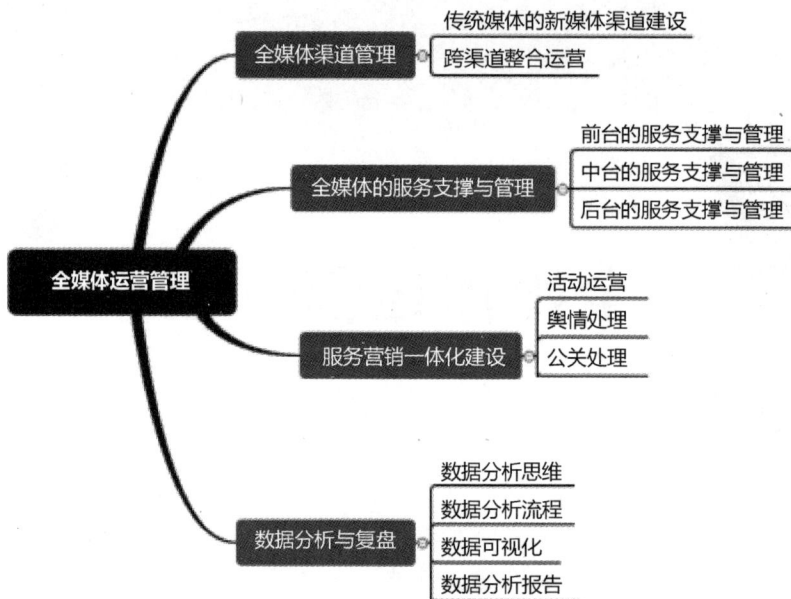

引导案例

蕉下：以DTC运营实现高质量转化

在竞争加速的浪潮之下，直接面向用户（Direct To Consumer，DTC）模式已逐渐演变成当下零售环境中的一种常态，品牌想要屹立不倒，必然要以创新和差异化优势来支撑。

轻量化户外引领品牌蕉下便是DTC的成功案例之一。蕉下在轻量化户外品牌升级之后，不断完善产品矩阵，形成了服装、伞具、配饰、鞋履四大核心品类，覆盖所有人群；在"轻量化户外"大概念的撬动下，其线上线下渠道也围绕"轻量化户外生活方式场景"开始了系统升维和场景化DTC布局，成效显著。

蕉下的线上店铺目前基本已经覆盖主流电商平台，自2020年以来，蕉下也积极把握抖音、快手等快速发展的内容电商平台的销售机遇，形成线上平台的营销矩阵，并且充分利用线上短视频及发展自播业务引入的用户流量，与用户互动，触达潜在的用户。

无论是线上还是线下的蕉下店铺，其装修设计和产品组合陈列并不是以传统的产品展示方式强调产品信息，而是围绕着轻量化户外的场景、人群进行品牌传达和场景心智占领，再用产品来匹配场景需求。借此，蕉下从产品力、功能方面在用户层面培养出了极强的品牌心智。

蕉下不仅通过优质场景化内容营销提升品牌认知度和美誉度，还注重培养用户对产品功能和设计的认识，鼓励其探索、体验各类城市户外活动，从而提升用户的忠诚度，促进品牌长远发展，形成轻量化户外生态圈，这些落到实处就体现在社群运营和蕉下日落营地的打造上。

蕉下联合了一群户外爱好者，打造了 BU Camper 社群，BU Camper 社群作为轻量化户外生活方式社群的引领者，以分享、指导、实践为出发点，为参与者提供沉浸式、美好、纯粹的户外体验，提升其获得感与幸福感。该社群会定期举办露营、徒步、飞盘等多种线下活动，并组织相关运动社群，传递城市户外生活方式，向各个垂直圈层传递认知：蕉下要做的，就是打破城市与自然之间的壁垒，让走进户外变得更容易；打破人与自然之间的壁垒，让"拥抱太阳"变得更简单；打破人与人之间的壁垒，让面对面交流变得更频繁。

借助日落营地平台，蕉下把店铺开在了山上、开在了自然里，这些店铺提供蕉下海量经典品和轻量化户外用品，让用户在玩乐之余挑选购买，突破人群和场景，直接触达真实用户，实现从"用户拉新—形成社群—品牌心智—品牌忠诚"的高质量转化。

任务一　全媒体渠道管理

全媒体渠道管理是指企业在全媒体环境下，对其分销渠道进行策略制定、组织、执行和监控的过程，涵盖了文字、图像、音频、视频等多种媒介手段，以及线上线下相结合的方式，高效地将产品或服务传递给最终用户。全媒体渠道管理不仅关注传统渠道的管理，还涉及新媒体渠道的开发与整合，以确保企业在复杂多变的媒体环境中保持竞争力。

一、传统媒体的新媒体渠道建设

新媒体渠道建设在助力主流媒体机构不断向纵深推进融合发展、有效应对新传播格局下的新挑战、引领主流媒体机构改革方向等方面发挥着积极的作用。

1. 传统媒体的新媒体传播特征

随着互联网技术的进步及社交媒体平台的普及，新媒体因其互动性强、信息更新及时、传播方式多样的特点为主流媒体机构开展宣传工作拓展了新的渠道，也逐渐成为主流媒体机构的重要宣传阵地。

近年来，新媒体传播阵地也发生了新的变化，主要体现在以下几个方面。

（1）视频平台逐渐成为用户获取信息的主要来源。用户更倾向于通过观看短视频来获取新闻、知识、娱乐等各类信息。主流媒体也纷纷在短视频平台上开设官方账号，通过短视频发布重要新闻和信息，进一步显示视频平台作为信息来源的作用。除了短视频外，微短剧、直播等新型内容形式也在视频平台上兴起，为用户提供了更加丰富的信息获取方式。

（2）垂直社交应用聚集了新的用户群体，如消费"种草"领域的小红书、上市公司动态发布和股民交流类的平台雪球等成为活跃的新舆论场。

（3）交互性不断增强，媒介传播不再只是单向输出，而是与用户进行双向交流，甚至用户参与了内容的生产与制作，运营者能够及时获得用户的反馈，这种特性为提高渠道传播价值提供了有利的条件。

（4）平台调性日益趋同。主流的信息流平台在短时间内迅速崛起，这些平台大都是借助于强大的智能推荐机制，向用户提供个性化的内容来吸引流量。尽管各大平台在一开始的定位和调性不尽相同，但随着用户偏好显著改变，平台运营机制和智能推荐机制也在不断变化，且日渐趋同。

（5）传统媒体的账号矩阵从"多而全"转变为"集中力量，有所取舍"。在新媒体时代，传统媒体机构在微信、微博、官方客户端、抖音、快手、哔哩哔哩、今日头条、百家号、腾讯新闻等主流平台大都形成了各自的传播矩阵，账号众多。尽管这提高了出现高传播度内容的概率，但也容易出现高同质化、低互动率、低关注度等情况，且该问题日益凸显，可见当前传统媒体机构矩阵账号"百花齐放"的红利期已过。越来越多的传统媒体机构开始有所取舍，选择用户基础牢固、平台调性相符、账号用户黏性较强的渠道重点运营，集中力量建设和运营重点渠道。

2. 新媒体渠道建设的原则

渠道建设是新媒体运营的重要板块，包括开拓新渠道、优化原有渠道、提高渠道覆盖率和拓展用户群体等。渠道建设需要考虑用户触达和优化用户交互体验，并且时刻关注渠道数据动态，以便及时做出调整。

在新媒体时代，衡量媒体内容吸引力的两个维度是信息和情绪，这就要求媒体内容遵循"专业化+大众化"的原则。传统媒体机构不能丧失自身的权威性、专业性，应坚持以内容建设为根本，渠道拓展及有效运营为支撑，在此基础上进一步完善创新机制和技术升级，为传统媒体的新媒体运营护航。

（1）专业化

传统媒体在新闻信息内容上具有权威性和公信力。新媒体渠道建设坚持专业化原则，能够确保信息的准确性和权威性，维护媒体的品牌形象。专业化还体现在内容生产团队的专业素质和内容生产流程上，传统媒体拥有专业素质较高的内容生产团队和科学严格的内容生产流程，能够确保信息的准确性和严谨性。

专业化有助于传统媒体在新媒体平台上形成独特的品牌特色，以区别于其他媒体，增强用户的黏性和提升其忠诚度。如财经类媒体在新媒体平台上发布的内容需要保持专业性，以满足企业高管、投资者等特定用户群体的信息需求，提升自身新媒体平台的影响力。

（2）大众化

大众化原则有助于传统媒体在新媒体平台上吸引更广泛的用户群体，提高媒体的影响力和传播力。通过使用更贴近大众的语言和表达方式，传统媒体能够打破与用户之间的隔阂，增强与用户的互动和沟通。

大众化内容更容易引起用户的共鸣和关注，从而提升传播效果。如使用故事化、情感化的表达方式，能够增强内容的吸引力和感染力。同时，大众化内容更符合互联网传播的特点，能够在新媒体平台上迅速传播和扩散。

（3）专业化和大众化的结合

在新媒体渠道建设中，传统媒体需要找到专业化和大众化之间的平衡点，既要保持内容的权威性和专业性，又要兼顾用户的广泛性和用户需求的多样性。通过深入分析用户的需求和兴趣点，传统媒体可以制定出满足专业化和大众化需求的内容策略和传播方案。

在实践中，传统媒体可以积极探索新的传播方式和手段，如短视频、直播等，以更生动、更直观的方式来呈现媒体内容；也可以利用大数据、人工智能等技术手段，对用户进行精准画像和个性化推荐，提高传播效果和用户满意度。

3. 传统媒体新渠道建设面临的问题

主流媒体机构虽然具有高度的专业性，但也更容易形成带有传统思维惯性的运营策略，而新媒体平台的特性则要求创作及运营团队完成思维与观念的转变，既不能缺少信息素养，也要强化专业运营能力，避免将新媒体内容做成传统媒体报道的新媒体版。

目前，不少传统媒体机构面临以下共性问题。

（1）人工运营效力不足

目前，各平台均主打热点属性强的独家资讯、垂类资讯和有时效热度的大众资讯。大多数传统媒体机构在微博等社交媒体发布内容时会关联热搜话题进行运营，或者根据时效热度自行发布根据其他媒体信息进行二度处理后的消息，以吸引用户和增强用户的黏性。但是，由于二度处理的信息非原创，无法获得平台侧的流量倾斜，而且同质化问题严重，凸显了人工运营效力的不足。在这种情况下，各平台之间往往比拼的是用户基础和推送时效。

（2）内容专业度高，"网感"不足

很多垂类媒体机构在新媒体平台上的流量池相对较小，很多内容在定位上更像是企业内参或者单位读物，专业度有余，"网感"不足，不符合新媒体平台的调性。素材内容本身就已经属于小众范围，再不使用故事性的写作手法来吸引普通公众阅读，那么内容就会越做越窄，很难触发平台的推荐机制。

（3）账号矩阵聚合度不高

很多传统媒体机构的账号矩阵面临大号与小号存在冲突的情况，在内容方面，矩阵各账号之间的内容同质化严重，由于各平台的去重机制，相似的内容流量会有所限制；在运营方面，账号之间各行其是，除了简单的转发和品牌露出外，很多账号没有实现有效的互动运营。

（4）渠道不确定性风险大

传统媒体机构的自有 App 饱和度提高，市场增量空间越来越小，再加上互联网用户阅读习惯的改变，传统媒体机构的新媒体传播大多高度依赖第三方信息聚合平台，而这些平台又属于互联网企业，进行市场化运作，因此媒体的渠道运营和内容传播存在较大的不确定性风险。

4. 解决新媒体渠道建设中的问题

要想化解渠道运营和内容传播的不确定性风险，解决新媒体渠道建设中的问题，传统媒体机构要从以下两个方面入手。

（1）扩大运营团队的创意发挥空间

用户体验新媒体平台的内容有特定的规律，新媒体内容要具备创意，从根本上对原有内容进行具备"网感"的传播转化。因此，传统媒体机构要调动足够的资源，并在此基础上充分放权，减少决策限制，为运营团队创造良好的环境，扩大其发挥空间。如媒体账号要善于使用更年轻化的语言进行表达，增强账号的人格化特征，从而打破用户对媒体官方账号形成的严肃、距离感强等刻板印象。

（2）分平台采取不同运营策略

基于平台建设的差异化，传统媒体在新媒体平台的运营应当区分平台特性，并尽量满足不同平台的内容推送要求，具体做法如下。

① 根据不同平台的调性发布不同内容

以微博、公众号为例，两者的内容调性一般不同。传统媒体的官方微博内容可以选择快速、精准的短讯，旨在为用户快速传达最准确的信息。平台流量数据统计显示，微博上的短讯流量较其他内容更高。

相对来讲，公众号的内容更加鲜明化、深度化，如针对偏专业性的财经深度新闻稿件，编辑可以适当在标题、内容构成和表现形式等多个方面进行改进，使文风更加活泼、轻快，并且将一些宏观的叙事角度转变为个人化视角，或者将单一的内容向拓展阅读的方向进行拓展，使大众化表达和报道内容的专业性之间实现平衡。

② 根据新媒体内容形式确定运营策略

对于图文类平台，媒体在推送时要配上图片，无论是快讯还是深度报道，优质的图片可以促使平台把媒体内容推送至高位，从而获得更多的推荐，吸引更多的用户点开阅读。

在短视频领域，传统媒体机构要打造综合维度的 IP，明确拟人化、观点化的视频制作方向，也可以试水把图文内容转化为视频形式，通过"图文+视频"形式推送给用户。但需要注意的是，文字内容是基础，文字准备得越扎实，可视化的内容效果越好。

③ 依托新技术提供沉浸式叙事

除了新媒体平台的特色运营之外，内容形态的创新也同样重要。依托新技术的新媒体作品和产品能够提供沉浸式叙事，提升用户体验，引起不错的反响，更是一种能促进新媒体用户参与互动的运营策略，从而增强受众的黏性。

如虚拟现实（Virtual Reality，VR）技术通过构建三维环境，使用户能够身临其境地参与到故事中，体验前所未有的沉浸感。在历史文化展览等领域，VR 技术使用户能够模拟特定人物进入虚拟化的艺术世界或历史环境，以第一人称视角沉浸于展览的文化背景中，全方位地观赏展品，从而理解展览的深刻内涵，引发内心的共鸣。

增强现实（Augmented Reality，AR）技术则能在现实世界中叠加虚拟信息，使用户在现实环境中与虚拟元素互动，增加了叙事的互动性和趣味性。

其他新媒体影像技术，如全息影像、裸眼 3D 光影、投影互动等，通过跨媒体叙述，将静态图像、动态影像、声音和文字等有机组合，创造出丰富的叙事语境和情境，使用户获得视觉、听觉等多重沉浸式体验。

④ 与平台进行深度合作

传统媒体要与平台进行长期的深度合作，与平台垂直领域的负责人进行深度沟通，但要推进长期的深度合作，需要以产品引领，将高质量内容与渠道建设相结合。

二、跨渠道整合运营

在数字化时代，用户可以通过多种渠道与品牌互动，因此跨渠道整合运营对品牌营销来说至关重要。跨渠道整合运营的核心在于将不同的营销渠道进行科学的整合，实现信息的无缝对接和资源的共享，从而提升品牌影响力和市场竞争力。

企业要在线上和线下等不同渠道实施统一的品牌传播策略，确保用户无论在哪个渠道接触品牌，都可以获得一致的品牌体验。

通过多渠道整合，企业可以降低对单一渠道的依赖度，分散市场风险。当某个渠道出现问题时，其他渠道可以弥补其不足，确保企业的整体运营不受影响。

跨渠道整合运营主要体现在以下几个方面。

1. 构建统一的用户数据平台

跨渠道整合运营的第一步是构建统一的用户数据平台。这个平台能够整合不同渠道上的用户信息，包括用户的行为数据、购买历史、喜好等，帮助品牌形成一个 360 度的用户视角。统一用户数据能够提升数据驱动的营销决策的准确性，实现精准推送。

为了构建统一的用户数据平台，品牌需要在用户所在的所有渠道打造触点，这需要确保品牌在社交媒体、电子商务、线下店面等所有触点上都有所覆盖，实现无缝连接。多渠道触点可以帮助品牌捕捉更多的用户数据，进而增强用户画像的完整性。

2. 资源整合

企业可以将线上（如官方网站、社交媒体、电商平台）和线下（如实体店、展会）的资源进行有效整合，实现资源共享。如线下实体店可以作为线上订单的提货点，线上平台则提供线下实体店的优惠券或预约服务。

3. 实现用户体验一致性

跨渠道整合运营强调在不同渠道间提供一致的用户体验，无论用户通过哪个渠道接触品牌，都能获得相似的品牌信息、产品介绍和服务支持；还可以建立统一的会员体系，让用户在各个渠道都能享受到相同的会员权益，如积分累积、会员折扣等，提升用户的忠诚度和满意度。

4. 营销活动协同

企业可以在多个平台上开展联合营销活动，如线上线下的促销活动、跨界合作等，以扩大品牌的影响力并提高销售额；还可以开展个性化营销活动，利用大数据分析技术，根据不同渠道的用户特点和行为，设计针对性的广告内容并制定投放策略。

5. 渠道间的协同优化

企业应整合不同渠道的管理系统和信息系统，实现渠道管理的一体化和自动化。如通过整合线上线下渠道的订单管理系统和库存管理系统，实现订单的统一管理和库存的统一管理，从而提高渠道管理的效率和准确性。

6. 整合自有渠道与合作伙伴渠道

自有渠道是企业直接掌控和运营的销售和营销渠道，主要包括官方网站，企业在主流电商平台（如天猫、京东等）开设的旗舰店或自营店，企业在微博、微信、抖音等社交媒体平台上建立的官方账号，以及线下实体店。

合作伙伴渠道是企业与第三方合作伙伴共同开发和运营的销售和营销渠道，主要包括分销商、零售商、内容创作者和"网红"、特殊渠道（如餐饮场所、娱乐场所等，企业可以与这些场所合作，设立品鉴区或举办品鉴活动，让用户在特定场景下体验产品）。

在跨渠道整合运营中，自有渠道与合作伙伴渠道的整合是关键。企业可以通过以下方式实现两者的有效整合。

（1）数据共享和互通：通过大数据分析和数据挖掘技术，实现自有渠道和合作伙伴渠道之间的数据共享和互通。这有助于企业更准确地了解用户需求和市场趋势，为不同渠道的营销活动提供有力支持。

（2）协同作战：自有渠道和合作伙伴渠道要协同作战，共同制订营销策略和推广计划。通过整合营销资源形成合力，提升营销效果。

（3）利益共享：企业可以与合作伙伴建立利益共享机制，确保双方的合作能够持续、稳定地进行。通过合理的利润分配和激励机制，激发合作伙伴的积极性和创造力，共同推动企业的发展。

7. 数据分析和决策支持

企业要整合不同渠道、不同来源的数据，包括用户行为数据、交易数据、市场数据等，形成全面的数据视图，这有助于企业更深入地了解市场和用户。企业要运用数据分析工具和方法深入挖掘数据价值，为决策提供有力支持。通过对数据分析结果的应用，企业可以优化营销策略、产品设计和用户体验等。

课堂讨论

在你知道的企业中，有哪些是实行跨渠道整合运营的，其线上线下融合主要有何体现？

任务二　全媒体的服务支撑与管理

在全媒体运营过程中，服务支撑与管理通过前台、中台和后台来实现。

前台是指企业与最终用户的交点，既包括各种和用户直接交互的界面，如 Web 页面、手机 App，也包括服务端各种实时响应用户请求的业务功能，如商品查询、订单系统等。每个前台都是企业与用户的接触点。

中台是为前台而生的平台，可以更好地服务前台的规模化创新，使企业真正做到自身能力与用户需求持续对接。

后台并不直接面向用户，而是面向企业内部运营人员和后台管理人员的配置管理系统，如商品管理、物流管理、结算管理系统。后台是企业的基础建设，是让业务正常流转、保持稳定的核心系统。

一、前台的服务支撑与管理

全媒体运营的前台服务支撑是一个综合性的体系，涉及多个方面的技术和工具，以确保全媒体内容的高效生产、传播和互动。

全媒体运营的前台服务支撑主要采用内容展示技术（如 HTML、CSS、前端框架、多媒体展示）、交互设计技术（用户交互设计、用户体验优化、交互组件设计）、数据可视化技术（图表库、数据绑定、数据交互）、响应式设计技术（响应式布局、移动优先设计）、安全性技术（跨站脚本攻击防护、跨站请求伪造防护、HTTPS 协议）、性能优化技术（代码压缩与合并、图片优化、图片缓存）。

知识链接

交互设计技术主要包括以下几个方面。

● 用户交互设计：关注用户界面的布局、色彩、字体等设计元素，以及用户与界面之间的交互方式；需要遵循用户习惯和心理，提供直观、易用的界面。

● 用户体验优化：通过用户研究、原型测试等方法，不断优化用户在使用产品过程中的体验，包括页面加载速度、响应速度、错误提示等方面的优化。

● 交互组件设计：如按钮、输入框、下拉菜单等，这些组件的设计和使用直接影响用户的交互体验，前台技术需要支持这些组件的自定义和灵活使用。

全媒体运营的前台服务支撑与管理主要涉及与用户直接交互的各个方面，旨在提升用户体验，增强用户黏性，并促进品牌与用户的良好互动。

全媒体运营的前台服务管理主要包括以下几个方面。

1. 用户界面与体验设计

设计师会根据品牌风格和用户体验设计原则，优化网站的页面布局、色彩搭配、字体选择等，确保界面美观、易用；设计流畅的交互流程，降低用户操作复杂度，提升用户满意度，如通过合理的按钮布局、清晰的导航菜单、便捷的搜索功能等来提升用户体验。

2. 社交媒体运营

社交媒体运营包括账号管理和内容发布与互动。

- 账号管理：管理品牌在各大社交媒体平台（如微博、微信、抖音、小红书等）的账号，确保账号信息的准确性和一致性。
- 内容发布与互动：在社交媒体平台上发布与品牌相关的内容，包括图文、视频等，并积极与用户进行互动，回复评论、私信等，维护品牌形象和用户关系。

3. 用户数据分析

用户数据分析主要包括以下几个方面。

- 数据采集与整合：整合各类数据，包括用户行为数据、内容数据、渠道数据等，为运营决策提供支持。
- 数据分析与挖掘：通过数据分析工具和技术，对用户行为、内容效果、市场趋势等进行深入分析和挖掘，找出用户需求和市场机会。
- 运营策略调整：根据数据分析结果，对全媒体运营策略进行调整和优化，包括内容策略、渠道策略、用户互动策略等，以实现更好的运营效果。

4. 用户体验优化

通过优化网站或应用的加载速度、响应速度等性能指标，提升用户体验；建立用户反馈机制，及时收集和处理用户意见和建议，不断改进产品和服务；利用用户画像等技术手段，为用户提供个性化的内容推荐和服务，增强用户黏性。

5. 广告投放与营销

根据品牌目标和用户特点制订广告投放计划，并在合适的渠道进行广告投放。策划和举办各类营销活动（如抽奖、优惠券、限时折扣等），吸引用户参与并促进转化。

二、中台的服务支撑与管理

中台一般是指搭建的一个灵活快速应对变化的架构，能快速实现前台提的需求，避免重复建设，达到提高工作效率的目的。中台是在前台和后台之间的组织模块，其将系统的通用化能力进行打包整合，通过接口的形式赋能外部系统，从而达到快速支持业务发展的目的。

中台的服务有以下技术支撑。

（1）中台通常采用微服务架构，将复杂的系统拆分为多个小型、独立的服务，每个服务都运行在其独立的进程中，并使用轻量级通信机制相互通信。这种架构提高了系统的可维护性、可扩展性和灵活性。

（2）DevOps 强调开发（Development）和运维（Operations）的一体化，通过自动化工具和流程，实现快速、可靠和频繁的软件交付。中台利用 DevOps 技术，实现持续集成、持续部署和持续监控，提高开发效率和系统稳定性。

（3）容器云为 PaaS 服务能力、技术组件和中间件提供稳定的运行支撑环境，使中台能够高效、灵活地部署和管理各种服务。

在以上技术的支撑下，全媒体运营的中台服务管理主要包括以下几个方面。

1. 业务中台

业务中台是将业务链条上流通的能够自运营的业务提取出来并沉淀的系统，自运营业务包括策划、采编、发布、绩效、运营等，做到"开箱即用"，为一线业务人员提供灵活的应用组件，可以随意组合、创新迭代。

业务中台能够实现知识、业务规则、管理规范、赋能体系、产品、组织的融合，快速响应创新和市场变化，从而滋养业务发展，并通过智能化的管控平台提高业务运营效率与人效（即人的效率）。企业可以从业务顶层规划、业务建模开始，梳理出各业务领域的边界、服务能力，进而指导系统的服务化建设。

2. 数据中台

数据中台是指通过数据技术对海量数据进行采集、计算、存储、加工处理，同时统一标准和口径，形成大数据资产层，进而为用户提供高效服务的系统，是数据、技术、产品、组织的融合。搭建数据中台，既能打破 IT 系统数据孤岛，构建数据平台，还能提升业务效益，提高周转率，还可以构建稳定安全的平台化系统，降低运维成本。

数据中台从业务的角度对数据进行规划，从业务单位维度对数据进行管理，涵盖用户维度、内容维度、渠道维度、栏目维度、版权维度、运营维度等，同时辅以内容标签、维度分析模型，实现了数据对业务的支撑，形成了数据的持续生产、加工、治理、分析、消费及评价的闭环链路。数据中台通过数据模型、算法服务和数据管理规则，与业务强关联，实现业务数据汇聚及沉淀，建立数据和业务之间的关联，解决了数据开发和应用开发之间由于开发速度不匹配，响应力跟不上的问题。

3. 技术中台

技术中台作为适配层，能够起到承上启下的作用，具有日志服务、分布式缓存、全文检索、消息队列、流程引擎、GIS 引擎、音视频能力、统一认证、SSO、权限控制、监控服务、配置管理等功能，将整个媒体单位的技术能力与业务能力分离，通过成熟、稳定的中间产品轻松打造企业信息建设核心 PaaS 能力，提供后端应用框架、前端应用框架、移动端应用框架，进而综合提升信息部门技术支撑能力，夯实企业 IT 能力基石。

4. 智能中台

智能中台与媒体全流程相结合，实现智能策划、智能生产、智能分发和智能评价。智能中台通过语音智能、语义智能、视觉智能等 AI 技术对媒体的内容生产进行重构、对媒体的内容传播进行升维，支撑诸如视频节目审核、文本内容审核、智能语聊/对话、虚拟主播/主持人、机器人新闻创作、新闻智能校对、个性化/主题推荐和新闻行业知识图谱等功能，大大提高了媒体创作的智能化手段。

三、后台的服务支撑与管理

全媒体运营的后台服务支撑主要采用以下技术。

- 服务器与存储架构：搭建强大的服务器集群，以应对高并发的访问请求，确保系统的稳定性和响应速度。配备大容量的存储设备，用于存储海量的多媒体内容，包括文章、图片、视频、音频等。

- 云计算和虚拟化技术：利用云计算的弹性扩展能力，根据业务需求动态调整、计算和存储资源。如在业务高峰期自动增加服务器资源，低谷期则相应减少，节约成本。通过服务器虚拟化，提高服务器资源的利用率，实现快速部署和迁移应用。

- 数据备份与恢复：制定完善的数据备份策略，定期对重要数据进行备份，以防止数据丢失。建立高效的数据恢复机制，确保在发生故障或数据丢失时能够快速恢复业务运行。
- 安全防护体系：部署防火墙、入侵检测系统、防病毒软件等，防止网络攻击和恶意入侵。对敏感数据进行加密存储和传输，保护用户隐私和业务数据安全。实施严格的权限管理，确保只有授权人员能够访问和操作相关数据和功能。
- 大数据处理技术：构建数据仓库和数据集市，对海量数据进行整合和分析，为决策提供支持。运用数据挖掘和机器学习算法，进行预测分析和模式识别。

在以上技术的支撑下，全媒体运营的后台服务管理主要包括以下几个方面。

1. 内容资源管理

内容资源管理包括内容采集与整合、版权管理、内容存储与检索。

- 内容采集与整合：从多种渠道收集各类内容资源，包括记者采编、用户生成、合作伙伴提供等，并进行整合和分类。如将不同来源的内容按照主题、地域等分类存储。
- 版权管理：确保所使用的内容具有合法的版权；处理版权采购、授权和侵权问题。如在使用外部图片或视频时，要严格遵循版权协议。
- 内容存储与检索：建立高效的内容存储系统，方便快速检索和调用所需内容。如通过优化数据库结构，提高对历史内容的查找效率。

2. 用户数据管理

用户数据管理包括数据收集与分析、用户隐私保护。

- 数据收集与分析：收集用户的基本信息、行为数据、偏好数据等，并进行深入分析，以了解用户的需求和行为模式。如分析用户的浏览记录、评论、点赞等行为，为个性化推荐提供依据。
- 用户隐私保护：严格遵守相关法律法规，采取措施保护用户隐私。如采用加密技术存储用户的敏感信息。

3. 运营流程管理

运营流程管理包括任务分配与跟踪、质量控制、绩效考核。

- 任务分配与跟踪：将工作任务合理分配给相关人员，并跟踪任务的完成情况。
- 质量控制：对内容生产、发布等环节进行质量把控，确保其质量符合标准和要求。如审核稿件的准确性、客观性和可读性。
- 绩效考核：建立科学的绩效考核体系，评估员工的工作表现和贡献。

4. 系统维护与管理

系统维护与管理主要包括服务器维护、软件更新与升级、安全监控与防范。

- 服务器维护：定期对服务器进行检查、更新和优化，确保系统稳定运行。如及时安装系统补丁，升级硬件设备。
- 软件更新与升级：保持各类应用软件的最新版本，修复漏洞，增加新功能。如更新内容管理系统，提升其性能。
- 安全监控与防范：实时监控系统的安全状况，防范网络攻击和数据泄露。

5. 财务管理

财务管理主要包括成本核算、预算管理、收益统计与分析。

- 成本核算：核算全媒体运营的各项成本，包括人力、技术、内容采购等方面的费用。如分析不同项目的成本构成，控制开支。
- 预算管理：制订合理的预算计划，分配资源，并监控预算执行情况。
- 收益统计与分析：统计广告收入、付费会员收入等，分析盈利情况，为决策提供支持。

6. 合作伙伴管理

合作伙伴管理包括合作关系建立、合作协议管理、合作伙伴评估。

- 合作关系建立：寻找合适的合作伙伴，如广告商、内容供应商、技术服务商等，并建立合作关系。
- 合作协议管理：签订合作协议，明确双方的权利和义务，监督协议执行情况。
- 合作伙伴评估：定期对合作伙伴的表现进行评估，决定是否继续合作或调整合作方式。

如在一家大型的全媒体运营公司中，后台通过有效的内容资源管理，能够快速为编辑团队提供丰富的素材，支持其创作出优质的内容；通过严格的用户数据管理，既能为用户提供个性化服务，又能保障用户隐私；借助完善的运营流程管理，提高工作效率和内容质量；依靠良好的系统维护与管理，保障平台的稳定运行；通过精细的财务管理，合理控制成本，提高盈利能力；通过科学的合作伙伴管理，拓展业务资源，实现互利共赢。

知识链接

在全媒体运营中，前台和后台都会涉及用户数据分析功能，但侧重点和详细程度有所不同。

前台的用户数据分析功能往往更侧重于直接面向用户的交互和体验优化。如实时展示当前页面的访问量、用户停留时间等基本指标，帮助运营人员快速了解当前内容的吸引力；分析用户在当前页面的操作行为，如点击热点区域、滚动深度等，以优化页面布局和内容展示方式；提供简单的用户画像信息，如用户的地域、来源渠道等，用于有针对性地推送个性化内容或广告。

后台的用户数据分析功能则更加全面和深入，能够整合多个渠道和页面的数据，进行综合分析，不仅包括网站、App 等自有平台的数据，还能涵盖社交媒体平台、第三方合作平台等的数据。

任务三　服务营销一体化建设

在传统观念中，营销和服务往往被看作两个独立的环节，分别由不同的部门负责。而服务营销一体化则打破了这种传统的划分，强调两者的互动和协同。

服务营销一体化是指将营销和服务两大领域整合的一种经营管理策略，旨在通过整合营销和服务流程打破部门壁垒，提高企业内外协同效率。在服务的过程中植入品牌营销、商品介绍、促销介绍、分享拉动等动作，通过介绍、通知、信息推送、专属解决方案引导，在满足客户需求、解决客户问题的同时，达成产品销售转化、向上销售、交叉销售、提升会员活跃度、激活流失会员的目的。

服务营销一体化建设来源于以下 3 个机制。

（1）数据共享

在服务营销一体化的体系中，数据是连接不同环节的纽带。企业通过实现数据共享能够获得更全面、更准确的信息，从而更好地了解市场趋势和客户需求。如通过整合市场营销和客户服务的数据，企业可以更精准地识别目标客户，制定更有效的营销策略。

（2）流程优化

通过优化运作流程，企业能够更高效地响应市场需求，提升服务水平。如通过将市场反馈直接传递给产品研发团队，可以快速调整产品特性，以满足客户需求。

（3）统一沟通

在传统模式下，营销和客户服务往往是独立运作的，导致信息传递不畅，可能存在信息断层。而在服务营销一体化的体系中，统一的沟通渠道和信息平台能够帮助团队之间实现更加紧密的协同工作，确保团队之间的信息传递流畅，提高决策的准确性和效率。

一、活动运营

在服务营销一体化的背景下，活动运营是连接营销与服务的重要桥梁。活动运营是指企业为达到特定目标而策划、组织和举办一系列活动的过程。活动运营不仅关注营销活动的创意与举办，还注重通过活动来提升客户体验，提升服务质量，进而提升客户忠诚度和满意度。

活动运营在服务营销一体化中的体现包括以下几个方面。

1. 品牌传播与形象塑造

企业通过举办各类活动，如品牌发布会、产品体验会等，能够有效提升品牌知名度和形象。这些活动不仅吸引了媒体和公众的关注，还通过创新的互动方式加深了客户对品牌的认知和记忆。

如企业可以组织线上线下的品牌宣传活动，结合社交媒体、KOL 合作等多元渠道，全方位展示品牌故事和产品优势，从而增强品牌的吸引力和影响力。

2. 提升客户体验

企业可以通过各种活动来提升客户体验，增强客户对企业的信任感和归属感。通过策划具有参与感和互动性的活动，企业可以让客户更深入地了解产品和服务，同时收集客户的反馈和建议，以便不断优化服务流程和产品性能。

如企业可以举办客户答谢会、产品体验日等活动，邀请客户参与活动并亲身体验产品或服务，同时设置专门的客户服务区域，解答客户疑问，解决客户问题，提升客户满意度和忠诚度。

3. 销售促进与业绩增长

企业可以通过举办促销活动、提供折扣优惠等方式，直接刺激客户的购买欲望，促进销售业绩的增长。这些方式不仅吸引了潜在客户的关注，还激发了现有客户的购买热情。

如企业可以策划满额赠品、积分兑换等活动，吸引客户下单购买，同时通过数据分析客户购买行为，向客户精准推送个性化产品信息和优惠信息，进一步提高销售转化率。

4. 客户关系管理与维护

活动运营在服务营销一体化中扮演着维护客户关系的重要角色。通过举办各类客户活动，企业可以与客户建立更加紧密的联系和沟通渠道，了解客户需求和期望，以便提供更加贴心和个性化的服务。

如企业可以定期举办客户座谈会、意见征集会等活动，邀请客户参与并分享使用心得和反馈意见。同时，通过建立客户数据库和客户关系管理系统，对客户信息进行全面管理和分析，以便更好地满足客户需求和提高服务质量。

二、舆情处理

服务营销一体化建设中的舆情处理是确保企业在提供服务的同时，能够有效应对公众关注、讨论甚至负面舆情，从而维护品牌形象和客户关系的重要环节。具体来说，舆情处理主要体现在以下方面。

1. 及时发现并处理负面舆情

企业利用先进的舆情监测工具和技术，对全网信息进行实时跟踪，包括社交媒体平台、新闻网站、论坛等渠道，确保及时发现可能引发负面舆情的因素。一旦发现负面舆情，企业要立即启动应急响应机制，迅速了解舆情背景、核心诉求和传播路径，为制定应对策略提供有力依据。

2. 分析舆情并制定应对策略

企业对收集到的舆情信息进行深入剖析，了解舆情的核心诉求、影响范围，以及公众的态度和情绪，通过数据分析和文本挖掘，找出舆情的关键节点和发展趋势，然后根据分析结果制定有针对性的应对策略。对于因为误会产生的舆情，企业可以通过详细的解释和说明来消除误会；对于确实存在的问题，企业要勇于承认错误，提出切实可行的整改措施，并及时向公众反馈相关的进展情况。假设某电商平台因物流延迟引发舆情，则其随后可以公布优化物流方案和提升物流速度的阶段性成果。

3. 加强沟通与回应

在回应舆情时，企业要保持坦诚、透明的态度，避免模糊不清或遮遮掩掩；及时发布权威声明，表明态度和立场，以正视听。舆情回应要进行多渠道传播，如官方网站、社交媒体、新闻发布会等，确保信息覆盖全面、传播迅速。

4. 加强正面宣传

对于正面舆情，企业要积极加以利用，以进一步强化品牌的良好形象和服务优势。如客户对某品牌的售后服务给予高度评价，品牌方可以将这些好评整理好后在官方渠道进行宣传。

另外，利用新闻稿的公关方式，通过新闻媒体和互联网平台进行正面宣传，可以快速传递企业的积极形象和正面信息。

5. 建立危机管理机制

企业应建立完善的危机管理机制，包括预警、监测、评估、应对等各个环节，确保在危机发生时能够迅速、有效地进行处置。另外，企业要定期进行危机演练和培训，提高员工应对危机的能力和效率，通过模拟真实场景，让员工熟悉危机处理流程，确保在危机来临时能够迅速响应。

6. 注重品牌一致性

在服务营销一体化中，舆情处理要与企业的品牌形象保持一致，无论是回应方式、措辞，还是传播渠道，都应体现企业的品牌理念和价值观。

有效的舆情处理不仅可以化解危机，还可以提升公众对企业的品牌认知度和信任度，这对于企业的长期发展具有非常重要的意义。

> **素养课堂**
>
> 在商业社会中，面对负面舆情问题，企业应以诚信为基石，对待负面舆情不回避、不隐瞒，真实回应公众关切，勇于承担责任，积极采取措施解决，并向公众展示企业的改进决心和行动。而公众在面对纷繁复杂的舆情信息时应保持冷静和理性，不轻易被情绪所左右，不盲目跟风或传播未经核实的信息，要理性思考，分析信息的真实性，做出客观、合理的判断。

三、公关处理

在服务营销一体化建设中，公关处理扮演着至关重要的角色，主要体现在以下几个方面。

1. 品牌形象塑造

通过公关活动，企业可以积极塑造和传播正面的品牌形象。如企业参与公益活动，如捐赠教育资源、支持环保项目等，向公众展示其社会责任感，提升品牌的美誉度。

2. 危机管理

当面临危机事件时，企业要迅速制定应对策略，以降低负面影响。如当产品出现质量问题引发公众关注时，企业应及时发布道歉声明，公布召回和改进措施，以稳定公众的信心。

3. 媒体关系维护

企业要与各类媒体保持良好的合作关系，确保正面信息的有效传播。如定期举办媒体见面会，向媒体介绍新产品、新服务和发展战略，争取更多的媒体报道和宣传。

4. 与意见领袖合作

企业可以和行业内的意见领袖合作，借助他们的影响力来推广品牌和服务。如邀请知名博主体验产品或服务，并在其社交媒体上分享真实感受。

5. 消费者沟通

企业可以通过公关手段建立与消费者直接沟通的渠道。如举办消费者座谈会，听取消费者的意见和建议，及时解决问题，增强消费者对品牌的信任。

6. 参与行业活动、会议

企业要积极参与行业内的重要活动、会议等，提升企业在行业中的知名度和影响力，如在行业峰会上发表主题演讲，展示企业的创新成果和服务理念等。

7. 企业文化传播

企业要积极借助公关活动传播企业的文化。如通过讲述企业故事、展示员工风采等方式，让公众更深入地了解企业的内在特质，增强企业的吸引力。

8. 应对竞争对手

在公关层面，企业要巧妙应对竞争对手的挑战，维护自身的市场地位。如面对竞争对手的不实指责，企业应通过权威渠道发表声明进行澄清和反驳。

9. 整合营销资源

公关处理在服务营销一体化中发挥着桥梁作用，通过整合营销资源，实现营销和服务的无缝对接。公关部门可以与其他营销部门紧密合作，共同制定营销策略和服务方案，确保营销和服务的一致性和连贯性。

课堂讨论

与同学讨论知名企业的公关处理正面案例，分析这些企业独到的公关策略，然后搜集一些企业的反面案例，并与正面案例进行对比。

任务四　数据分析与复盘

全媒体的数据分析与复盘是一个综合性的过程，需要综合运用多种方法和工具，深入挖掘数据背后的信息，优化运营策略，提升整体表现。

一、数据分析思维

数据分析思维是指通过对数据进行收集、清洗、分析和解释，从中发现规律和趋势，从而得出结论的一种思维方式。这需要运营人员具备对数据的敏感度和分析能力，能够通过数据挖掘和可视化等手段，发现数据中的价值。

常见的数据分析思维有以下几种。

1. 分类思维

分类是指在一定维度上把整体划分为若干个类、组或簇，以便更好地明确问题、发现规律、制定策略等。分类的主旨思想是让各类别内部的实例更具相似性，各类别之间则呈现出更明显的差异。分类思维经常应用于用户分群、产品归类、市场分级、绩效评价等诸多场景中。

2. 漏斗思维

漏斗思维是一种应用于量化销售各环节转化情况的数据分析思维。通过观察各个关键节点或者关键行为流入下一个节点或行为的数量变化，来发现和定位问题、优化策略，进行准确、有效的干预，以改善最终的结果。漏斗思维的关键是明确起始点和终点，准确定位中间的关键节点。

3. 相关思维

相关思维通常是指观察特征或变量之间是否存在相同的增长趋势或逆增长趋势的数据分析思维，在统计学中对应的是相关性检验。数据分析经常需要处理几十个或者几百个以上维度的数据，为了更有效地进行描述，开展可视化、数学建模等分析，对数特征进行筛选，去除干扰，保留有效指标是非常关键的环节。结合业务经验，进行数据可视化分析或相关性检验等就显得非常重要。

4. 逻辑树思维

逻辑树思维是数据分析中逻辑思维或者说逻辑判断结果的可视化展现，呈树状结果。一般说明逻辑树的分叉时会提到分解和汇总的概念，也可以理解为"下钻"和"上卷"。所谓"下钻"，就是指在分析指标的变化时，按照一定的维度不断地分解。所谓"上卷"，指的是通过汇总数据来减少维度，从而在更大的维度上查看数据信息，这种方法可以帮助数据分析人员从宏观角度把握数据的整体趋势和变化。

随着维度的"下钻"和"上卷"，数据会不断细分和汇总，在这个过程中数据分析人员往往能找到问题的根源。"下钻"和"上卷"并不局限于一个维度，往往是在多维组合的节点处进行分叉。

5. 时间序列思维

时间序列思维是指把分析对象放在时间线上进行观察，通常结合能够反映分析对象属性的指标，对不同时间节点或区间的观察值进行分析。

时间序列思维有 3 个关键点：一是距今越近的时间点越要重视；二是要做同比分析，指标往往存在某些周期性，需要在周期中的同一阶段进行对比才有意义；三是当出现异常值时，需要加以重视。在时间序列思维中有一个重要的概念，那就是生命周期。用户、产品、人事等无不有生命周期。生命周期衡量清楚后，就能很方便地确定一些阈值问题，使运营的节奏更明确。

6. 对比思维

A/B 测试是一种典型的对比思维方法，在内容推送、活动效果分析等众多领域被广泛应用，且得到了大数据的基础支持，已成为数据决策必不可少的手段。在条件允许的情况下，决策前应尽量做 A/B 测试，参照组的选择尤为重要，参照组和试验组在预先设计的指标体系中的同期群对比结果是决策的重要依据。

7. 指数化思维

指数化思维是数据分析当中的简化思维，是指将衡量一个问题的多个因素分别量化后，组合成一个综合指数/指标（降维）来持续追踪的方式。在具体操作中，降维是指把多个指标压缩为单个指标。

在设计综合指数时，要遵循独立和穷尽的原则，注意各指标的单位，尽量用标准化来消除单位的影响，并且保证权重和等于 1。

8. 模型思维

数据分析师可以通过数据挖掘、机器学习等手段，构建出能够反映所研究对象的本质属性和规律的数学模型。数据分析师要具备模型思维，通过数学、统计和逻辑思考等手段梳理模型，将数据转化为模型，为后续分析提供基础。不仅如此，数据分析师还要不断地调整和完善模型，以适应各种不同的数据情况。

9. 假设思维

假设思维是指在面对问题或现象时，先基于经验、直觉、理论或前期的观察，提出一个或多个可能的假设，然后通过收集和分析相关数据来验证或推翻这些假设。

如一家电商公司发现近期用户的购买转化率下降了，这时电商公司可能会提出以下假设：新推出的促销活动规则过于复杂，让用户感到困惑，从而放弃购买；竞争对手推出了更有吸引力的产品或优惠活动，导致用户流失。

为了验证这些假设，就需要收集相应的数据。如分析用户在促销活动页面的停留时间和操作行为，判断活动规则是否易于理解；对比竞争对手同期的产品和促销策略。

假设思维的优点在于它能够为数据分析提供明确的方向和重点，避免盲目地收集和分析数据。同时，通过不断提出假设和验证，能够更深入地理解问题的本质，找到有效的解决方案。但是，在运用假设思维时，要注意假设的合理性和可验证性，避免提出过于主观或无法通过数据来验证的假设。

二、数据分析流程

数据分析流程是一个系统而有序的过程，旨在从原始数据中提取有价值的信息，以支持决策制定和业务优化。一个完整的数据分析流程包括以下步骤。

1. 业务需求处理

所有的数据分析都建立在具体业务需求的基础之上，只有了解了数据分析的目的，才能有针对性地获取精准的数据，并且得到有指导意义的结论。明确业务需求之后，需要根据目标搭建分析的框架，明确需要分析的维度与具体指标，并决定采用什么理论依据开展数据分析工作。

2. 数据采集

数据采集有多种手段，一般情况下是在处理业务需求后，有针对性地采集相对应的数据。如对公司内部系统进行数据埋点、开展市场调研、收集公开的外部数据等。

数据分析师要根据数据需求选择合适的数据源。数据源可以是多种多样的，包括但不限于网站、社交媒体平台、应用程序编程接口（Application Programming Interface，API）、传感器设备等。在选择数据源时，数据分析师要考虑数据的可靠性、质量、可用性，以及是否能够满足需求。

数据分析师要制定详细的数据采集策略，包括确定采集频率、采集的数据字段、采集方法等内容，同时要了解如何访问数据源并获得所需数据。采集策略的制定应充分考虑数据的获取难度、成本及合规性等因素。

根据数据采集策略，数据分析师使用适当的技术工具（如网络爬虫、API 调用等）从数据源中抓取或拉取数据。这一步骤可能会涉及基于 HTTP 请求的数据获取、数据库查询、文件下载等操作。在数据抓取和拉取过程中，需要确保数据的准确性和完整性，并尽可能减少数据丢失或出现错误的风险。

3. 数据处理

数据处理就是指将采集到的数据进行加工整理，使其转换为数据分析需要的形式。一般情况下，采集到的数据量庞大、形式多样，数据分析师很难从这些杂乱无章的数据中提取到有价值的信息。

因此，在数据处理过程中需要进行以下操作。

- 数据清洗：去掉无效、重复或缺失重要指标的数据。
- 数据转化：统一数据格式，以便进行快捷的处理操作。
- 数据抽取：从大量数据中获取数据分析目标更精准的数据。
- 数据合并：将分组不同却相似的数据进行合并。
- 数据计算：在进行数据分析前对数据进行初步处理。

数据分析师只有执行了以上操作，将数据处理后，才能将"干净"的数据投入数据分析环节中使用。

4. 数据分析

数据分析是指通过合适的分析方法及工具，对采集并处理过的数据进行分析，提取数据中有价值的信息，并得出有效的结论。这个过程中需要用到大量的数据分析理论方法，如聚类分析、线性回归分析、因子分析、方差分析等，通过这些数据分析方法搭建对应的数据分析模型，然后通过软件分析得出最终的结论。一般情况下，在分析少量数据时，数据分析师可以使用 Excel 软件；而对于高级数据分析，则需要使用更专业的数据分析软件（SPSS Statistics、SAS）或编程语言（如 Python、R 等）。

5. 数据可视化

数据分析可以使隐藏在数据内部的关系和规律显现出来，为了更直观地观测数据结论，数据分析师可以对数据进行可视化处理，如常见的柱状图、饼状图、折线图、散点图、雷达图等。

- 柱状图：柱状图是一种使用垂直或水平的柱子来显示不同类别之间数据差异的图表。在柱状图中，一个轴（通常是横轴）表示不同的数据类别或分组，而另一个轴（通常是纵轴）则表示这些类别的数据值或数量。每个柱子的高度（水平柱中则为长度）对应相应类别的数据值，这样可以清晰地比较不同类别之间的数据值差异。

- 饼状图：通过将一个圆形划分为若干个扇形区域，来展示数据的不同类别及其占总体的比例。每个扇形区域的大小与其所代表的数据量成正比，而扇形区域的颜色或标签则用于区分不同的数据类别。

- 折线图：折线图是一种通过连接一系列数据点而形成的线条来展示数据变化趋势的图表。这些数据点通常按照时间顺序或其他有序类别排列在横轴上，而每个数据点对应的数值则通过纵轴表示。折线图通过线条的起伏变化，直观地展示了数据随时间或其他连续变量的变化情况。

- 散点图：散点图是指在回归分析中，数据点在直角坐标系平面上的分布图。散点图表示因变量随自变量的变化而变化的大致趋势，据此可以选择合适的函数对数据点进行拟合。用两组数据构成多个坐标点，考察坐标点的分布，判断两个变量之间是否存在某种关联，或者总结坐标点的分布模式。散点图将序列显示为一组点，数据值由点在图表中的位置表示，类别由图表中的不同标记表示。散点图通常用于比较跨类别的聚合数据。

- 雷达图：雷达图以一个中心点为起点，从该中心点向外延伸出多条射线，每条射线代表一个特定的变量或指标。这些射线通常均匀分布在圆周上，形成类似蜘蛛网或雷达扫描的图形。在每条射线上，数据点或线段表示该变量在不同维度上的取值或得分。数据值通过距离中心点的距离来表示，从而形成一个多边形封闭区域，其形状和大小反映了不同变量之间的相对关系和数值大小。

6. 撰写数据分析报告

数据分析报告是对数据分析过程的总结与呈现，也是数据分析的最终成果体现，将数据分析的起因、过程、结果及可执行性建议系统地呈现出来，以供决策者参考。一份完整的数据分析报告需要有优秀的分析框架，得到明确的结论，并且提出建议或者相应的解决方案。数据分析报告通过对数据全方位的科学分析来评估企业运营质量，为决策者提供科学、严谨的决策依据，最终使企业降低运营成本，提高核心竞争力。

三、数据可视化

数据可视化是指将相对晦涩的数据通过可视的、交互的方式进行展示，从而形象、直观地呈现数据蕴含的信息和规律。这一过程不仅仅是将数据转化为图形或图表，更重要的是通过视觉元素的运用，帮助人们快速理解数据背后的故事和趋势。数据可视化在大数据时代尤为重要，它能使复杂的数据分析过程变得直观易懂，为决策提供有力的支持。

1. 数据可视化的步骤

在数据可视化过程中，数据分析师首先要明确目标和需求，如是为了发现数据中的趋势、比较不同数据集、展示数据分布还是解释复杂的数据关系；其次还要了解用户，考虑数据可视化的目标用户是谁，他们的背景知识、兴趣点及需求是什么，以便用他们能够理解的方式来呈现数据。然后进行数据收集和数据预处理，对数据进行排序、筛选、分组等操作，以便后续的可视化分析。接下来的步骤如下。

（1）选择合适的可视化工具

目前市面上有许多优秀的可视化工具可供选择，如 Excel、Tableau、Power BI 等。这些工具功能强大、易于上手，能够满足大部分数据分析的需求。根据个人偏好和实际需求选择合适的工具，能够使数据可视化更加高效、便捷。

以 Excel 为例，它提供了丰富的图表类型和数据处理功能，可以满足各种数据可视化需求。通过简单的拖曳和设置，即可快速创建各种图表，并对数据进行处理和分析。对于初学者来说，Excel 是一个非常不错的选择。

（2）选择图表类型

数据分析师要根据数据类型、分析目标和用户需求选择合适的图表类型，如折线图（展示趋势）、柱状图（比较数据）、饼图（展示比例）、散点图（分析关系）等。

（3）设计可视化布局与样式

数据分析师要规划图表的布局，包括图表的大小、位置、排列方式等，确保整体的美观性和易读性；选择合适的颜色、字体、标签、图例等样式元素，以增强图表的可读性和吸引力。

（4）数据编码与可视化实现

数据分析师要将处理好的数据编码为可视化工具能够识别的格式（如 JSON、CSV 等）；使用选定的工具或编程语言（如 Python、R 等）实现数据的可视化，这包括将数据映射到图表的各个元素上，如坐标轴、数据点、线条等。

（5）审查与优化

审查与优化包括 3 个方面：一是自我审查，对可视化结果进行仔细审查，检查数据的准确性、图表的清晰度和易读性；二是收集反馈，将可视化结果展示给目标用户，并收集他们的反馈意见；三是优化调整，即根据审查结果和反馈意见对可视化结果进行优化调整，如调整颜色、布局、字体等，以提高其质量和效果。

（6）发布与分享

数据分析师将优化后的可视化结果发布在适当的平台或报告中，以便用户能够方便地查看和使用可视化成果。数据分析师可以通过社交媒体、会议、论坛等方式分享可视化成果，与更多的人交流和讨论。

2. 数据可视化的技巧

以下是一些数据可视化的技巧，可以帮助数据分析师提升数据可视化效果。

（1）简化信息

数据分析师要避免在一张图表中展示过多的信息，以免造成用户视觉混乱；应突出关键信息，使用颜色、大小、形状等视觉元素来强调重要的数据点。

（2）选择合适的颜色

数据分析师要使用对比鲜明且易于区分的颜色来区分不同的数据系列或类别，避免使用过于鲜艳或刺眼的颜色，以免造成用户不适。

（3）保持一致性

在整个可视化项目中保持一致的字体、颜色、布局等风格，这有助于提升整体的美观性和专业性。

（4）利用交互性

数据分析师可以为可视化项目添加交互功能，如缩放、筛选、排序等。交互性可以让用户根据自己的需求探索数据，提升用户体验。

（5）标注和解释

数据分析师要为图表添加清晰的标注和解释，以帮助用户理解图表的含义和数据背后的故事。标注可以包括图表的标题、坐标轴标签、数据单位、数据来源等信息。

> **素养课堂**
>
> 培养数据意识并提高数据分析能力是一个持续的过程，这就要求人们在日常学习、生活和工作中用数据的眼光观察世界，对数字、趋势、比例等保持高度敏感，能够迅速识别出潜在的数据源和数据分析需求。

四、数据分析报告

在数据分析工作中，对数据进行整理、分析并提炼要点，并将分析过程与结果写成一份通俗易懂的分析报告是必不可少的工作之一，也是运营部门、产品部门、人力资源部门、数据分析部门的员工等职场人士的必备技能。

数据分析报告可以向读者展示在数据分析过程中得到的结论、可行性建议和其他有价值的信息，让读者对结果有正确的理解和判断，并根据分析结论做出有针对性、可执行的战略决策。

1. 数据分析报告的类型

根据数据分析工作的场景，以及汇报对象、内容和方法等不同，数据分析报告可以分为多种类型，如日常工作类、专题分析类和综合研究类。在撰写数据分析报告时，不同类型的数据分析报告对数据分析技能的要求也有所差异。

（1）日常工作类报告

日常工作类报告一般以日报、周报、月报、季报、年报的形式定期对某一个业务场景进行数据分析，主要是反映日常业务计划的执行情况，从活动、拉新、渠道等不同维度反映业务现状，并分析相关影响和原因。

日常工作类报告通常具备一定的时效性，需涵盖核心指标，反映业务情况，并快速出具结果。这就要求数据分析人员贴合业务场景，搭建符合业务场景的指标体系，以实现对业务人员从事业务活动的数据支撑，帮助决策者掌握业务现状。

这类报告一般用于回答"怎么了"，通过数据对业务现状进行描述，发现存在的问题，如企业的日常运营报告、电商的日常销售报告、产品运营周报等，此类报告通常说明以下情况：本周的销售额是多少、平均每天流失的用户是多少等。这种报告主要通过对事实和原因进行分析和判断，预测未来会发生什么，并给出可行性建议。

日常工作类报告主要包括以下内容。

- 背景及目的：描述业务背景，当读者了解后才能知道这份报告的价值。

- 数据来源：注明数据来源，提升报告的可信度。
- 数据展示：将文字、数据进行合理排版，达到良好的可视化效果，同时要注意主要的数据指标，如均值、环比、增降幅度等。
- 数据分析：清楚数据指标背后的业务含义是什么，不同业务、不同产品的指标体系有所不同，要保证分析的合理性、可解释性，因此分析的内容根据需求不同有所差异，需要注意整体框架的逻辑性。
- 抛出结论：有结论的分析才有意义，数据分析报告的结论不仅可以为决策者提供宝贵的思路，还可以促进工作流程的优化、效率的提升，以及业务策略的调整。
- 提出建议：根据结论提出相应的建议，可以为接下来的工作提供明确的指引，促进问题的解决。

（2）专题分析类报告

专题分析类报告一般会设定一个大方向的目标，但没有固定的时间周期，主要对社会经济现象的某一方面或某一个问题进行专门研究，为决策者制定某项政策、解决某个问题提供决策参考和依据。

专题分析类报告要求数据分析人员对业务有深入的认识和了解，有较强的数据思维能力和较高的数据敏感度。这类报告用于回答"怎么了""为什么""怎么办"，往往是为了解决某种特定的业务问题，需基于数据分析结果提供有效的解决方案。

（3）综合研究类报告

综合研究类报告一般是全面评价一个地区、单位、部门业务或其他方面发展情况的一种数据分析报告，主要从宏观角度反映指标之间的关系，并站在全局高度反映总体特征，做出总体评价。

综合研究类报告的分析维度较为全面，在系统地分析指标体系的基础上，考察现象之间的内部联系和外部联系，如企业运营分析报告。

专题分析类报告和综合研究类报告的结构类似，都包括以下内容。

- 标题：标题要直接、确切、简洁，力求新鲜活泼、独具特色、艺术性强。一个好标题不仅可以激发读者的阅读兴趣，还能体现数据分析的主题。标题可以提出问题、阐明结论、研究主题、概括内容。
- 目录：分析架构和分析逻辑。
- 摘要：包括分析目的、分析方法、分析结果和提出的建议。
- 引言：包括目的和背景，简要描述现状，阐明需要解决的问题。
- 正文：包括数据采集及数据清洗、现状及问题描述、分析方法及模型介绍、分析过程及发现的规律。
- 结论：根据分析目的给出结论和建议，通过业务规律阐述建议的可行性。
- 参考文献及附录：正确引用正文中涉及的文献，附录包括报告中涉及的专业名词解释、计算方法，分析时用到的代码、图表等。

2. 撰写数据分析报告的注意事项

一份优秀的数据分析报告有很多细节需要注意，数据分析人员要在实际操作中逐步完善、熟悉了解。在撰写数据分析报告时，需要注意以下事项。

（1）明确报告的受众对象

数据分析人员要从受众对象的角度组织内容、结构，以及报告中各个模块的侧重点。

如受众对象是公司领导层的决策者，报告侧重点就在于关键指标是否达到目标预期，若未达到目标预期，说明原因，并做进一步的拆解，细化数据指标，简要说明问题的源头和改进措施；若已经达到目标预期，也要说明原因，并指出哪些行为值得推广，总结团队下一步的改进计划。

如果受众对象是团队的业务人员，那么数据分析报告的侧重点就在于挖掘问题点，提出改进方案及可执行建议，从而实现数据驱动业务。

总之，针对不同的受众对象，数据分析报告的侧重点不同。

（2）搭建分析框架，清晰界定问题

一份优秀的数据分析报告应当有层次、有框架，主次分明，能让读者一目了然。报告要清晰界定问题，并需要一定的数据进行参考，而且对数据进行分析与解读的过程中可能对问题界定做出改变。

如为一个门店的运营情况做分析，数据分析人员首先要明确想解决的问题，思考可以使用的数据，并明确数据分析的维度、结论、解决的问题。数据分析人员可以围绕客流量、各个门店销售额、人效、坪效、客单价、促销活动等数据进行分析，常使用 5W2H、人货场理论、4P 理论等方法论。

（3）明确判断标准和数据指标

数据分析报告要有明确的判断标准和结论，明确数据指标。没有标准就无法判断好坏，没有明确结论，数据分析报告也就失去了意义。判断标准需要基于对业务的深刻理解和过往的经验来制定。

如某个门店连续 3 天销售额下跌，累计下跌 5%，这有可能是促销活动之后的自然下跌或者是月底、周末等周期性下跌。数据分析人员要进行多方位的考虑，参考过往的经验和数据来制定判断标准。

（4）尽量图表化

数据分析报告中要尽量使用合适的图表，其中异常数据、重要数据、发现的亮点要重点标注。图表有助于读者更形象、直观地了解问题和结论。图表不宜过多，一些重点的数据用不同的颜色、大小等区分，让信息传达更加明显和高效，还要明确图表的使用原则和场景。

（5）提出可以落地的可行性建议

数据分析报告要有可行性建议和解决方案，数据分析人员要正视问题，敢于指出问题，并随时跟进。决策者需要在报告中看到真正的问题，才能在决策时作为参考，因此数据分析报告切记不要假大空、无法落地。值得注意的是，数据分析报告撰写完成后，数据分析人员要与读者进行充分沟通，收集反馈意见并进行调整。

项目实训：分析荔枝新闻的全媒体服务支撑与管理体系

1. 实训背景

荔枝新闻作为江苏广播电视台（以下简称"江苏广电"）旗下的移动新闻客户端，自 2013 年上线以来，始终坚持以内容建设为根本、以先进技术为支撑、以创新管理为保障，探索集传播矩阵、智慧生态、服务平台于一体的全媒体传播体系建设路径。

荔枝新闻通过优质的内容规划、及时的本地资讯、真实的新闻现场、实用的维权服务及简洁的设计和良好的用户体验，让用户在纵览全国、全世界资讯的同时，精确定位，关注身边事；设置特色专栏，满足不同用户的需求，为平淡的生活增添别样的乐趣；更能在用户权益受到侵害时，为其提供维权记者及团队的帮助。

荔枝新闻的服务支撑体系，一方面是技术平台支撑，其依托江苏广电荔枝云平台，通过传统媒体与新媒体的深度融合，实现了平台化集成。荔枝云平台整合全台新闻资源，实现融媒体新闻资源统一调度、新闻生产多平台统一管控、新闻多元化传播效果统一把控。另一方面是内容创新支撑，荔枝新闻以内容建设为根本，聚焦舆论引导，加强正面宣传。推出《暖人间》《荔枝特报》等原创深度栏目，关注普通人的生活和社会热点，打造爆款内容。

荔枝新闻的管理机制体现在流程再造与团队建设上。江苏广电通过建章立制、明晰流程，强化内容审核与安全管理制度，从策划、选题、采编、制播等各环节严格审查，确保导向正确。在团队建设方面，荔枝新闻注重人才队伍建设，通过定期培训、交流学习等方式提升团队的专业能力和创新力，同时建立激励机制，鼓励团队创作优质内容。

荔枝新闻上线运营几年以来覆盖用户广泛，在多个平台上形成了强大的传播效应，形成了强大的影响力。

2. 实训要求

请同学们阅读以上背景资料，并搜集荔枝新闻的相关信息，深入了解荔枝新闻的运营管理体系，进一步分析其前台、中台与后期的服务支撑与管理。

3. 实训思路

（1）阅读实训背景

请同学们阅读实训背景，了解荔枝新闻全媒体运营渠道及相关内容。

（2）搜集资料，分析荔枝新闻运营策略

在网络上搜集荔枝新闻的相关资料，分析并总结概括其全媒体运营策略。

（3）分析荔枝新闻全媒体运营体系

观看荔枝新闻在不同渠道发布的内容，结合相关资料，分析荔枝新闻前台、中台、后台的服务支撑与管理。